숙명 전환의 선물

창가학회 회원이 된 재일한국인들의 이야기

이 도서의 국립중앙도서관 출판시도서목록(CIP)은 e-CIP홈페이지(http://www.nl.go.kr/ecip)와 국가자료공동목록시스템(http://www.nl.go.kr/kolisnet)에서 이용하실 수 있습니다.(CIP제어번호: CIP2013000806)

숙명 전환의 선물

창가학회 회원이 된 **재일한국인들**의 이야기

조성윤·김미정 엮음

한울
아카데미

일본창가학회 본부

이케다 다이사쿠
(창가학회 명예회장)

세이쿄신문사(위)/ 창가학회 서적 지면 광고(아래)

공명당 당사

일본 창가대학교

창가학회 회원의 집

창가학회 구술자 면담

창가학회 회원의 가정 내 불단

책을 내며

늦은 매듭

　재일한국인과 창가학회를 조사하기 시작한 2006년부터 지금까지, 필자는 그에 대한 생각을 멈추어본 적이 없다. 그렇지만 조사한 내용을 책으로 엮는 작업은 생각만큼 앞으로 나아가지 못했고 출간에 이르기까지 참으로 오랜 시간이 흘렀다. 책을 내려고 하니 늦어도 너무 늦었다는 생각이 든다. 하지만 이 책은 필자가 연구서(『창가학회와 재일한국인』, 2013) 집필 작업을 하면서 오래도록 편집에 공을 들였기에 출간이 늦어진 점을 다소 상쇄해주지 않을까 기대해본다.
　일본창가학회의 재일한국인 회원들을 인터뷰해서 책을 쓰겠다고 했을 때 아내 김미정은 필자의 조수 노릇을 하겠다고 자청했다. 필자와 아내는 사이좋은 연구자와 조교처럼 함께 다니며 창가학회 회원들을 만났고 그들이 살아온 이야기를 들었다. 회원들의 이야기는 모두 녹음을 했고 녹음한 내용을 글로 풀어 녹취록을 작성하는 일은 아내가 맡았다. 녹취록은 필자의 연구서를 위한 핵심적인 자료지만 대부분의 대화가 일본어로 이루어졌기 때문에, 2007년 여름부터 시작된 녹취록 작업은 예상보다 훨씬 더 많은 시간이 걸렸다. 2009년 1월에는 추가 조사를 위해 도쿄를 다시 방문해 창가학회 회원들을 만났다. 인터뷰한 인원은 총 39명이었다. 그러나 필자는 한동안 더 이상 연구를 진행할 수 없었다. 몇 주 동안 복통에 시달리다가 응급실에 실려 갔는데 중증 암 환자라는 진단을 받은 것이다. 재일한국인과 창가학회에 대한 연구는 '그대로 멈춤' 상태가 되었다.

2011년 암 투병으로 쇠약해졌던 몸도 어느 정도 회복되고, 아내가 일본어 인터뷰를 한국어로 옮긴 녹취록을 완성하자 "창가학회와 재일한국인"이란 제목으로 책을 쓰기 시작했다. 녹취록을 1차 자료로 활용, 몇 가지 주제에 관한 구술자들의 말을 인용해 주장을 펼쳐보려 했다. 그러나 필자의 글쓰기 방식으로는 '창가학회와 재일한국인'이라는 두 가지 주제에 관한 의문을 잘 풀어낼 수가 없었다. 또한 주장하려 했던 것을 구술자들의 인터뷰에서 찾아낸 것 같지도 않았다. 구술자들이 대화에서 보여주었던 진지함이나 서러움 같은 감정을 구체적으로 설명해내기란 더욱 어려웠다. 필자가 쓰려는 책은 학문적인 틀을 미리 세워놓고 주장을 뒷받침하기 위해 구술자가 한 이야기를 자료로 사용하는 것이기에 대화에서 오고 갔던 그들의 솔직한 삶의 모습은 사라지고 있었다. 학문적인 글이니 그러려니 해봐도 글은 어쩐지 제자리걸음을 하고 있었다. 어느 틈에 창가학회 회원, 그중에서도 재일한국인들을 왜 연구하려고 했는지 스스로 명확하게 설명하지 못하고 있었고, 그 때문에 글에 대한 자신감은 차츰 사라지고 있었다.

필자가 그처럼 자신의 글을 신뢰하지 못하고 머뭇거리고 있을 즈음 아내는 자신이 작업한 녹취록을 손질해 대화집으로 엮으면 어떻겠냐고 제안을 해왔다. 필자가 요구한 지루한 작업을 모두 끝내고 나서 아내는 좀 달라져 있었다. 아내는 창가학회 회원들에게 정이 들어버린 것이었다. 그도 그럴 것이 일본어 실력이 좋지 않았던 아내가 번역을 위해 녹음기를 듣고 또 들으며, 실제로 인터뷰한 시간보다 훨씬 더 많은 시간을 창가학회 회원들과 함께했던 것이다. 필자가 연구실에서 일을 하는 동안 아내는 마음속으로 혼자 여러 해 동안 2006년의 도쿄와 오사카, 고베로 돌아가 창가학회 회원들을 친구 삼아 지낸 셈이었다.

필자는 아내의 제안에 기꺼이 동의했다. 연구서의 자료로 활용하기 위해 작성한 녹취록을 다듬어 여러 사람이 읽을 수 있는 대화집으로 만드는 것도 의미가 있다고 생각했다. 이에 필자가 연구서에서 딱딱한 이야기를 하고 있는 동안 아내는 우리가 만났던 사람들의 생생한 목소리를 책으로 정리하는 작업을 시작했다. 그러나 이 또한 의도가 앞서는 바람에 어려움이 따랐다. 애초에 대화집을 내고자 한 게 아니었으니 질문의 안배나 심층 면담이 이루어지지 않았는데도 아내는 인터뷰 때나 녹취 작업 중에 자신이 느꼈던 감동을 다른 사람과 나누고 싶어 했다. 아내는 효과적인 전달 방법에 매달리며 말이 글이 되는 지점에서 무엇이 필요한가를 고민했다. 시간은 또 빠르게 흘러갔다.

있는 그대로, 그러나

필자가 구술사(口述史)를 사회조사 방법으로 받아들인 것은 제주의 4·

3사건 관련 조사를 접하면서부터였다. 제주 4·3사건은 좌익 무장대의 봉기로 시작되었지만, 경찰과 군대의 주민 학살로 이어지면서 피해가 엄청나게 컸다. 그러나 이 사건은 40년 이상 어둠 속에 묻혀 있었다. 1980년대 말 진상 조사를 시작하면서 관련 자료를 수집하게 되었는데, 미 군정 문서를 제외한 문헌 자료가 거의 남아 있지 않았다. 그 때문에 그동안 아픈 기억을 가슴속에 묻어둔 채 침묵을 지키며 살아온 유가족들과 목격자들의 증언을 채록해 정리하고 자료화하는 작업이 한동안 활발하게 진행되었다. 그중 대표적인 것이 제주4·3연구소에서 펴낸 증언집이었다(제주4·3연구소, 1989a, 1989b). 이 두 책의 글은 제주 방언을 그대로 옮긴 부분이 많아서 서울 태생으로 제주 방언을 잘 몰랐던 필자는 읽느라 무척 고생을 했다. 10년 뒤에 나온 세 번째 증언집은 그러한 점을 보완해 표준어로 읽기 쉽도록 했다. 그러나 이번에는 해설자들의 목소리가 커지고 증언자들의 목소리가 작아졌다(제주4·3연구소, 2002). 이 세 책은 모두 연구소 연구원들이 직접 발로 뛰어 정리한 증언 자료집이었고, 사료로서의 가치도 매우 컸다. 그 뒤 한국 사회에서는 일본군 위안부 증언집(한국정신대문제 대책협의회 편, 1993, 1995, 1997, 1999)과 민중생활사 연구단의 일련의 작업이 이어지면서 증언집들이 쌓여갔다.

그동안 필자가 읽은 구술사는 구술자의 말을 녹음해 글로 정리한 녹취록을 최소한의 손질만 하고 그대로 책으로 엮은 것들이었다. 최소한의 손질만 한다는 것은 역사적 폭압에 침묵하다가 용기를 내어 가슴속 이야기를 해준 구술자에 대한 예의에서 비롯되었다. 구술자의 말을 토씨 하나 버리지 않고 소중히 하려는 마음은 구술 현장의 생생함이 보존된 자료를 만들어 이후 세대에게 잘 전달하려는 노력으로 이어졌다. 그래야만 그 자료를 활용해 연구를 수행할 연구자들에게 역사의 진실을 밝히는 증거 자료로서 가치가 있을 것이었다.

　필자 또한 이와 같은 구술사 방법을 이용해서 자료를 수집했다. 제주 지역 민간 신앙을 조사하면서는 물론이고, 일제 말기 일본군에게 강제 동원되었던 제주 민중의 이야기를 채록할 때도 현장을 정확히 기록하려고 노력했다. 따라서 일본창가학회 재일한국인 회원들과의 면담 녹취록은 그 누가 읽더라도 39명의 구술자들과의 면담 상황을 그대로 알 수 있도록 대화 중간의 웃음소리까지 기록하도록 했다. 필자는 아내에게 면담 중에 잠깐 쉬며 나눈 잡담이나 커피를 마실 때의 찻잔 부딪치는 소리까지 다 표시해야 한다고 했다. 조수를 자처한 아내는 구술한 일본어를 한국어로 옮겨야 하는 부담도 큰데 연구와는 전혀 관계없어 보이는 일까지 모두 기록해야 하는 것이냐며 불만을 표시했다. 사회학에서는 그렇게 하는 것이 현장조사 방법의 기초 중의 기초라고 일러주었지만, 아내는 인터뷰 당시의 주변 상황까지 연극 대본처럼 기록하는 일을 이해하기 어려워했다. 자료의 진정성보다는 독자가 어떻게 읽을지에 대해 더욱 마음을 두었던 것이다.

독자, 무게의 중심

　이 책을 만들기 위해서 먼저 녹취록 편집을 위한 원칙을 세웠다. 그것은 '구술자들이 한 말을 사실대로 전달하는 동시에 독자들이 잘 읽을 수 있는 글'로 정리한다는 것이었다. 그러나 이 원칙은 자료로서의 사실성과 독자들의 이해 어느 쪽도 모자람이 없게 하려는, 두 마리 토끼를 다

잡고자 하는 욕심일 뿐이었다.

  말을 글로 바꾸고 그것을 읽기 좋게 재구성하다 보면 있는 그대로 보여주지 못하니 자료 자체의 진실성이 줄어들게 마련이다. 있는 그대로의 것을 전달한다는 구술의 원칙을 지키려면 녹취를 들려주거나 동영상을 찍어 보여주는 것이 최상의 방법이다. 그러나 녹취나 동영상은 정확한 기록물이라는 의미는 있지만 우리가 만들려는 책과는 다른 텍스트인 것이다. 면담 상황을 사실 그대로 기록한 녹취록도 읽기에 불편하고 어렵긴 마찬가지였다. 어느 정도 손을 대고 재구성을 해야 할까 고민을 하다 보니 아무래도 독자 입장에서 잘 읽히도록 하는 쪽에 더 신경을 쓸 수밖에 없었다. 독자를 상정하고 책으로 만든다는 것은 '있는 그대로'의 것이 아니라 '그 속에 있는 진실'이 얼마나 잘 드러나는지 살펴야 하는 일이었다. 그러나 앞서 이야기했듯이 필자가 접한 구술사 자료집은 구술 상황의 사실성을 중시하다 보니 독자를 위한 배려는 적었다. 그래서 이 책은 녹취록을 기본으로 하되 가독성을 위한 몇 가지 가공이 필요했다.

  첫째, 대화의 중심은 구술자가 되게 했다. 실제로는 면담을 주도한 필자(질문자)의 질문에 따라 구술자들이 대답을 했지만, 이 책에서는 구술자들이 말을 하고 나면 질문자가 그에 따라 다음 질문을 하는 상황으로 바꾸었다. 실제 대화에서는 구술자와 라포(rapport, 면접자와 피면접자의 상호신뢰관계)를 형성하기 위해 이 질문과 저 질문을 오가며 어렵게 대답을 이끌어냈으며, 구술자가 질문을 이해하지 못해 엉뚱한 대답을 하기도 했다. 또는 필자의 일본어 회화 능력이 부족해 질문을 하는 사람이나 대답을 하는 사람이나 모두 오해를 한 채 대화를 하기도 했다. 녹취록에는 그러한 세세한 것을 모두 적어두었지만 책에는 그대로 실을 필요가 없었다. 그러한 일은 이야기 핵심에 영향을 주지 않으므로 구술자의 이야기를 살리는 쪽으로 질문자의 질문 수를 대폭 줄여 중복된 내용의 대화는 한 번의 질문과 한 번의 대답이 되도록 편집했다. 따라서 대화 내용에 따라 제목과 소제목을 단 것은 녹취록 작업 후 엮은이의 재량에 의한 것으로, 구술자의 이야기에 흐름을 만들어 독자가 구술자의 삶을 좀 더 잘 이해할 수 있도록 한 것이다.

둘째, 입말을 글로 옮겼을 때 비문(非文)이 되는 것은 어법에 맞는 문장으로 바꾸었다. 조사나 서술어의 중복을 피하기 위해 원래 말보다 짧아진 문장도 있고, 한국어의 어감을 살리기 위해 엮은이가 구술자의 뜻을 헤아려 문장을 보완하기도 했다. 그러느라 단어가 더 들어가기도 하고 빠지기도 했으나 이야기 내용을 바꾸지는 않았다. 그러므로 이 책은 인터뷰 실제 상황과는 많이 다르다. 그러나 인터뷰 당시의 대화 내용을 꾸며내지는 않았으며, 구술자의 말투나 태도가 문장에 잘 나타나도록 노력했다. 독자들의 이해를 위해서 부차적인 것들만 엮은이의 재량으로 수정·보완했다.

그래도 아쉬운 점은 여전히 남는다. 이 책은 실제로 면담했던 사람보다 훨씬 적은 수의 구술자를 다루고 있다. 그 이유는 다음과 같다.

우선 구술자 중에서 뉴커머(New Comer)는 편집 과정에서 제외했다. 그들은 20년 이상 한국에서 자랐으며 성인이 된 다음 일본에 유학을 가거나 결혼해서 이주한 사람들로, 일본에서의 창가학회 활동보다는 한국에서의 활동을 주로 이야기한 경우이기 때문이다.

그다음으로 질문자와 교감이 이루어지지 않았던 구술자들도 제외했다. 자기 자랑을 늘어놓거나 창가학회 교리의 우수성을 장황하게 설명하는 한편, 정작 자신의 성장 과정과 생활 그리고 창가학회 회원으로서의 고민 등을 솔직하게 이야기하지 않고 애매한 말로 얼버무린 사람들이 있었다. 오랜 시간 동안 인터뷰했지만 그들을 통해서는 재일한국인의 삶에 관한 것은 물론 창가학회 회원으로서의 활동에 관한 것도 거의 알아낼 수 없었다. 그 밖에 대화에는 호의적이었지만 자신의 속사정을 내보이길 꺼렸던 구술자의 이야기나, 지나치게 비밀스러운 내용이 많았던 구술자의 이야기 역시 책에 싣기에는 부적합하다고 여겨져 제외했다.

또한 질문자의 실수로 귀한 대화 내용을 잃어버린 경우도 있다. 즉 기계적인 문제로 대화 내용이 잘 녹음되지 않아 알아들을 수 없거나 대화 도중 녹음이 끊긴 경우로, 이들의 이야기는 애초의 맥락에 맞게 전체 내용을 구성할 수 없었으므로 이 책에 실을 수 없었다.

그 외에 어쩔 수 없이 뺀 경우도 있다. 편집을 모두 끝내고 구술자들에게 이 책의 원고를 읽도록 했을 때, 대부분의 구술자는 인터뷰한 우리가 오해한 이야기나 잘못 알아들은 단어 등을 교정해 더욱 정확한 내용으로 보완해주었다. 하지만 그 가운데 필자가 보기에 아주 소중했던 증언, 즉 처음에는 일본 종교라 꺼렸으나 결국 창가학회 회원이 되었으며 회원이 된 이후에는 누구보다도 열성적으로 고향에 창가학회를 알려야 한다는 사명감을 갖고 살았던 한 인물의 이야기는 여기에 실을 수 없게 되었다. 구술자는 그것이 자신의 가족사를 드러내는 일이라며 책에 싣는 것을 거부했는데, 그 가족사야말로 이 대화집의 소중한 중심이 될 것이었다. 그의 이야기가 빠져버리자 애초에 이 책으로 보여주고자 했던 '재일한국인과 창가학회'에 대한 핵심이 빠져나가 버린 것 같아 출간이 주저되었다. 그러나 이미 편집한 내용을 포기하는 것보다는 부족한 대로 세상에 내보이는 것이 낫다는 생각에 총 14팀의 구술자들이 전한 이야기를 묶어 이 책을 내게 되었다.

일단락, 그리고 계속해서

창가학회 회원들에게 필자는 주로 듣고 싶은 것만을 물었지만, 그들은 물음의 무게보다 더 깊은 이야기를 들려주려 했다. 연구서로는 창가학회 회원으로 살아왔던 재일한국인들의 삶의 깊이나 그 생애가 갖는 섬세한 감성을 실을 수 없었기에 이 대화집이 연구서를 보완해주고 있음을 기쁘게 생각한다. 그러나 솔직히 말하면, 깊이 있는 대화를 했어야 했다는 아쉬움, 대상에 따라 관심의 폭을 넓혀 이야기를 나누어야 했고 더욱더 구체적인 질문으로 뜻밖의 진실을 발견할 수 있었어야 했다는 후회도 든다. 그랬다면 지금보다 더욱 유익한 대화집을 엮을 수 있었을 것이다. 구술자들이 더욱 솔직하고 자세히 이야기를 털어놓지 못한 것은 순전히 대화를 잘 이끌지 못한 필자의 과오다.

이 책과 함께 출간하는 『창가학회와 재일한국인』은 창가학회 회원들의 구술을 기본 토대로 하고, 문헌들을 조사해서 설명과 해석을 덧붙였다. 이 연구서는 필자가 의문을 가졌던 것들을 조사 연구를 통해 풀어나가는 과정을 글로 정리한 것이다. 반면 『숙명 전환의 선물』은 독자들이 스스로 창가학회와 재일한국인에 대한 의문을 풀어나가도록 창가학회 회원이 된 재일한국인들의 삶의 이야기를 있는 그대로 보여주고자 했다.

창가학회와 재일한국인에 대한 연구를 시작하고 6년여의 세월이 흘렀다. 그동안의 더딘 작업이 책으로 나오기까지는 도서출판 한울의 김종수

사장의 격려가 큰 도움이 되었다. 한국어로 번역·편집한 원고를 다시 일본어로 바꾸어 구술자들이 읽고 수정할 수 있도록 도와준 일본창가학회 교단의 오모카와 도시아키(重川利昭) 부장의 노고에도 깊은 감사를 드린다. 수십 차례의 교정과 교열은 물론 이 책이 세상에 나오기까지 수많은 사람의 마음이 모아졌다. 자신의 가족사와 더불어 고민과 갈등을 솔직히 들려준 일본창가학회 재일한국인 회원들, 그들의 말이 책으로 거듭나도록 애정을 가져준 이들의 도움이 없었다면, 우리의 작업이 책으로 세상과 만나는 일은 불가능했을 것이다. 그러므로 필자는 이 책 속 사람들의 이야기가 부디 재일한국인 또는 창가학회 회원의 문제만이 아니라 타국에서 한국인으로 살아가야 하는 일이나, 또는 여러 가지 이유로 편견의 벽 속에 갇혀 사는 이들의 생각과 삶을 들여다보는 계기가 되기를 바란다. 이 일을 통해 사람 사는 일의 공감을 얻어낼 수 있다면 더 바랄 게 없다. 무엇을 어떻게 이해하는가는 이제 독자 여러분의 마음에 달려 있다.

2012년 겨울, 한라산 자락의 연구실에서
조성윤

 차례

책을 내며_ 10

1. 파란만장한 생의 파도를 넘어 히라야마 고우에이_ 23
2. 행복한 조국을 위하여 김영자_ 41
3. 내 안의 깊은 힘 이노우에 기미요_ 61
4. 의미의 징검다리 무라다 게이코_ 77
5. 꿈을 다지는 시간 아라이 기요미_ 89
6. 리더로 살기, 꿈의 날개를 펴다 이노우에 마사노리_ 103
7. 꿈꾸는 대로 이루어진다 윤수일_ 117

8. 내 이름은 조국 통일 하세가와 쓰네가즈_ 137

9. 세계 속의 지구인 호시야마 신이치_ 149

10. 성실은 삶의 뿌리 가와모토 야쓰오_ 157

11. 마음을 다하여 김민 부부_ 169

12. 무엇을 위하여 아라이 부부_ 183

13. 결혼으로 한일 우호 임구인혜 부부_ 217

14. 늦은 깨달음 미야모토 부자_ 235

책을 엮고 나서_ 250

■ 일러두기_ 본문의 구술자 이름은 일본에서 실제 사용하는 이름을 적었다.

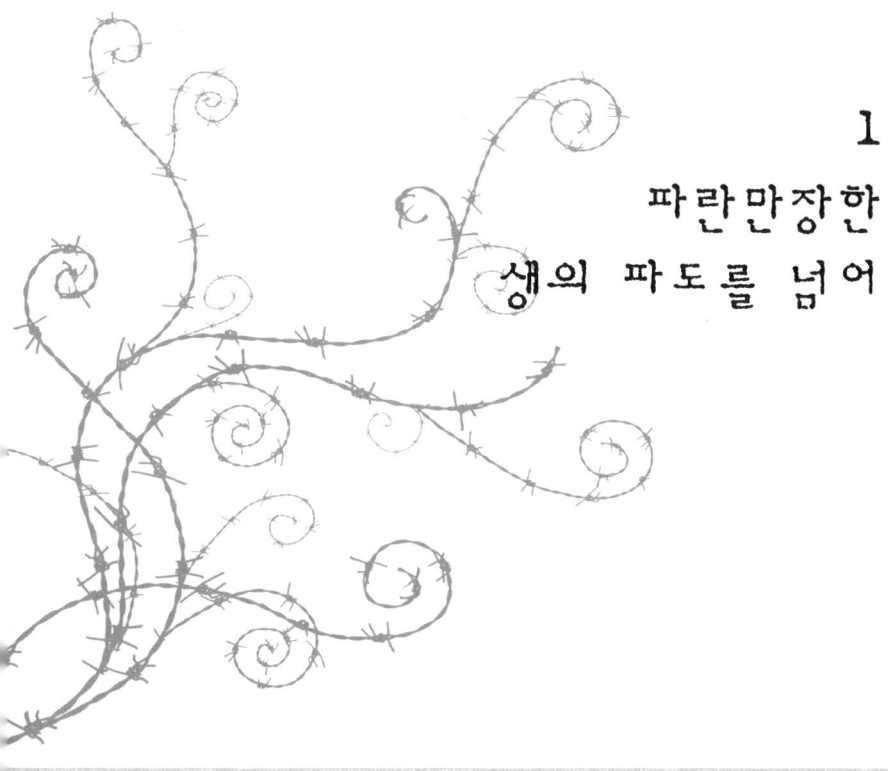

1
파란만장한 생의 파도를 넘어

히라야마 고우에이(平山幸永)

히라야마는 1940년생 여성으로 일본에서 태어났다. 조국이 해방되자 부모와 함께 부모의 고향인 제주로 갔다. 가난한 살림과 지병으로 고생하다가 18세에 일본으로 다시 건너가 결혼했으나 성격 차이로 이혼했고, 재혼한 남편과의 삶에서도 경제적 곤란함이 이어졌다.

창가학회는 작은어머니의 소개로 인연을 맺었지만 초기에는 조직 활동을 하지 않았다. 피폐한 조건 속에서도 믿음을 키운 결과 현재 신주쿠(新宿) 지역에서 여러 개의 점포를 거느린 사업가가 되었다. 히라야마는 자신의 인생을 '파란만장(波瀾萬丈)'이라는 단어로 묘사하면서 그 격랑의 세월 속에서 살아나갈 수 있었던 비결은 신심에서 배운 '우물의 마음'이 있었기 때문이라고 표현했다.

면담은 2006년 7월, 신주쿠의 창가학회 광보실(廣報室)에서 진행되었다. 이후 한 번 더 만남을 가졌으나 여기서는 첫 번째 면담에서의 대화만 정리했다. 대화에는 한국어와 일본어가 함께 사용되었다.

고향을 떠나오다

그동안 살아오신 이야기를 어린 시절부터 듣고 싶습니다.

제 고향은 제주도 조천입니다. 일본에서 태어나 살다가 해방이 되어서 여덟 살 때 제주에 갔는데 말을 몰라서 3학년 올라가서도 구구단도 못 외었어요. 그때 제주도에서 싸움(1948년에 일어난 제주 4·3 사건을 뜻함)이 일어나서 사는 형편도 안 좋았어요. 먹을 것도 없고, 학교에 갈 때 신을 신도 없고, 학비도 없었어요. 그래도 저의 어머니는 아주 훌륭합니다. 먹을 게 없어도 학교에 가라고 하셨어요. 저희 나이 정도 사람의 부모들은 아이들을 학교에 안 보냈어요. 하지만 제 어머니가 "가라, 가라" 하셔서 저는 학교에 다녔어요. 조천국민학교를 졸업했어요. 다시 중학교에 들어갔지만 제가 늑막염에 걸려버렸어요. 4년 정도 병에 걸려 있다가 중학교에 더 다니고 싶어도 못 가고 중도에 포기했어요. 중퇴! 신촌중학교 중퇴입니다. 그때 당시 저희 마을에는 중학교에 가는 친구가 없었어요. 그래도 저는 중학교에서 배운 기초가 있어 일본에 와서 노력하니까 글을 잘 쓰지는 못해도 읽을 수는 있었어요. 그래서 어머니에게 감사하고 있어요.

일본엔 열아홉 살 때 다시 왔어요. 쇼와 33년(1958년)이 될까, 배로 다른 사람이 모르게, 야미(闇, '뒷거래', '불법'이라는 뜻의 일본어)로 왔어요. 부끄러운 일이지만 야미로, 남들 모르게 왔어요. 옛날이야기죠! 저는 열여덟, 열아홉이 되어도 자기 의견을 내세우는 것이 어려웠어요. 제가 어릴 때는 어머니가 뭐라고 하면 "네, 네" 하고 언제나 복종해야 했어요. 어머니가 가라고 해서 "네", "고모네도 있고, 모르게 배로 가라" 해서 "네" 하고 왔어요.

일본에는 작은아버지와 제 언니들이 있었어요. 언니는 일본에서 태어나서 일본 중학교를 나왔어요. 한국에 돌아가지 않고 일본에 있었어요. 그러니까 어머니가 거기 가라 하셔서 아무 생각도 없이 일본에 온 거에요. 그때부터 진짜 고생 시작이었어요. 언니 오빠들은 자기들 살기 바쁘니까, 저는 일본에 와서 학교 가고 싶은 마음은 있는데도 가지 못했죠. 말도 모르니까 어찌할 방법이 없어 벙어리가 되어버렸어요. 언니 자식이 일곱 명이어서 일본에 와서 그것들 밥해 먹이면서 언니네 집에서 살았어요. 어떻게 할 수 없는 환경이었지요.

파란만장했던 삶

'하란반조(波瀾万丈, 파란만장)'라는 말을 알고 계세요? 제 삶이 바로 파란만장, 파도에 휩쓸린 인생이에요. 본존[1]님과 이케다[2] 선생님이 없었다면 자살해서 죽었을 거예요. 제 나이가 스물다섯 되니까 집에서 시집을 가라고 해서, 그때부터 파란만장한 인생이 시작되었어요.

저는 결혼을 두 번 했어요. 첫 번째 남편은 공장 일을 하고 있었어요. 그 사람은 오사카의 교포였습니다. 일본에서 자라난 사람이라서 한국에서 온 저하고 환경과 말이 달라서 어울려 살 수가 없었어요. 딸 하나 낳았어요. 아마 쇼와 40년(1965년)인가에 딸을 낳았으니까, 지금 마흔 몇 살이죠? 결혼하고 한 2년 살다가 못 살았어요. 결혼에 실패하고 나서 도쿄에 왔어요. 작은아버지가 도쿄에 계시고 언니들도 있고 형제도 있고 해서 도쿄로 왔는데 그 딸을 언젠가 데려오려고 시집에 두고 나와서 9년 동안 혼자 있었어요.

결혼에 실패해 오사카 생활은 2~3년에 끝나버리고 혼자 9년 동안 살았는데 그때 저는 미용학원에 다녔어요. 미용 배워서 그때 오사카의 딸을 데리고 둘이서 살아야지 했는데, 미용학원에 가서 졸업하고 나서 인턴 일을 할 때 제 자신에 대해 생각하게 되었어요. 무서워졌어요. 누가 나를 책임져줄 것인가 불안해져서 결혼할 마음이 생겨버렸어요. 그러고 싶어졌어요. 그때 친구가 남자 이야기를 했어요. 그래서 재혼하게 되었어요. 그 딸은 내가 데리고 오지 못해서 영원히 울게 되어버렸어요. 오사카에 있는 그 딸, 가슴 아픈 딸이에요. 재혼해서 여기서도 아이 셋을 낳아버려서…….

저는 결혼해서 열심히 하면 좋게 될 것이라고 생각해서 결혼했는데, 이번 남편은 노름을 좋아했어요. 하지만 그때 뱃속에 애기가 생겼어요. 두 번째 결혼한 사람의 아들을 낳고 나서, 이 애를 버릴 수가 없는 거예요. 본남편의 자식 하나 울리고 나니까 다시는 아이를 버릴 수 없었어요. (울음). 너무 가슴이 아프니까. 하지만 노름하는 남편과 살아가는 것은 더 힘들었어요.

인간이 힘들 때는 정말 더 나빠지기만 했어요. 남편이 말 안 듣고 노름하러만 다니니까 혼자서 일을 해야 했어요. 이 남편하고 결혼해서 장사하면서 같이 마작도 하고 클럽도 하고 게임장도 하고, 그때 돈은 벌었는데 남편이 노름으로 다 써버렸어요. 가게를 다섯 개 정도 갖고 있었는데 남편이 노름으로 다 날려서 부도가 나버렸어요.

저희 아들이 소학교 3학년일 때인가 큰 맨션에 살다가 갑자기 딱 떨어지고 나니까, 신주쿠에서 또 신주쿠로, 작고 캄캄한 방에 비가 주룩주룩 내리는 데로 갔어요. 지금도 아들이 그때 일이 생각나서 그러는지 가난한 것은 제일 싫다고, 가난한 사람으로는 살고 싶지 않다고 해요. 부자였다가 갑자기 가난해져서 물이 새고 캄캄하고 축축한 방에 가게 되었으니까요.

그런데 남편이 거꾸로 저에게 "어떻게 이런 방에 살 수 있나?" 하면서 집을 나가버렸어요. 빚만 저에게 남겨두고는 도망을 가버렸어요. 남편이 나가버리고 생활하기 어려워서 아이들하고 나랏돈을 받아서 살았어요. 복지(福祉) 말이에요. 저희 같은 사람들이 복지를 받을 수 있다는 것도 1년 동안은 몰랐으니까. 길에서 트럭에 채소를 싣고 와서 파는 데가 있어요. 거기 가서 "우리 집이 토끼를 기르고 있어서 토끼 풀로 줄 건데 가져가도 됩니까?" 하면, 채소 주인이 "좋아요! 그거 가지고 가세요" 해요. 그러면 채소 팔면서 떼어 버린 거 주워서 그걸 어린아이들에게 먹였어요. 1년 뒤에야 나라에서 복지를 받았어요. 아이들과 저는 신주쿠에서 이리저리 옮겨 다니면서 살았어요.

신주쿠에서 한국 식품재료 파는 장사를 하고 있으니까 남편이 돌아왔어요. 고춧가루랑 잡채랑 김치를 만들어서 팔았어요. 그때는 아무도 하지 않으니까 신주쿠물산으로 해서 장사가 잘되어서 이번에는 야기사와라(八木佐原)에 집 하나를 샀어요. 애들이 중학교 다닐 때 신주쿠는 환경이 나쁘니까 야기사와라에 집 사고 이사해서 애들하고 거기서 십 몇 년 정도 살았나, 빌린 돈도 갚고 돈을 좀 모으니까 남편에게 또 노름병이 도졌어요. 노름하는 사람은 노름을 끊는 건 없어요. 조금씩은 했어요. 조금 조금 하다가 돈을 한 100만 엔, 200만 엔 잃으면 그것 되찾으려고, 그걸

1. 파란만장한 생의 파도를 넘어 27

어떻게 해보려고 마누라 몰래 하다가 그게 1,000만 엔, 2,000만 엔 하게 되면 자기가 정신병자가 되어버리죠. 병이에요. 그렇게 되면 그때는 꼴이 아니에요. 마약과 같아요. 남편은 도박성만이 아니라 의처증도 있었고요. 그래서 또 빚을 막 지니까 돈 내놓으라고 저에게 야쿠자가 오고 해서 이혼해버렸어요. 네, 부끄럽네요. 이혼해서 이제 13년 되었어요.

남편은 일본에서 태어나서 메이지대학교까지 나온 재일교포예요. 마음은 부드러워도 돈을 보면 노름을 하고 싶어 했어요. 그건 병이에요. 지금도 생각하면 불쌍해요. 정말 불쌍해요. 이혼하고 싶지는 않았지만 그렇게 되었어요. 13년 전에 남편하고 이혼한 후에도 빚이 많았어요. 남편 빚은 제가 다 처리했어요. 그래가지고 빚도 다 갚고, 지금은 가게 다섯 개입니다. 하지만 지금 남편이 다시 돌아온다고 해도 이제는 같이 살 생각이 없어요.

입신 후 달라진 인생

창가학회에 어떻게 입신[3]하게 되셨나요?

작은어머니가 신주쿠에 살았습니다. 지금은 돌아가셨지만 사업을 했어요. 작은어머니는 신주쿠에서 '세쓰고 상'이라고 하면 유명했어요. 신주쿠에서 200명을 절복[4]한 사람이에요. 호텔도 몇 개 있었고 잘살았습니다. 작은어머니가 남묘호렌게교[5]를 하고 있었어요. 작은어머니가 "너 이거 하면 장사로 애도 밥 먹일 거고, 장사해서 돈이 많아지면 빚도 갚을 수 있고 개인회관[6]을 만들 정도가 된다. 좌담회[7] 하는 집을 원하면 지을 수 있다. 이 신심으로 그 정도 생활을 할 수 있게 된다"고 말했어요.

제주에서 어머니가 나무아미타불 절간에 다녀도 저는 관심이 없었고, 친구들이 어디 가서 예배한다고 해도 신경을 안 썼어요. 일본에 와서도 남묘호렌게쿄 좋다는 말에 신경 안 썼어요. 안 썼는데, 제 인생이 파란만장으로 힘드니까 작은어머니께 소개받고 1년쯤은 저대로 하다가 애 아빠가 말 안 들어서 저 혼자 학회 조직에 찾아갔어요.

남편은 회원이 아니었는데, 이사할 때 제가 작은 상자에 본존님을 갖고 있는 걸 보고는 그거 할 거면 잘하고 안 할 거면 치우라고 했어요. 남편은 내 말은 안 들었지만 어떻게 보면 남편이 은인입니다. 남편이 반대하지 않고 잘해보라고 하니까 빌어나 보자 해서 시작했어요.

신심을 가진 후에 사업이 더 잘되었습니까?

제가 하는 식당은 호르몬야키(ホルモン焼き)라고 하는데, 야키니쿠(焼き肉, 일본식 불고기)는 비싸다는 이미지가 있지만 호르몬은 싸다는 느낌이 듭니다. 호르몬이란 소[牛]의 창자예요. 호르몬은 일본 사람들이 잘 먹지 않던 거지만 몸에는 좋아요. 가게 이름에 호르몬야키 고우에이(ホルモン焼き 幸永)라고 아예 제 이름을 붙여버렸어요. 그것을 시작한 게 10년, 10년 해가지고 가게는 지금 다섯 개가 되었습니다. 똑같은 거 다섯 개, 쇼쿠안 도오리(職安 通り)에 있어요. 신주쿠 안에 있지요. 그래서 가게가 5분 걸어가면 또 있고, 5분 걸으면 또 있어요. 금요일, 토요일, 일요일은 줄을 섭니다. 맛은 다 제 맛이에요. 내 맛이고. 누가 와도 제 맛으로 지시해요.

제 아들은 똑똑해요. 자기가 자기 아들 자랑하면 곤란하지만, 아들이 와세다대학교 나왔어요. 똑똑해요, 머리 회전이 빨라요. 지금은 제가 가게에 안 나가도 전부 알아서 잘해요. 아들이 전부 경영을 하고 저는 뒤에서 좀 조정하지만, 하나둘만 이야기하면 열까지, 아들이 머리 회전이 빨라서 잘해요. 저는 가게에 일주일에 세 번이나 갈까, 그렇지만 가게에 가면 다 알 수 있어요. 제 아들이 "엄마, 어떻게 다 알고 계세요?" 하고 놀랍니다.

자식으로 행복하다

자녀들이 히라야마 씨를 잘 따르는 것 같습니다.

아이들에게서는 고생을 몰랐어요. 고생은 남편. 아이들 고생은 모르고 살았어요. 첫째 사위는 아들 친구예요. 아들 친구하고 제 딸이 연애를 해서 결혼하고 제가 맨션 1층에 살고 딸은 4층에 사는데, 사위는 제 아들과 같이 이 사업을 하고 있어요. 작은딸은 얼굴이 예쁘지는 않아도 복이 많아요. '다마노코시(玉の輿, 타고난 복으로 부귀한 집안에 시집가는 것)'라고 알아요?

다마노코시가 무엇인가요?

다마노코시라고, 제가 이렇게 살고 남편이 저러면 자식이 좋은 데 시집을 못 가지 않겠어요? 그랬는데 거기 시어머니가 저하고 좀 잘 알거든요. 친구의 친구 관계예요. 그런데 제가 사는 모습을 봐가지고 저 엄마 딸이면 틀림없다고 생각했던 것 같아요. 그렇지만 저는 그 집이 부자라고 해도 얼마나 부자인지 모르고, 사람들이 "부잣집, 부잣집" 해도 어느 정도 부잣집인지 몰랐어요. 그렇지 않아요? 밥 먹고 살고 자식을 지키고 자기가 성실하면, 일본에서는 성실하면 사니까. 저는 딸이 꼭 부잣집에 시집 안 가도 좋다고 생각했는데 저희 작은딸 시어머니가 재일교포이고 제주도 사람이라 고향이 같으니까 딸을 어떻게라도 달라고 해서, 사돈집에서 제 딸하고 자기네 아들하고 선을 보게 해달라고 해서 맞선을 봤어요. 사위 얼굴을 보니까 성실해 보이고 멋지더군요. 그쪽 집에서도 제 딸을 보고 오케이 했어요. 1년 정도 사귀는 게 좋지 않을까 말했는데, 두 사람이 사귀고 있을 때 사돈집에서 "빨리 결혼시킵시다" 해서 뭐가 뭔지 알 수 없이 3개월 만에 결혼했어요.

결혼식 후에 사위에게 "너희 집에 가게는 몇 개 있느냐"고 물었어요. 가게가 가라오케가 80개, 파친코가 100개가 넘는대요. 듣고 놀랐어요. 제 딸 사주팔자를 보면요, 어릴 때 오복을 타고났대요. 저는 못사니까 무슨 오복이야? 숙명! 제 삶은 파란만장했잖아요. 제가 원래 자궁이 나빠서 더 이상은 애를 낳으면 안 된다고 병원에서 임신을 금지시켰는데, 그 딸은 젊은 때라 남편하고 관계하다 보니까 임신이 되어버린 애였어요. 낳아야 하나, 낳지 말아야 하나 고민이 되었지요. 당시 창가학회에 다닐 때라 간부님에게 지도를 받았어요. 남묘호렌게쿄를 많이 부르면 복을 많이 싣고 태어날 거라고 간부님이 말하더군요. 그때 저는 신심을 잘 몰랐으니까 죽는 게 두려워서, 인간이 죽는다는 것이 제일 무서웠어요. 임신한 아이를 떼어도 제가 죽을 거, 낳아도 제가 죽을 거니까 간부님 지도대로 제목[8]을 많이 했어요. 그러니까 열 달, 그 애 갖고 열 달 동안 제목을 했어요. 제가 열 달 동안 남묘호렌게쿄를 부른 딸이에요, 그 딸이. 그 딸이 스물세 살이 되서 자기 복이 있으니까 꽉하게 시집가 버리잖아요. 저희 집 형편으로는 그런 집에 시집을 못 가요. 사위는 중학교 때부터 미국에 유학했어요. 시애틀대학교 나온 사람입니다. 제 딸은 고등학교만 나왔습니다. 고등학교 나오고, 남편이 그때 여러 가지 문제가 생겨 도망치게 되어서 딸은 대학에 못 갔어요.

　제가 나쁜 엄마예요. 남편을 어떻게 해서라도 (가정을) 이끌어가려고 했지만 할 수 없었어요. 그래도 그 애는 영리해요. 고등학교 때도 시험을 보면 항상 상위였어요. 머리가 좋아요. 아버지가 얌전했으면 그 애는 정말 와세다든 게이오든 어느 대학이라도 갔을 딸이에요. 돈이 없으니까 고등학교로 끝나가지고 회사 취직해서…… . 그런 환경이 되면 딸도 부모 말을 잘 안 듣잖아요. 그런데 취직해서 착실하게 월급 타면서 지내다가 좋은 곳으로 시집갔어요. 저희 형편으로는 만나지 못할 집안인데 작은딸은 다마노코시를 받았어요. 그런 걸 보면 남묘호렌게쿄는 훌륭해요! 제가 그런 경험을 했어요.

창가학회에서 배우다

남편이 힘들게 한 것 외에 살면서 다른 어려움은 없었나요?

　그것은 뭐, 가게를 하고 싶다고 생각해도 한국 사람이라 돈을 빌리지 못하는 거라든지, 그때는 제가 병이 날 것 같았어요. 남편이 노름이나 하고 있으니까 애들 먹여 살리려면 제가 일을 안 하면 안 되어서 창가학회 모임에도 잘 못 나가고 마음이 복잡했어요. 마음속으로는 나는 열심히 하고 있는데 왜 나에게 이런 일이 있는 거냐며 원망했어요. 고통스러우면 (창가학회 모임에) 나가고, 고통이 풀어지면 안 나가고. 제 마음대로 행동했어요. 일본 사람들 속에서 저는 말도 모르죠, 글도 모르죠. 창가학회 모임에서 "말 한마디 하세요" 하면 뭐라고 말할 자신이 없어서 열등감으로 위축되는 거죠. 사람들이 저를 손가락질한다고 생각했어요. 마음의 괴로움이 얼마나 큰 괴로움이에요? 처음 신심할 때는 정말 서러웠어요. 그렇지만 제가 고생스러우니까 나가지 않을 수 없었어요.

그런 마음은 신심을 가지던 중에 달라지셨나요?

지금은 그런 마음이 없어요. '그 사람들이 나를 힘들게 하니까 오히려 제가 열심히 해가지고 지금은 기쁘게 살게 되었다, 이 믿음을 잘 알게 되어서 감사하다'는 마음으로 변했어요.

남묘호렌게쿄는 저를 고통스럽게 한 사람들이 행복해지도록 제목하게 합니다. "그 사람에게 복을 주세요" 하고 빌게 됩니다. 이 믿음은 믿으면 믿을수록 그 사람이 저에게 준 고통 덕분에 제가 열심히 살게 되었다고 생각하게 됩니다. 그 사람들이 저에게 준 것이 나쁜 것이어도 그게 다 복운(福運)이에요. "오늘 제가 남묘호렌게쿄를 부르는 공은 모두 그 사람들에게 돌아가게 해주십시오" 하고 기원하게 됩니다. 저는 이제 괴로움이 없잖아요.

솔직히 말해서 이 불법(佛法)을 하면 환경이 문제없어요. 불법은 변명

해서는 안 되어요. 어떤 환경이라도 자기 마음이에요. 이 믿음은 하면 할수록 뭐라 그럴까, 우물을 파면 팔수록 맑은 물이 나오듯이 마음도 열심히 파면 좋은 마음이 나와요. 한없이 솟아나요. 저는 그것을 느낍니다.

이케다 선생님이 '무량무변(無量無邊)'이라고 하셨어요. 인간에게는 부처님[佛]의 마음이 있는데, 우리 본존님을 믿으면 자기 안에서 부처님의 마음이 나옵니다. 부처님 마음이 나오면 공부를 하지 않아도 지혜가 솟아 올라와요. 교육이 필요한 거지만, 교육을 받지 않은 사람도 열심히 하면 지혜가 나와요. 이케다 선생님이 말씀하신 그대로요.

저도 그렇게 되었어요. 우물을 퍼내면 퍼낼수록 맑은 물이 나오는 것처럼 제 마음속에서도 예쁜 마음이 점점 올라왔어요. 이 믿음은 정말 멋지다고 생각했어요. 내가 이 믿음을 갖지 않았다면 남편을 죽였을지도 모릅니다. 남편이 빌려놓은 돈을 제가 전부 갚고, 혼자서 아이들을 키웠어요. 그런 일이 여자 혼자서 가능합니까? 할 수 없어요.

지금은 매일 이케다 선생님의 말씀을 기본으로 해서 본존님에게 기원하면서 노력해요. "저는 오늘도 이케다 선생님의 지도를 받고 있습니다" 하는 마음으로 지도서를 읽고 있으면 점점 마음이 부드러워지면서 사랑하는 마음이 생기더군요. 그래서 제가 위로를 받았습니다.

남묘호렌게쿄는 30분을 올려도 되고 10분을 올려도 되고 1시간을 올려도 되고, 많이 올리면 많이 올릴수록 복이 붙습니다. 우리가 목욕탕에 가잖아요. 가면 때를 밀잖아요. 때가 하나 떨어지듯이 남묘호렌게쿄를 한 번 부르면 자기 죄가 하나 떨어져요. 남묘호렌게쿄를 1시간 하면 제 몸에 때가 떨어지면서 복이 붙어요. 제 몸에 복이 붙으면 자식이랑 주위 사람들이 저를 따라와요. 저도 또한 진실하게 말을 하고 거짓이 없어지게 됩니다. 제가 진실하면 사람들이 저를 신용하지 않습니까. 그러면 모든 것이, 일이 잘되어 가지 않겠습니까? 그런데 선생님은 창가학회를 안 믿고 있습니까?

네, 저는 회원은 아닙니다.

선생님이 본존님을 받아서 믿어야 해요. 정말로 믿어야 해요. 진짜, 선생님이 남묘호렌게쿄를 해야 합니다. 정말로. 이 믿음을 해야 복이 많이 붙어서 다음에 태어날 때는 더 훌륭하게 됩니다. 이거 전부 니치렌[9] 대성인이 다 써놓고 있어요. 아직 하지 않고 있으시니 제가 절복을 하겠습니다. 선생님이 남묘호렌게쿄 하세요!

주변 사람들에게는 어떻게 절복을 하십니까?

사람들이 어쨌든 의논을 많이 부탁해요. 인생 상담요. 그러면 "그렇군요, 그렇군요" 하고 이야기를 전부 들어줍니다. 그리고 나중에 "남묘호렌게쿄 하세요!" 하면 대부분 "아아, 안 돼요! 창가학회는 싫어요" 그럽니다. 그러면 "5분만 매일 남묘호렌게쿄 해보세요. 한 달만 그렇게 해보고 변화가 되나 안 되나 보세요"라고 말해줍니다. 그러면 꼭 다시 와요. 오면 그때 절복합니다. 꼭 이것만 믿어라, 믿어라 하는 거 없어요. 고민이 있어서 상담을 부탁하면 제가 할 수 있는 것, 가까운 것부터 해주고, 그리고 최후에는 "남묘호렌게쿄 해보세요. 해보면 반드시 됩니다" 하고 알려줘요.

제가 (절복한 사람이) 한 60명 정도 되어요. 올해 5명, 그런데 모두 잘되었어요. 60명 중에 한국인은 반 정도, 저는 일본 사람도 많이 접촉합니다.

보람과 사명

사업하시는 곳에서도 여러 사람을 만나시지요?

한 20년 전부터 한국 사람들이 막 들어왔어요. 한국에서 부도나고, 자식이 말 안 듣고 하면 일본에 와서 제가 한국 식품재료 장사를 하니까 제 가게를 찾아와요. 제게 오면 방을 찾아주어야 해요. 보증을 서야 방을 빌려주니까 제가 보증을 서줘요. 한국에서 온 사람들은 지금은 자기 친구가 있어도 그때는 없었어요, 처음이니까. 그래서 일을 찾아주고, 일 찾을 때까지 사람들 밥 주고 집 빌려주고 돈 빌려주고 그런 걸 제가 했어요. 3년 하니까 자기들이 토대를 잡아가고, 또 제가 12년 전에 호르몬 가게로 바꾸어버리니까, 이제는 끼리끼리 자기들이 소개해주고 해요. 신주쿠에 가면 사람들이 (제게) 인사를 합니다.

요새도 유학생이 많이 들어오지 않나요?

유학생, 다 유학생이에요. 지금 저희 가게에 일하는 사람이 한 40명 있습니다. 아르바이트 하면서 학교 다니고 있어요. 이 애들이 정말로 내 말은 잘 들어요. "오카상(お母さん, 어머니)이 좋아요" 하면서. 왜냐하면 제가 매일 자기들을 위해서 빌어주고, 또 딴 가게는 시급이 800엔이다 850

엔이다 하지만 저희 가게는 처음부터 900엔에 해버립니다. 한 달 해보고 저희 집에서 일할 자신이 있다고 하면 다음 달엔 1000엔 줘버려요. 왜냐하면 학자금 내고, 방세 내고, 생활을 해나가야 하지 않습니까? 저희 집에서 아르바이트 해서 한 달에 14만 엔, 15만 엔 벌게 해줘 버립니다. 하지만 딴 데 또 두 군데서 일하는 애가 있어요. 그러면 "우리 집은 안 된다"고 해요. 저희 집에서만 해도 되도록 해요. 그 아이들이 대학교 가려면 돈이 많이 들죠. 그래서 여름방학과 겨울방학에는 길게 일을 시켜요. 돈을 모아서 학비를 벌게끔 해요.

지금 저희 가게 (직원 중) 세 명이 대학교 나온 애들이에요. 점장도 그렇고요. 그래서 대학교 가는 데 돈 필요하면 제가 꿔줘 버려요. 그렇게 하니까 애들이 제 말을 잘 들어요. 일도 열심히 하고.

아, 제 자랑이 될지도 모르겠습니다만, 2년이 되었나, 2004년에 제가 책에 나왔어요. ("新宿情話"라는 제목의 책을 보여주면서) 이것은 외국에서 와서 생활하는 사람 27명을 골라 쓴 책이에요. 외국에서 와가지고 신주쿠 지역에 살면서 성공한 사람들, 제 이야기는 10쪽 정도로 나와 있어요.

멋지네요. 성공한 창가학회 회원으로서 신앙생활은 어떻게 하고 계신지 궁금합니다.

네, 그런데 그건 간단한 거예요. '인생은 도로마미래(泥塗れ, '진흙투성이'라는 말로 고난이나 역경을 뜻함)', 이 믿음을 가지면 연꽃이 진흙에서 나와서 예쁘게 피고 더러운 곳에서도 피어나는 것처럼 고달픈 인생에 꽃이 피게 됩니다.

저는 전에는 이케다 선생님이 무량무변이라고 하셨어도 그 의미를 몰랐지만, 지금은 이 믿음을 가지면 눈에 보이지는 않지만 마음속에서 샘물이 퐁퐁 올라와요. 그래서 한국 사람이라면 이 믿음을 확실히 가지기를 바라고 있어요. 최후의 일, 내일 일은 몰라요. 이 믿음을 가지면 자연히 인간 혁명이 되고 경제 혁명이 되어요. 불법의 생명력은 대단해요! 마음속에서 지혜가 떠올라요. 남묘호렌게쿄 하면 지혜가 퐁퐁 솟아나요. 저는 3년 전에 직장암으로 수술을 했습니다. 하지만 지금 괜찮습니다. 제목을 올리니까요. 저는 지지 않아요.

앞으로 바라는 일이 있다면 무엇인지요?

사실은 제가 20여 년 전부터 제주도 제 고향에 회관을 짓고 싶었어요. 그래서 3년 전에 어머니 집을 제가 샀어요, 조천에. 저희 어머니가 살던 집이 지금 회관이 됩니다.

거기가 제 고향이고, 제가 맨발로 학교 다니면서 그 고향에서 살았잖아요. 제주도 형편을 잘 알고 있어요. 이 믿음을 널리 퍼지게 하고 싶었어요. 어렵게 살며 고통 받는 어머니들이 제가 회관을 지으면 거기에 갈 거니까 고향을 위해서 뭔가 하나라도 하고 싶었어요. 제주도에 살면서 이 회관을 짓는다 하는 것은 어려운 일이었어요. 제가 일본에 와가지고 고생고생해서 돈도 많이 벌었지만 남편이 다 써버리니까 인생이 무엇인가 허무했어요. 남편하고 이혼하면서 빚도 몇 천만 엔 걸려 있지, 그때는 아이들이 다 죽게 되니까 앞이 안 보였지만 그때 '내가 한국에서 일본으로 들어왔는데 (울먹임) 내가 걸린 문제는 다 해결하고 죽어야지, 나는 돈

만 벌고 싶은 것만은 아니다, 내 이름으로 가게를 해야 한다' 그렇게 생각
했어요. 그렇게 본존님과 약속하니까 정말 가능하게 되었어요.

그래서 여러 사람이 이 신심을 해야 해요. 제가 이 믿음을 가지지 않았
다면 아무것도 남은 게 없었을 거예요. 한국에 가면 어머니들 정말 많이
고생하고 있어요. 일본에 돈 벌러 와서 어머니들이 밤에 잠도 자지 못하
면서 일하고, 몇 년씩이나 일해서 돌아가면 병에 걸려서 죽어버려요. 그
고생의 원인을 모두 모르고 있어요. 복이 없으니까 남의 나라에 와서 고
생하는 거 아닙니까? 그래서 이 남묘호렌게쿄를 해서 자기의 숙명을 바
꾸어야 해요. 이 믿음을 가지면 나쁜 운명이 복으로 바뀌니까 모두 이 신
심을 믿게 하고 싶어요. 이것이 제 희망이고 사명입니다.

오늘 이야기 잘 들었습니다. 고맙습니다.

---

1   본존(本尊): 창가학회의 신앙 대상이다. 만다라(曼茶羅, 부처가 중험한 것을 나타낸 그림)
    와 유사한 형태로, '南無妙法蓮華經'이라는 문구와 부처·보살, 그리고 묘법(妙法)을
    수호하는 제천선신(諸天善神) 등의 이름이 적혀 있다. 창가학회 회원이 되면 본존의
    복사본을 받는데, 회원들은 이를 집 안의 불단에 모셔놓는다.

2   이케다 다이사쿠(池田大作): 창가학회의 제3대 회장이다. 1928년생으로 초대 회장인
    마기구치 쓰네사부로(牧口常三郎)와 제2대 회장 도다 조세이(戶田城聖)의 뒤를 이어
    1960년에 취임했다. 1975년에는 국제창가학회(SGI)를 발족시키고 회장이 되었다.
    일본창가학회 회장직은 1979년에 사임했다. 전 세계 창가학회 회원들로부터 최고의
    지도자로 존경을 받고 있다.

3 입신(入信): 창가학회 회원이 되는 일.

4 절복(折伏): '파절굴복(破折屈伏)'의 줄임말로, 창가학회 신앙의 포교 활동을 가리킨다. 창가학회는 초기에 매우 적극적으로 절복을 행했다. 2~4명의 회원이 모여 이웃과 친구를 찾아가서 입신을 권유하거나 아는 사람의 집을 방문하는 활동을 했는데, 이는 타 종교 단체와 언론으로부터 강하게 비난을 받았다. 현재는 조용히 신앙을 권유하는 정도로 절복의 양상이 바뀌었다.

5 남묘호렌게쿄(南無妙法蓮華經): 창가학회에서는 '묘법연화경(妙法蓮華經)', 줄여서 '법화경(法華經)'이라는 불교 경전이 참된 진리를 담고 있다고 생각한다. 그래서 '나무아미타불관세음보살(南無阿彌陀佛觀世音菩薩)'이라는 염불이 아닌 '남묘호렌게쿄'라고 음송(吟誦)한다. 남묘호렌게쿄는 남무묘법연화경의 일본어 발음이다.

6 개인회관(個人會館): 창가학회 회원들이 모임을 갖는 지역별 집회 장소를 문화회관(文化會館)이라고 하는데, 이는 창가학회 교단이 건설해 회원들에게 제공하는 것이다. 반면 회원 개인이 자신의 주택 일부를 각종 회합이나 지역 좌담회 등의 모임 장소로 제공하기도 하는데 이를 개인회관 또는 교당(敎堂)이라고 한다.

7 좌담회(座談會): 창가학회 회원 모임 중에서도 가장 전통적인 회합이다. 좌담회에서는 신앙 체험을 발표하거나 활동 보고를 하고, 어서(御書, 니치렌의 저작물)를 배독하며, 지역 학회 간부의 지도(연설)나 이케다 명예회장의 지도와 격려사를 소개한다. 주로 지구나 블록 단위의 지역 회원이 한 달에 한 번 꼴로 모여 좌담회를 연다.

8 제목(題目): 남묘호렌게쿄를 음송하는 것을 '제목을 올린다'고 표현한다. 창가학회 회원들은 본존을 향해 남묘호렌게쿄라는 제목을 반복해서 암송하다 보면 우주의 진리를 몸으로 느끼게 되고, 생명력을 높여 자신이 원하는 바를 이룰 수 있다고 믿는다.

9 니치렌(日蓮, 1222~1282): 니치렌은 가마쿠라(鎌倉) 시대의 승려로 지바(千葉) 현에서 어부의 아들로 태어났다. 불교의 진리가 법화경에 담겨 있음을 깨닫고, 1253년 니치렌 불법(日蓮 佛法)을 창시했다. 그는 모든 사람은 불성(佛性)을 갖고 있으며 '남묘호렌게쿄'라고 제목을 부르는 창제(唱題)를 통해서 우주와 생명의 진리를 깨달을 수 있다고 설파했다.

2 행복한 조국을 위하여

김영자(金英子)

김영자는 1954년생으로 재일교포 2세다. 대학생일 때 한국에 유학했고, 당시 재일 한국인 유학생들과 함께 창가학회의 청년 조직인 아리랑회를 만들고 동해 그룹과 활동을 함께했다. 아버지의 영향으로 조국에 대한 애국심이 강했다. 그러나 한국에서 대학 졸업 후 일본으로 돌아왔을 때 창가학회 회원이라는 이유로 주일 한국대사관에 취직하지 못했다.

김영자는 조국이 행복한 나라가 되기를 희망한다. 그렇기 때문에 세계 평화를 중시하는 창가학회가 널리 퍼지기를 바란다. 현재 민단[1]의 청년부 책임을 맡고 있어서 창가학회의 일에 전념하지 못하지만, 시간이 날 때마다 신심 조직의 일원으로 성심을 다하려 노력하고 있다.

면담은 2006년 7월 창가학회 본부에서 한국어로 진행되었다.

아버지와 어머니

가족에 관한 이야기부터 들어볼 수 있을까요?

제 어머니는 경상남도 진주 출신입니다. 어머니가 1926년생인데요. 외할머니, 외삼촌하고 16세에 일본으로 와서 여기서 태평양전쟁을 맞이했습니다. 그때부터 여기서 살게 되었어요. 아버지는 순천에서 태어나서 어머니가 (일본에) 오실 때쯤에 일본에 와서 1948년에 어머니와 결혼하고 여기서 기반을 잡았습니다.

제 형제는 5남매입니다. 저는 둘째 딸이고요. 언니, 저, 여동생, 남동생, 여동생, 이렇게 5남매입니다. 작년에 형제들하고 아이들하고 모여서 몇 십 년 만에 순천에 다녀왔어요. 순천엔 작은아버지 집이 있어요. 친척들도 다 거기에 있으니까요. 찾아갔더니 너무너무 반가워했습니다.

김영자 씨의 아버님은 일본에 오셔서 무슨 일을 하셨습니까?

아버지 일은 건축업이었어요. 건설업을 하다가 그만둔 후에 부동산으로 옮겼습니다. 주로 어머니가 사업을 했어요. 왜냐하면 아버지가 53세에, 막내 동생이 다섯 살이고 제 언니가 고등학교 1학년 때 돌아가셨거든요. 아버지 돌아가시고 그 뒤로 어머니가 회사를 맡아서 굉장히 고생을 했어요. 5남매를 키우는 바람에요. 지금도 생각해보면 어머니는 굉장한 분이었습니다. 여자란 점도 그렇지만 그 당시에 한국 사람에겐 은행 융자도 안 되었지요. 그런 차별 때문에 어머니가 고생했죠. 하지만 어떻게든 일본 사람에게 지지 않으려고 노력했어요. 그런 정신을 제 자식들이 이어받고 있어요.

한국말을 잘하시는데 언제 배우신 건가요?

집에서는 외할머니가 한국말로 (말씀)하셨어요. 사는 곳은 조금 떨어져 있었지만 외할머니께서 저희 집에 자주 오셨어요. 아버지는 일찍 돌아가셨지만 한국에 대한 애국심이 강해서 민단에서 감찰 위원도 하시고 제가 소학교 때는 한국 학교에 입학시키셨어요. 저는 신주쿠에 살면서 도쿄에 있는 한국 학교에 다녔어요. 집에서 학교까지는 1시간이나 걸려서 멀었지만 아버지께서 애국심이 강한 분이라서 한국말을 배워야 한다고 그곳에 보냈어요.

고뇌하는 청춘과 신앙

창가학회에 입신하게 된 계기가 있습니까?

저는 소학교와 중학교는 (일본에 있는) 한국 학교에 다니고 그 뒤로 미국에서 유학했어요. 먼저 2년은 하이스쿨에 가서 어학 공부를 했습니다. 홈스테이 했던 가정에서는 제가 일본에서 왔다고 하니까, "너는 틀림없이 일본 종교를 갖고 있을 거다"라면서 가톨릭교회에는 다닐 수 있지만 세례는 받지 말라고 했어요. 하지만 저는 원하고 있었어요. 영세를 받고 완전한 가톨릭 신자가 되고 싶었어요.

그때는 뭐랄까, 꿈에 대해서 생각하는 것도 어렵고 어릴 때라서 그런지 유학 생활이 정신적으로 힘들었어요. 생명력이 아주 떨어져 있었어요. 마지막까지 공부하고 칼리지로 들어가려고 했는데 포기하고 일본으로 돌아와서 대학에 입학했습니다. 대학에 다닐 때 창가학회를 알게 되었어요.

시작이 중요하지요. 그때의 상황에 대해 자세히 이야기해주실 수 있으신 가요?

예, 그렇습니다. 입신 동기가 굉장히 중요해요. 제가 체험담을 많이 이야기했기 때문에 머릿속에 원고가 들어 있습니다. 그때는 창가학회라고 하면 알레르기가 있었지요. 저도 '일본의 종교'라는 감각이 있었어요.
제가 전에 신자가 되고 싶어 했던 가톨릭은 제 운명을 바꿀 수 없고 신으로부터 받은 운명 그대로 갈 수밖에 없지만, 이 창가학회는 숙명을 바꾸어준다고 하니까 '그게 정말이라면 나도 제목을 올려보자' 생각을 했어요. 그래서 제목만 올렸는데 정말 점점 바뀌었어요. 제가 바뀌었어요.
하지만 입신하는 것은 시간이 걸렸어요. 제 가족이 반대하고 제 마음속엔 '내가 한국 사람인데, 일본인이 아닌데……' 하는 생각도 있었어요. 그래서 나이토쿠신코우[2]라고 해서 입신은 안 해도 제목만은 계속하려고 마음먹었어요. 그런데 제가 입학한 대학에서 창가학회 회원인 다자키[3] 씨 따님을 만났던 거예요. 다자키라고 아주 유명한 재일동포가 있어요. 그분의 따님이 제게 포교를 했습니다. 그분은 대학교 선배이기도 했지만 마침 제 언니와는 동창이었어요.

제가 한국 사람인데 창가학회 신앙을 하고 있는 한국분을 만나서 아주 반가웠어요. 그런데 한국에 포교를 하고 있다고 했어요. 그때 당시도 한국에서 회원들이 왔다 갔다 하면서 그 집에서 자고 그랬어요. 그래서 그런 모습을 보고 한국 사람이라도 이렇게 당당하게 (창가학회) 신앙을 할 수 있구나 생각했어요. 이케다 선생님도 『인간혁명』4에서 "다자키 씨는 자이니치(在日) 중에서 여러 사람 몫을 한다"고 하셨어요. 그래서 그 따님하고 같은 학교도 다니고 있어서 대학 안에 창가학회 학생부 서클 활동도 같이 했어요.

또 본부 밑에 재일한국인 국제인터내셔널이라고 도쿄인터내셔널 그룹, TIG라는 그룹이 있었습니다. 국제센터의 TIG 그룹은 30년 전의 옛이야기예요. 거기도 참가를 했습니다. 거기서는 한국만이 아니라 세계 여러 나라 사람이 모여요. 도쿄인터내셔널이니까 도쿄에 사는 외국인들의 모임이었습니다. 그래서 영어로 좌담회를 하기도 했습니다. 외국 사람들과 함께 참가하면서, 그러니까 창가학회가 세계 평화를 위한 종교라는, 정으로 인종 차별은 없다는 걸 거기서 깨달았습니다. 그래서 6개월 후에 입신했습니다.

그때 여자부의 경우는 입신할 때 부모님 허가가 있어야 합니다. 제가 여자부였으니까 다자키 씨께서 저희 집으로 직접 가정방문을 해주셨어요. 마침 제 언니를 통해서 어머니하고 다자키 씨도 서로 알고 있었어요. 어머니는 제가 입신하는 것을 반대하고 있었지만 그분을 만나서 한국 사람도 신심을 한다는 것을 알았습니다. 그때까지는 창가학회는 일본의 종교라는 감각이었죠. 그런데 어머니는 다자키 씨가 말하는 것이라면 오케이라고 하셨습니다. 그래서 입신하게 되었습니다. 그때부터 혼자서 저희 집에서 신심을 시작했습니다.

그러니까 그때만 해도 한국 사회나 한국 사람들 사이에서는 창가학회에 대한 반대가 엄청났습니다. 그러나 저는 한국, 일본이라는 것을 떠나서 이케다 선생님의 세계 평화에 대한 논문을 많이 읽었고, 이케다 선생님도 만나 보았고, 그때 각 나라에 광선유포[5]하는 것, 포교하는 것을 자주 말씀하셔서 개인의 사명에 관해서도 여러 번 들었습니다. 그래서 저는 한국 사람으로서 해야 할 게 무엇일까 생각했어요. 남북이 지금도 대립하고 있지만 그 당시 1970년대는 대립이 심했고 냉전 상태였죠, 전쟁 상태와 같았어요. 그런데 창가학회에서는 전쟁을 반대하고 평화를 위한 행동을 많이 하고 있었어요. 제가 이케다 선생님을 보고 깨달은 것은 한국 사람으로서 한국에 가서 완전히 한국말도 배우고 진짜 한국 사람으로서 살아가야 되겠다, (그래서) 결심하고 한국 대학에 편입시험을 보았습니다.

한국의 어느 학교, 무슨 과로 편입하셨습니까?

고려대학교 정치외교학과에 3학년 학사 편입을 했어요. 제가 진짜 한국에 사명이 있는지 잘 모르겠어서 본존님께 기념(祈念)했어요. 그런데 본존님에게 기원할 때마다 자꾸 한국 생각밖에 안 났어요. 염원하면 할수록 제가 광선유포를 위해서 한국으로 가자는 마음이었어요. 그랬더니 조건이 다 갖추어졌어요. 그때 고려대학에서 편입을 할 수 있다는 연락을 받았고, 바로 3학년 학사 편입을 했습니다. 여기서 대학 3년 다니다가 한국에 가서 졸업을 했습니다. 저로서는 아주 좋은 환경이었습니다.

한국에 가서 공부하겠다고 했을 때 어머님께서는 뭐라고 하셨습니까?

아버지가 돌아가시고 나서 그 뒤로 어머니가 혼자서 저희들을 교육시켰지요. 어머니는 재일교포로서, 또 한국인으로서 여기 일본에서 살기 위해서는 공부를 많이 해야 한다고 생각하셨습니다. 딸이어도 유학 오케이. 물론 주위에서는 여자니까 빨리 좋은 데 시집가라는 말을 하기도 했지만 저는 여러 가지 경험도 쌓고 싶었고, 물론 신앙 체험도 많이 쌓고 싶었고, 그러한 생각으로 이루어졌습니다, 한국 유학은.

그렇지만 어머니가 제가 한국에 가는 걸 반대하지 않은 진짜 이유는, 한국에는 창가학회가 없으니까 신심 활동을 안 하고 완전히 공부만 할 것이라고 생각하셨기 때문이에요. 유학 갈 때, 불단을, 조그만 불단이 있었어요. 그것을 잘 포장해서 가방에 넣고 갈 채비를 하고 있으니까 어머니께서 뭐 하고 있냐고 들여다봐요. 한국에 불단 가져가려고 준비하고 있다고 했더니 한국에 가서까지 창가학회 하지는 말라고 하셨어요(웃음). 그러겠다고 했지만 그 약속을 안 지켰어요. 신앙은 어디를 가나 하는 거잖아요? 한국에 가든 어느 나라를 가든.

행복한 우리나라를 위하여

한국에 가서 어떤 활동을 하셨습니까?

제가 74학번이니까, 1976년에 한국에 갔습니다. 한국에 가보니 회원들이 굉장히 많았습니다. 그때 당시 본부는 신설동에 있었는데 제가 그때 신세를 진 간부님이 계셨어요. 한국에서 간부님이나 회원이 일본에 오시면 제가 너무나 반가워서 저희 집에도 오시게 했습니다. 어머니에게 소개해드리려고요. "어머니! 한국 사람도 이렇게 창가학회를 해요" 하니까, 어머니가 한국에도 이렇게 신심하는 사람이 있냐고 하셨어요. (간부님이나 회원이) 저희 어머니에게 한국에서도 이렇게 열심히 하는 사람이 많으니 걱정 말라고 하셨어요. 그래서 일본에 오시면 저희 집에도 오시고 몇 번 왔다 갔다 하셨어요.

중요한 것은 여기에서 '아리랑회'를 만들었던 것입니다. 아리랑회는 신심하고 있는 재일교포 청년부 모임인데요. 다자키 씨 집에서 한국에 가기 전에 만들었습니다. 왜냐하면 창가학회 학생 중에도 재일교포 학생이 있고, 다자키 씨의 가족도 자이니치로서 한국 사람이잖아요. 저도 한국학교 동창이 몇 명 있었고 해서, 모이다 보니까 한 서른 명이 되었습니다. 그래서 국제센터에 광선유포하는 재일교포 그룹을 만들었습니다. 그때까지는 재일교포여도 일본의 학생이라는 생각으로 살았는데, 일본 사회에서 한국 사회로 들어가다 보니까 민족의식도 생기고 같은 동포인 한국 사람들도 신심을 하고 있어서 자기들이 일본과 한국 사이의 다리 역할을 한다는 것을 알게 되었습니다.

한국에 유학한 학생들끼리 다시 학생회를 만들었습니다. 아무래도 유학생 안에서 신앙 고민도 있고, 생활 고민도 있고, 학교생활 고민도 있으니까, 아무래도 여러 가지 걱정거리가 있잖아요. 학생회는 이즈미 부회장님이 한국에 오시면 지도를 받았어요. 지방 지도 때는 저도 따라가서 통역을 했고요. 그때 한국은 너무나 복잡했거든요. 아침부터 새벽까지 호텔에서 개인 지도를 하시면서 밖에 못 나가시니까, 식사 때도 라면 드시고 그러셨어요. 연세가 70세가 다 되었는데 참 안 되었다 생각하곤 했습니다.

그래서 이렇게까지 고생하신다는 것을 옆에서 보고 어서 빨리 한국도 광선유포를 해야 한다, 조직을 잘 만들어야 한다고 생각했어요. 그래서 제가 한국에 가서 기원한 것은 한국의 평화와 한국의 광선유포예요. 제가 젊었을 때는 '한국'이라는 말이 일본 신문에서 한 번도 안 나왔거든요. 그렇기 때문에 인정받는 한국의 SGI가 되기를 기원했어요. 그때 이케다 선생님도 한국에서 일본에 건너와 생활하고 있는 저희 회원들에게 "지금 한국이 세계 중에서 고생하는 나라이지만, 그런 나라가 나중에는 행복한 나라가 된다"고 하셨습니다. 좋은 말씀이긴 하지만 그런 시기가 올까 의구심을 가지기도 했어요.

그때 고려대학교의 학생들은 어땠습니까, 한국 학생들을 만나거나 포교하지 않으셨습니까?

한국에서는 대학별로 학생들 타입이 전혀 다르죠. 고려대는 시골 학교 학생 같은 분위기인데, 연세대 학생들은 정말 도시인 같은 분위기로 멋졌어요. 고려대가 도시 학교이긴 하지만 그때는 고무신을 신은 학생도 있었고요. 그런 게 생각납니다. 열두 시 넘으면 통행금지도 하고 그랬어요. 제가 친척 할아버지 집에서 하숙을 했어요. 서대문구 역촌동에서 살았거든요. 거기 가려면 버스밖에 없잖아요. 버스를 세 번 정도를 갈아타고 고려대까지 가면 1시간 반 걸렸어요. 정말 힘들었습니다.

창가학회 회원은 유학생들이었죠. 모이는 학생이 열다섯 명이었고, 고려대 유학생은 다섯 명 정도 있었어요. 저희의 사명은 한국에서 한국말을 잘 배우고 한국에 광선유포를 하는 것이었지만 종교나 정치 이야기는 안 했습니다. 하면 잡혀갔어요. 물론 친하게 된 사람에게는 살짝 이야기하지만, 그 사람을 믿을 때만. 그 외에는 안 되지요. 특히 정치 이야기는 절대 안 되고, 종교 이야기는 더욱 더. 그래도 저는 아는 사람들에게는 창가학회 이야기를 많이 했습니다.

그때 정치학과니까 '일본의 정치'라는 과목도 그 학부 안에 있었거든요. 그때 김영주 교수님이라는 명예교수님이 제가 신심하는 것을 어떻게 아셨는지 일련정종[6]과 공명당[7]에 대해서 여러 가지 알고 싶다고 하셨어요. 그래서 제가 공명당 이야기, 창가학회 이야기를 해드렸어요. 졸업하고 나서 그분을 초대해서 창가대학[8]랑 세이쿄신문사[9]를 구경시켜드렸어요. 교수님이 제 마음을 알고 계셔서 성공적으로 되었습니다. 한국에 있을 때도 종교 이야기는 만나는 사람마다, 친척도, 제 친척 오빠도 포교했고, 친척을 많이 포교했습니다. 한국에 가자마자 열심히 했었어요. 왜냐하면 입신한 지 2년밖에 안 되었고, 여기서는 완전히 안 했으니까, 한국에 가서 열심히 하려고 했었어요.

학교 졸업하시고는 일본으로 바로 돌아오셨습니까?

졸업하고 그해에 돌아왔습니다. 처음에는 대사관에 취직하려고 했는데 제 친구의 아는 사람이 대사관과 관계되는 곳의 직원이었어요. 그분의 소개로 대사관에서 면접도 봤지만 안 되었습니다. 그래서 거기는 제가 일할 곳이 아니라고 포기하고 그 뒤로 청년상공회의소에 취직했습니다. 한국인 청년상공회의소에서 2년 근무했습니다. 그러다가 어머니가 하는 일을 돕게 되었습니다. 어머니가 살아계셨을 때는 제가 그렇게 많이 하지는 않고 잠깐씩만 하고, 저는 한국의 해외 통역회사에서도 일을 했습니다. 그래서 한국에 오신 여러 사람의 비즈니스 통역이나 회의 통역 그런 것들을 10년 동안 했습니다.

가정의 신앙 활동

남편도 결혼 전부터 창가학회 회원이었습니까?

저는 결혼할 생각이 없었는데 어머니께서 제가 신심을 하고 있으니까 재일교포들이 중매를 해오지 않는다고 자꾸 걱정을 하셨어요. 어머니는 일본 사람하고는 절대로 결혼시키지 않을 거니까 선을 볼 때 종교 이야기를 하면 안 된다고 절대 비밀이라고 당부를 하셨어요. 선을 몇 번 봤는데, 나중에는 종교를 이야기해야 하잖아요. 저는 비밀로 하기 싫었어요. 그냥 사실대로 이야기했죠. 그런데 마침 인연이 있었죠. 신심하는 재일교포를 만났어요. 남편은 대학까지 모두 일본학교만 다녀서 한국말을 하나도 못했어요. 그래서 저하고 결혼하는 바람에 한국에도 가고 그때부터 한국말을 공부하기 시작했습니다. 나중에 연세대학교 어학당에 유학도 했어요.

남편은 어릴 때부터 신심을 했지만 조직에는 안 나가고 뭐랄까, 조직에 관해서는 저와는 다른 생각을 하는 것 같아요. 조직을 원래 좋아하지 않는 사람이 있잖아요? 여럿이서 같이 뭘 하는 걸 싫어해요. 혼자서 공부하고 혼자서 하는 걸 좋아하죠.

자녀들도 모두 창가학회 회원인가요?

지금 대학생하고 고등학교 3학년생하고 둘 있는데 어릴 때부터 신심하고 있습니다. 학생부의 모임이 있죠. 아주 열심히 하지는 않지만 조직에 나가서 남자 고등부, 여자 고등부에 들어가서 활동하고 있어요. 하지만 본인의 마음으로 시작하지 않았기 때문에 그런지 이 신심에 대해서 잘 모르는 것 같아요.

저의 경우도 그렇잖아요? 본인들이 의심을 가질 때는 그냥 놔두면 나중에 어떤 일에 부딪쳤을 때 스스로 알게 되겠지요. 억지로 하라고 해서 되는 게 아니니까, 신심이라는 게 본인이 느껴야지 할 수가 있지요. 저는 그렇게 생각합니다. 젊은 시절에는 다른 경험을 많이 하는 것이 좋은 것 같습니다. 그리고 이케다 선생님이 이야기하시는 말씀은 "학생은 학업을 중심으로 교육을 많이 받아야 한다"고 하셨으니까, 지금은 아이들이 교육을 받는 시기라고 생각하고 있어요. 신심은 본인들이 나중에 자연스럽게 하게 될 테니까 기다리는 게 좋겠죠.

절복, 가장 절실한 도움

그동안 절복은 어떤 분들에게, 어떻게 하셨는지요?

처음에는 여기 사는 한국 사람에게 포교를 많이 했습니다. 이번(2006년) 6월에 포교한 사람은 남편이 일본 사람인데 남편이 돌아가시고 나서 혼자 식당을 운영하는 재일동포 부인이었어요. 하루는 제가 사는 지역의 조직에서 연락이 왔어요. 회관에 한국 SGI 회원이 와 있다고요. 그래서 만나러 갔더니 그분이 자기 누나를 절복해달라고 부탁해요. 자기는 일주일 뒤에 한국으로 돌아간답니다. 그러니까 제가 맡아서 포교를 해달라고 해서 그때 2월 중순부터 시작했어요. 그랬는데 그 누나분이 역시 창가학회에 대해 편견이 아주 컸습니다. 창가학회가 좋은 줄은 알지만 자기는 신심을 못하겠다고 하더군요. 그렇지만 저희 지역에선 그분을 위해서 10시간씩 제목을 올리면서 계속 기원했어요.

같이 기원을 해준 분들은 누구입니까?

지구의 회원들, 지역 사람들이죠. 그분들이 계속 기원해주신 덕분에 6월 12일에, 누나분이 본존님을 받게 되었습니다. 그 4개월 동안에 그분이 너무너무 달라졌어요. 처음에 봤을 때는 인상이 아주 무서웠어요. 남편이 돌아가시고 혼자서 식당을 하셨기 때문인지 인상이 아주 세고 강했어요. 그런 인상이었어요. 처음엔 이야기하는 것도 거부했었어요. 창가학회 조직도 안 나간다, 동생이 나오라고 했다고 해도 절대 안 나간다 했지만 저희가 기원을 많이 했더니 신심 시작하면서는 인상이 달라졌어요. 처음엔 웃지도 않고 인상 쓰고 무서운 얼굴을 하고 있었죠. 근데 지금은 완전히 바뀌었습니다.

차별과 귀화

일본 사회에서 느끼는 차별이 있다면 어떤 것입니까?

저희 때는 '조센진' 차별이 있었죠. 하지만 지난 30년 동안 많이 달라졌어요. 제가 어릴 때는 자신 있게 한국인이라고 말하지 못했으니까요. 지금은 당당하게 한국인이라고 말하죠. 아직도 차별이 남아 있다면, 인간적인 차별은 그렇게 없지만 아무래도 제도상으로, 차별은 취직할 때, 취직에 관해서는 차별이 아직까지 많이 있어요.

하지만 저희가 외국인이니까 자기 자신이 실력이 있고 일본 사람이 못하는 것을 할 수 있으면 다르겠죠. 예를 들면, 제 남동생이 완전히 일본 회사인 도쿄그룹에 있어요. 저희 어머니가 일본에서 살아가기 위해서는 기술을 배워라 해서 동생이 이공학계 건축과를 나왔습니다. 대학원 나오고는 건축회사에 바로 들어갔습니다. 실력으로 들어가서 지금 20년 동안 계속 근무하고 있는데, 그쪽은 국적이 아니라 개인의 실력을 보는 회사예요.

제 아들이 올해 대학에 들어갔는데 남동생에게 아들이 귀화를 해야 취직을 할 수 있을 거라고 의논을 했더니 남동생이 어느 회사나 실력을 보는 거다, 한국 사람이든지 일본 사람이든지 실력만 기르면 받아준다고 이야기했어요. 하지만 일반적으로는 그렇지 않거든요. 높은 학력을 가지거나 자격을 가지거나 하면 괜찮지만 일본 사람과 같은 조건이면 한국 사람을 취직시켜주거나 받아주는 회사는 없을 것 같습니다.

일본 사회에서 취직 문제 등으로 차별을 겪으셨는데 창가학회 안에서는 어땠습니까?

그때 당시만 해도 일본 사회에서 차별이 많이 있었는데 창가학회 들어

가서는 전혀 못 느꼈습니다. 그것이 하나의 동기였어요. 일본에서 살면서 (재일한국인을) 차별하지 않는 일본 사람을 창가학회에서 처음 만났습니다. 창가학회에 들어가니까, 그런 것이 겉으로인지 속으로인지는 모르지만은 하나도 없었습니다. 그런 면에서 창가학회가 전 세계 종교라는 것을 깨달았습니다.

여기 일본에서 살아도 한국(인)이라는 의식을 많이 가졌지만 일본 사회에서 이렇게 일본 사람들과 가정 문제, 부모 문제, 생활 고민 그런 것도 서로가 편안하게 상의도 하고, 지도도 받고 그런 것이 창가학회 들어가서 처음이었습니다. 저로서는 그런 면에 감동을 느끼고 있어요. 지금도 아주 감사한 생각이 듭니다.

일본의 귀화 제도에 대해서는 어떻게 생각하십니까?

일본의 귀화 제도는 좋지 않은 것 같습니다. 신청하면 1년에서 2년 정도 걸립니다. 그동안에 이웃들도 체크하고요. 동창생 말을 들으니까 귀화를 하기 전에 경찰관이 여러 가지 질문을 한답니다. 일본 사람 되는 것이 무엇이 좋다고 그걸 하겠습니까? 그렇게 그런 식으로 하니까 귀화하면서도 일본에 불만 가지는 사람들이 많아요. 미국 시민권처럼 여기서 태어났으니까 권리를 받으면 좋은데 우리나라 사람들이 여기서 살아온 지가 오래되어서 이제는 2세가 되고 3세가 되었는데도 일본에서는 여전히 외국인이죠, 외국인.

저는 2세니까 어릴 때부터 부모님이 알려주기도 하고, 스스로도 한국인이고 외국인이라고 생각하고 살았지만 저희 애들, 3세는 아니에요. 이름은 한국 이름을 쓰지만 이 애들은 일본 사람이에요. 모든 느낌이 일본 사람이에요. 3세 이후는 완전히 일본 사람이 되어 있어요. 제 아이들은 도요다(豊田)라는 이름으로 학교에 다닙니다. 귀화 안 했어도 일본 이름으로 도요다라고 통명10을 쓰고 있습니다. 은행의 통장을 만들 때나 학교를 다닐 때나 여러 가지 편리함 때문에 씁니다. 대부분 사람들은 일본 귀화 제도가 부드럽게 되면 귀화하려고 할 겁니다.

제가 민단에 들어가 있잖아요. 재일동포에게는 귀화하는 것을 나라를 버리는 것, 나라를 팔아버리는 것, 일본인이 되어서 동화되어버리는 것이라는 이미지가 있습니다. 하지만 그런 생각도 변해야 합니다. 아무래도 지금의 현실에서 제 아이들은 귀화를 해야 살아가기 수월하니까요. 취직할 때도 그렇고, 공무원 되는 것도 그렇고, 일본 사회에는 제약이 너무 많습니다. 한국에 나갈 때도 재입국(허가증)을 다시 받아야 하고, 계속 외국인 의식으로 살아가야 하니까 어디서부터라도 바꾸어야 합니다.

민단 활동과 공명당 활동

또 하나 중요한 문제가 외국인의 참정권 문제이지요?

그래서 민단의 부인부에서도 지방 참정권 문제 때문에 전국의 지역에서 연수회를 하고 있습니다. 지역에 모여서 시청이나 현(縣)청에 항의문을 가지고 가서 서명운동을 계속하고 있습니다. 전국 민단 부인부가 시장을 만나고 나서 시에서 인정하면 그것을 가지고 의회에 제출하고, 그런 식으로 하고 있습니다.

전국에서 2,000군데 정도는 아직도 참정권 문제가 남아 있어요. 참정권을 주어라, 영주권을 가지고 있는 정주 외국인에게는 지방 참정권을 주라는 내용을 제출하는 것입니다. 이 문제는 제가 있는 민단과 공명당에 공통점이 있는 거라서 공명당 본부에 왔다 갔다 하면서 저희가 요구하는 내용을 국회 본회에 제출했는데, 계속 다음 회로 넘겨버리고 있습니다. 그래서 항의하러 국회로 자주 갑니다.

저는 외국인으로서 선거권도 없고, 형제들도 친척들도 선거권이 없지요. 그래서 제가 못한 만큼 제가 아는 사람, 귀화를 한 한국 사람, 신용할 수 있는 사람에게는 꼭 이야기를 해서 투표를 건의하고, 제가 못하는 부분을 그분들에게 맡기곤 합니다. 그러니까 일본 친구나 아이들 학교 다니던 때 사귄 학부모님에게 이야기를 하지만 그래도 너무 숫자가 안 되죠. 말하는 사람들이 없으니까 힘들기도 하고 뭐랄까요, 빨리 어떻게 해야 한다는 생각이 듭니다. 아무래도 자민당이 그걸 막고 있어요. 자민당이 외국 사람을 받아들이지 않고 있어요.

그래서 공명당이 열심히 해야 하지만 아직까지는 국회에서 의원 수가 모자라죠. 그러니까 선거 때마다 고민하면서 우리도 빨리 투표해야 한다 하지만 여전히 투표권은 없지요. 제가 입신한 지 30년 동안 선거가 몇 백 번 있었지만 체육관에 들어가서 투표를 하는데 그곳에 한 번도 못 들어갔어요. 지역 모임에 후보자가 와서 다 같이 하자고 하면 물론 어느 정도까지는 활동을 하죠, 힘이 나지는 않지만요. 그때마다 여러 가지로 선거 응원은 하지만 내 자신은 투표권이 없으니까 안됐습니다. 아무래도 일본 사람 같은 활동은 제대로 못하죠.

그래서 어떤 사람은 귀화를 하죠. 그래서 선거권을 가지게 됩니다. 그러니까 그런 사람들이 많이 생기고 있습니다. 한국인이었는데 귀화해서 작년에 시의원 나온 사람도 있습니다. 하지만 선거권이 없는 한국 사람들이 많아서 그분을 밀어주지 못했습니다.

그동안 창가학회와 민단 조직 모두에서 열심히 활동하셨군요. 민단에서는 어떤 일을 맡고 계신가요?

민단에서는 청년본부의 청년부장으로 시작했습니다. 결혼 후에는 부인회로 옮기고 그때부터 지금까지 일하고 있습니다. 어떻게 하다 보니까 책임자도 되고 아버지 하시던 일을 이어받게 되었네요.

사업도 하시고 민단과 학회에서도 중책을 맡고 계신데, 모두 잘하고 계신 방법이 무엇입니까?

모두 완전히는 못해요. 집에서 집안일도 해야 되고, 애들도 키워야 하고, 힘들고 정신이 없어요. 원래 창가학회 조직에서는 임명을 받으면 사명으로 여기지만, 물론 창가학회 일도 중요하지만 제가 맡은 민단 조직이 전국 조직이라서 지방에도 다녀야 하기 때문에 창가학회의 활동은 충분히 못하는 거죠. 창가학회는 조직 활동을 많이 하잖아요? 제목도 많이 올리고. 그렇지만 제 입장이 지금 민단에서 이런 일을 맡고 있으니까 저로서는 거기가 하나의 중심이에요.
저로서는 어중간하게 할 수는 없고 잘해야 하니까, 창가학회에서 지금 저는 지부 부부인부장이에요. 민단 일을 중심으로 하고 창가학회의 역직은 조금만 하고 있습니다. 하지만 할 수 있는 시간은 완전히 창가학회에, 세이쿄신문사 활동이나 절복 활동은 다른 사람에게 뒤떨어지지 않게 하려고 해요. 시간은 짧지만 학회에 나갔을 때는 다른 사람들의 두세 배를 한다는 생각으로 지내고 있습니다.

오늘 이야기 잘 들었습니다. 고맙습니다.

---

1 민단: '재일본대한민국민단'의 약칭. 재일교포의 권익을 옹호하기 위해 설립된 우익 단체다. 민단의 창단 목적은 재일본조선인총연합회(조총련)에 대항하면서 재일교포의 권익을 옹호하려는 데 있다.

2 나이토쿠신코우(內得信仰, 내득신앙): 창가학회에 입회했지만 가족의 반대라든가 그 밖의 다른 이유로 창가학회의 본존을 모시지 못한 채 근행과 창제를 하면서 신앙생활을 하는, 그늘에 있는 회원의 신앙을 뜻한다.

3 다자키 무네하루(田崎宗治): 창가학회 초기에 입회한 재일한국인 회원이다. 본명은 김종식(金宗植)이고, 도쿄동양경제주식회사(東京東洋經濟株式會社)의 사장이다.

4 『인간혁명(人間革命)』: 1951년부터 1957년까지 ≪세이쿄신문(聖敎新聞)≫에 연재된, 창가학회 제2대 회장인 도다를 주인공으로 한 소설. 저자는 이케다 명예회장이며, 야먀모토 신이치(山本伸一)라는 필명으로 신문에 연재되었으나 단행본은 본명으로 출판되었다. '인간 혁명'은 창가학회의 신앙에 의해 인간적으로 성장하고 스스로 인생을 행복하게 변혁하는 것을 말한다. 참고로 『신인간혁명(新人間革命)』은 1993년 11월부터 ≪세이쿄신문≫에 연재된 이케다의 소설로 라디오 방송에서 낭독 프로그램으로도 방송되었다.

5 광선유포(廣宣流布): 니치렌이 가르친 불법, 즉 창가학회의 교리를 일본을 비롯한 세

상 사람 모두에게 전하는 포교 활동을 말한다. 절복을 포함한 폭넓은 실천 활동을 뜻한다.

6 일련정종(日蓮正宗): 니치렌의 가르침을 따르는 니치렌 불법의 분파로서, 후지 산 대석사(大石寺)를 총본산으로 한다. 창가학회는 일련정종의 신도 단체로 출발해서 1991년에 일련정종과 완전히 갈라졌다.

7 공명당(公明黨): 창가학회가 니치렌 불법의 교리를 정치적 차원에서 실현하기 위해 만든 일본의 정당이다. '공명정치연맹'이라는 이름으로 출발해서 1964년에 정식으로 결성되었고, 1967년 총선거부터 중의원(衆議院)에 진출했다. 야당 시기를 거쳐 1999년부터 2009년까지 약 10년 동안 자민당과 연립정권을 구성해 여당으로 활동했다.

8 창가대학교(創價大學校): 창가대학교는 창가학원이 1971년 4월에 창립한 사립대학으로 도쿄 도 하치오지(八王子) 시에 있다. 계열 학교로 창가여자단기대학이 1985년 4월에 문을 열었다. 창가학원은 1968년 4월에 창설된 학교 법인으로 창립자는 이케다 명예회장이다. 계열 학교로 창가고등학교, 창가중학교, 도쿄창가소학교와 간사이창가고등학교(오사카 소재), 간사이창가중학교, 간사이창가소학교와 삿포로창가유치원(홋카이도 소재)이 있다.

9 ≪세이쿄신문≫: 창가학회가 발간하는 일간신문이다. 1952년 4월 20일에 창간되었으며, 초기에는 매주 2~3회 발간되었으나 1965년 7월부터 일간지가 되었다. 최근에는 별도로 월 1회 정도 PR판을 무료 배포하기도 한다. ≪세이쿄신문≫의 구독을 지인 등에게 권하는 것을 '신문 계몽'이라고 한다. 세이쿄신문사에서는 월간지인 ≪대백연화(大百蓮華)≫와 ≪그래프SGI(グラフ SGI)≫도 발간하고 있으며, 그 외 회원용으로 다수의 서적을 출판하고 있다.

10 통명(通名): 귀화하지 않은 재일한국인이 일상생활에서 사용하는 일본식 이름을 뜻한다. 학교나 직장에서 일본인들과 호칭을 편리하게 하고자 쓰는 경우가 많지만, 때로는 한국인임을 감추기 위해 쓰기도 한다.

3 내 안의 깊은 힘

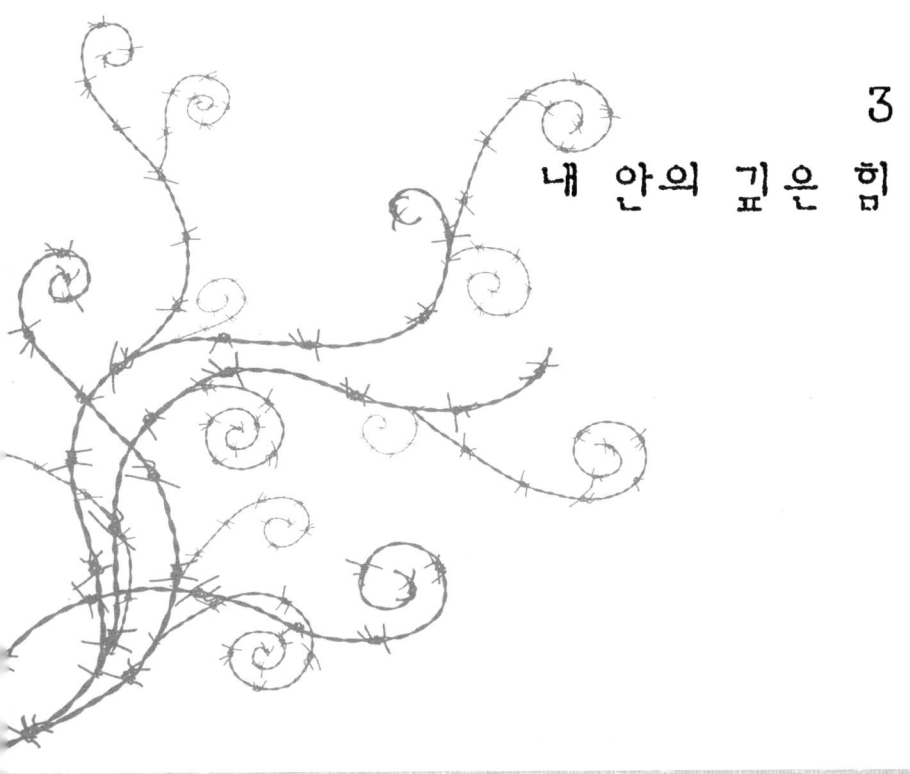

이노우에 기미요(井上鄉良)

이노우에는 1964년 일본 오사카에서 태어난 재일한국인 3세다. 외할머니에 이어 어머니, 그리고 딸인 이노우에가 3대째 창가학회 신앙을 이어오고 있다. 그녀의 어머니는 남편의 몸이 나빠지자 친정어머니의 권유로 신심을 시작했다. 그러나 시어머니, 즉 이노우에의 친할머니가 창가학회를 반대해 고부 갈등에 시달렸다. 이노우에의 아버지가 병으로 일찍 세상을 떠나자 어머니와 친할머니의 사이는 더 나빠졌다.

이노우에는 아버지의 죽음 후 회의감을 느껴 종교에 냉담해졌지만, 본인이 병을 앓게 되면서 인간의 운명에 대해 생각하게 되었다. 지금은 결혼해 아이를 기르고 있고, 요양 시설에서 일을 하며 노인들을 돌보고 있다. 직장생활과 가정생활을 열심히 하는 한편, 신심 조직의 리더로서도 노력을 게을리 하지 않고 있다. 또한 자신에게 주어진 사명을 통해 자아성장도 가능하다는 믿음 덕분에 하루하루 활기차게 살아가고 있다.

면담은 2006년 12월, 이노우에의 자택에서 일본어로 진행되었다.

외할머니, 어머니, 그리고 딸

가족이 어떻게 일본에 오게 되었고, 언제부터 창가학회 회원이 되셨나요?

저희 외할머니는 1917년에 태어나서 어렸을 때 일본에 오셨어요. 일본에 들어올 때가 아홉 살이었다고 들었어요. 효고(兵庫) 현의 다카사고(高砂)라는 곳에 오셔서 결혼도 그곳에서 하셨어요. 외할머니는 신장이 나빴어요. 경제적으로도 많이 가난했기 때문에 고생이 심했는데 같은 마을에 사는 일본 사람이 창가학회를 권유했다고 해요. 하지만 할머니는 창가학회 회원이 매일 찾아오니까 처음엔 쫓아냈대요. 왜냐하면 '남묘호렌게쿄'라고 하면 기분이 나쁘고 싫어서 그 사람에게 오지 말라고 했더니, 그 사람이 "지금 시대는 100엔도 그냥 얻어지지 않는다. 자기 인생은 자기가 노력해서 개척하지 않으면 살 수 없다"라는 말을 했답니다. 그 말을 듣자 전에 할머니가 동생 집에 돈을 빌리러 갔을 때 (동생이) 돈을 빌려주지 않고 아주 냉랭하게 대했던 게 생각나서 '그래, 자기가 노력해서 살지 않으면 살아갈 수 없다'고 생각하셨대요.

할머니는 쇼와 35년(1960년)에 입신하셨어요. 그때 할아버지도 같이 입신하셨어요. 대개는 남편이 반대를 하는데 특이한 경우라고 생각해요. 어머니는 장녀인데 그 아래 여동생이 있고, 남동생이 둘 있어요. 할머니가 신심하고 제 어머니에게도 신심을 권하셨지만 두 달 후에 어머니는 결혼하셨어요.

어머니는 쇼와 36년 8월에 아버지와 중매로 결혼하셨고, 결혼할 당시에는 신심을 시작하지 않은 상태였어요. 결혼할 때 아버지가 신심을 할 그런 사람이 아니었기 때문에 본존님을 갖고 갈 수 없었다고 해요. 하지만 결혼하고 나서 아버지가 아프다고 하니까 외할머니가 어머니에게 신심을 해보라고 했어요. 이 신심이 생명력이 생기는 것이니까 남편이 건강해지도록 신심을 해보라고 한 것이죠. 할머니 자신도 신장병이 좋아지게 되셨으니 결혼한 지 얼마 안 되었지만 어머니에게 본존님을 받으라고 권했어요. 어머니는 신심을 하기로 하고 할머니가 계신 시골에 가서 본존님을 받았어요. 하지만 아버지가 계신 오사카에 돌아왔을 때는 아버지에게도 비밀로 하고, 본존님을 서랍 안에 담아두고 마음속으로만 기원을 했어요.

아버지나 친가의 가족은 창가학회에 대해서 전혀 모르고 있었습니까?

아버지 쪽 친척들 모두가 창가학회를 싫어했습니다. 친할머니와 고모들은 특별히 다른 종교를 갖고 있지는 않았지만 한국에서 하던 제사를 하고 있어서 창가학회 신심을 하면 제사를 해도 의미가 없다고 생각했어요.

그렇지만 어머니는 아버지의 병 때문에 힘들면서도 창가학회의 신심 덕분에 아이 네 명을 키우고 있다는 확신이 있었어요. 제가 소학교에 다닐 때는 어머니가 매월 한 번씩 지역의 좌담회에 절 데리고 갔어요. 좌담회에 나가면 어머니가 매우 밝아지고 창가학회의 선배한테 울고 웃으며 말하는 걸 봤어요. 어머니는 아버지가 입원과 퇴원을 자주 하니까 혼자서 아주 고생했지만 저는 어머니가 좌담회에 다녀오면 활발해지는 걸 느꼈어요. '남묘호렌게쿄'라고 제목하면서 고생에 지지 말고 힘을 내자고 마음을 강하게 하는 것 같았어요. 그래서 저도 어렸을 때에 이 종교에서 신심하는 것은 분명히 뭔가 있는 게 아닐까 하고 생각했어요.

이별의 방법

아버님은 오래 편찮으셨습니까?

제가 고등학교 3학년 때 아버지가 돌아가셨어요. 아버지가 돌아가시자마자 어머니는 가장 먼저 본존님을 안치하셨어요. 안치하고 나자 어머니의 시어머니, 제 친할머니가 보통 화가 난 게 아니라 엄청나게 화를 냈어요. 할머니의 그런 모습은 처음 봤어요. 할머니는 아버지가 죽은 것은 며느리인 제 어머니가 계속 이 본존님을 숨겨서 갖고 있었기 때문이라고 하면서, "네가 우리 아들을 죽였다!" 하면서 실제로는 병으로 돌아가신 것인데도 아버지가 돌아가신 것은 결국 어머니 때문이라고 막무가내로 우기고 소리를 지르셨어요.

할머니는 저희 집 가까이에 살고 계셨어요. 아버지의 여동생들, 고모들도 저희 집에 와서 유리를 깨고 살림을 부수고 어머니에게 화를 냈어요. 지금으로서는 생각할 수 없을 정도로요. 그러다 어느 날은 할머니가 안치해 놓은 불단을 부수려고 저희 집에 들이닥쳤습니다. 저는 그런 할머니의 모습을 보고 본존님은 소중한 것인데 할머니가 본존님을 부수고 나면 할머니에게 어떤 나쁜 일이 생길지도 모른다고 겁이 났어요. 할머니가 화를 당하면 안 된다고 생각했지요. 2층에 작은 불단이 있었는데 할머니가 그걸 밖으로 던져버렸어요. 그걸 보고 할머니에게 나쁜 일이 일어나면 안 된다는 생각이 들어서 제가 정리 정돈을 했어요.

그렇기 때문에 아버지가 돌아가셨을 때에도 물론 나무아미타불로 장례식을 하긴 했지만 장례 중에도 어머니는 남묘호렌게쿄로 기원했던 것 같아요. 아버지 장례가 끝난 후에는 할머니가 무당들을 불렀어요. 그 사람들은 물론 종교적인 사람이긴 했는데 그날 저희 집에서 한 것은 엄청난 음악이었어요. 음악이라고 해야 할까, 하여튼 그 무당이 아버지 대신 나와서 할머니한테 말하기도 하고 저희 어머니께 말을 걸고 자기가 지금 어머니 걱정을 아주 많이 하고 있다고 이야기했어요.

그 후에 할머니가 불쌍하긴 했지만 저희 형제와 어머니는 이사했어요. 이사를 한 다음에도 저희 형제와 할머니는 사이가 좋았어요. 놀러 가는 일도 있었고. 하지만 아버지 돌아가시고 나서 3년 후에 어머니는 지금의 아버지와 재혼하셨어요. 아무래도 어머니가 재혼을 하셨기 때문에 그게 할머니를 더 화나게 해서 용서할 수 없다고 생각하게 되었던 것 같아요. 저에게 있어서는 소중한 할머니이지만, 할머니가 그러시니까 저희도 그 후엔 만나러 가지 못했어요.

운명에서 회복되기

아버지가 돌아가신 후 전보다 자유롭게 학회 활동을 할 수 있었습니까?

아닙니다. 아버지가 돌아가시고 나자 오히려 저는 학회 활동을 하지 않았어요. 전에 살던 집에서 이사하고 난 다음부터는 좌담회에도 나가지 않았어요. 화가 나서요. 이 신심을 하면 행복하게 될 거라고 생각했는데 아버지는 병으로 고생하다가 돌아가시고, 할머니는 그렇게 화를 내시고, 고모들도 화를 내고, 일가가 다 흩어지게 되고, '이게 뭐 행복한 종교야'라고 화가 났기 때문에요.

그러나 제가 22세 때에 갑상선 병이 생겼습니다. 목이 망가지는, 갑상선 기능항진증이라고 하는 갑상선 호르몬 병이에요. 이 병에 걸리고 나서 아주 힘들었습니다. 22세 때부터 2년 정도 입원과 퇴원을 반복했어요. 그때 창가학회의 선배와 여러 가지 이야길 하면서 인간의 숙명이라는 걸 생각하게 되었어요. 그러니까 아버지가 45세라는 젊은 나이에 병으로 끝내 돌아가신 것 역시 아버지가 병으로 고민하지 않으면 안 되었던 숙명을 가졌지 않았나 하는 말을 선배가 하더군요. 그 말을 듣고 저에게도 어떤 숙명이 있을 것이라고 생각하게 되었어요.

아직 젊은 나이인데 몸이 아픈 것도 제 숙명이라고 생각했어요. 저도 제 인생을 바꾸는 숙명 전환을 하고 싶었어요. 그래서 아주 많이 제목을 했어요. 그러자 좋은 의사를 만나게 되고 시간에 맞춰서 수술을 할 수 있었어요. 뭐라고 할까…… 좋은 일, 언제나 상황이 좋은 방향으로 나아가게 되어서 결국 그 병에서 회복되었어요. 그때 제 안에서 남묘호렌게쿄의 힘을 확신하게 되었어요. 아무래도 거기서부터 진심으로 창가학회 신심을 하게 되지 않았나 싶어요. 여자부의 우정이라고 할까요. 같은 활동을 하는 회원이 언제나 함께 고민해주고 같이 열심히 하자고 말해줬어요. 그러니까 20년 전의 제 자신, 언제나 지쳐서 잠만 자던, 에너지가 없던 저와 비교해보면 지금은 일을 하고, 아이와 남편 뒷바라지를 하고, 밤에는 학회 활동을 하는 것은 모두 신심의 힘 덕분입니다.

낮에도 요양원의 할머니들을 돌보는 일을 하기 때문에 힘들다고 하면 힘들지만, 그것이 기쁨이기도 합니다. 이케다 선생님께서는 항상 사회에 공헌하는 사람이 되라고 말씀하시거든요. 그래서 제가 조금이라도 실천할 수 있으면 좋겠다고 생각하며 직장 일도 하고 있어요.

신심과 사회 활동을 연결하여 생각하는 편입니까?

그렇지요. 저는 지금 '산보람'이라는 곳에서 일하고 있는데요. 사실은 제 직장의 여자들은 창가학회를 싫어하는 사람이 많아요. 상사도 창가학회라고 하면 싫어해요. "이노우에 씨도 창가학회야? 왜 하필 그거야?" 하는 분위기입니다. 그렇지만 직원 가운데 창가학회에서 활동하는 사람이 조금씩 늘어가면서 그 사람들이 열심히 하는 걸 보고 자기가 창가학회에 대해 가졌던 이미지를 바꾼 사람들도 생겨나고 있어요.

지금 제 직장의 부장은 매우 우수한 청년인데요, 고베대학교를 졸업하고 제가 일하는 곳에 취직해서 컴퓨터 관련 일을 하고 있어요. 그 사람도 처음에는 자기가 창가학회를 하고 있다는 말을 무서워서 못했다고 해요. 왜냐하면 항상 사람들이 "이노우에 씨가 창가학회 한다던데 왜 그걸 하느냐"고 자기에게 물어봐서, 자기가 사실은 학회의 남자부에서 활동하고 있다고 말하는 게 무서웠다고 해요. 어느 날 바로 위 상사에게 사실은 자기도 이노우에 씨처럼 창가학회 활동을 하고 있다고 고백했더니 상사가 아주 놀라더래요. 그분은 직장 내에서 여러 가지 일을 하기 때문에 그 사람이 없으면 회사가 많이 곤란해질 정도인 사람이에요. 회사라든지 사회 곳곳에서 지도자가 되라고 이케다 선생님이 말씀하시는 뜻을 그런 데서 알 수 있어요. 그분과는 "우리 회원들이 사회에 조금이나마 공헌하는 일을 할 수 있지 않을까"라고 이야기해요.

한국과 일본 사이에서

창가학회 회원이 아니라 재일한국인이라는 것 때문에 회사에서나 학교에서 차별받은 적은 없습니까?

그다지 차별이라고 하는 것을 느낀 적은 없었어요. 살던 곳이 이쿠노(生野) 구라는 특이한 지역이긴 했지만, 소학교 때는 절반 이상이 재일한국인이었어요. 하지만 소학교 입학과 동시에 이름을 본명으로 한다고 했어요. 본인 의사와는 관계없이 학교 규칙으로 그렇게 되었어요. 제가 1964년에 태어나서 일곱 살에 입학할 때, 그러니까 1971년경에 소학교는 의무교육 안에서 반드시 본명으로 한다는 법이 있었어요.

그러니까 저는 소학교에 입학할 때부터 한국 이름을 쓰게 되었어요. 그런데 일본의 아이들도 이웃집에는 한국인 아저씨가 있다든지 해서 제 이름을 특이하게 여기지는 않았어요. 이쿠노에서 소학교와 중학교를 마쳤는데 주변에 재일한국인들이 많아서 그랬는지 한국이다, 일본이다 구별하는 게 별로 없었어요.

단지 지금 코리아타운[1]이라고 불리는 곳은 (그때 당시) 저희끼리는 '조선시장'[2]이라는 표현으로, 뭐랄까요 그 말에는 냄새가 지독하고 지저분하다는 이미지가 있었어요. 소학교 때 친구 하나가 "조선시장에 갈 때면 거긴 조선 아줌마랑 아저씨만 있고 뭔가 기분이 찝찝하다"고 그런 말을 하는 걸 듣긴 했어요. 하지만 소학교, 중학교 다닐 때에 제가 한국인이라는 기분은 없었거든요. 그래서 친구가 그렇게 말해도 기분이 나쁘거나 하지는 않아서 차별 당한다고 느끼지 않았어요.

그런데 고등학교는 사립학교에 가게 되었는데 중학교 담임선생님이 제 본명을 사용해도 괜찮은지 물어보지 않고 아무 생각 없이 원서에 제 본명을 적어버렸어요. 고등학교에 입학한 후에 한 친구가 제 이름을 보고 "그거 어떻게 읽니?"라고 물어보기에 "신(愼)"이라고 했더니 친구가 "에!" 하면서 놀랐어요. 그때는 자이니치 한국인이라는 걸 모르는 친구가 많았기 때문에 한국에서 왔냐고 물어보는 친구도 있었어요. "아니다, 여기서 태어났다"고 대답하긴 했지만 한국인은 반에서 저 혼자였거든요. 그때 처음으로 다른 사람들이 저를 외국인으로 보는 게 신기하게 생각되었어요.

제가 한국인이라는 것 때문에 친구 중에 수군거리는 애는 없었지만, 차별이라고 하는 것보다 힘들다고 느꼈던 것은 역시 취직할 때였습니다. 고등학교를 졸업하고 취직을 할 때, 취직 담당 선생님이 "신 군! 국적 때문에 혹시라도 문제가 될 수 있으니까 그건 미리 생각해두어야 해!" 하고 말씀하셨어요. 그렇지만 저는 그게 무슨 말인지 잘 몰라서 "에!" 하고 멍하게 있었어요. 지금은 없어졌지만 오사카흥은(大阪興銀)이라는 민단계의 신용조합에 취직을 하는 게 어떻겠냐고, 그러니까 그곳이 한국계 금융기관이니까 그쪽이 좋지 않겠냐고 물어봤을 때 '역시 내가 한국인이구나, 일본인이 아니구나, 이 사회에는 한국인과 일본인을 구별하는 게 있구나' 하고 느꼈습니다.

저는 클 때까지도 김치의 매운 고추를 먹지 못했어요. 그래서 김치를 사러 간 적이 거의 없었어요. 재미있는 것은 코리아타운에서 어느 가게의 김치가 맛있는지, 요새는 일본 친구가 알려줍니다. 그것은 정말 대단한 거예요. 일본엔 지금 한국 붐입니다. 친구는 제게 전화를 걸어와서 조선시장은 주말보다 화, 수, 목, 금요일이 값이 싸니까 그날에 가는 게 좋다고 이야기해줘요. 다들 그런 분위기로 대단히 한국을 좋아합니다. 모두 한국을 좋아하고 있어요.

지금은 본명 대신 통명을 쓰고 있지요?

평성 5년(1993년) 9월에 중매로 결혼했어요. 결혼한 지 13년이 되었어요. 남편은 재일한국인이지만 귀화를 했습니다. 남편의 부모님이 규슈(九

州)의 나가사키(長崎)와 구마모토(熊本) 사람인데 자랐던 마을에는 한국인이 거의 없었던 것 같아요. 그래서 남편의 부모님도 한국에 대한 것이나 풍습 같은 걸 배우지 못하고 자란 채 결혼했기 때문에 한국인이라는 의식이 거의 없었어요. 그러다 아이가 생겼을 때 이제부터 일본에서 생활하는 데에는 일본 국적인 편이 더 유리하다고 생각해서, 남편이 태어나고 몇 년 후에 가족 전부가 귀화했던 것 같아요.

근데 이상한 건 그렇게 귀화해서 일본 국적이 되었는데 저에겐 귀화하지 않았다고 해도 상관없다고 했어요. 남편이 저에게 귀화를 강요하진 않았어요. 하긴 귀화하려고 해도 서류를 작성할 시간이 없었어요. 남편 급료만으로는 살아갈 수 있는 상황이 아니었기 때문에 결혼했을 때부터 함께 일했는데, 서류 만드는 것도 귀찮아져서 귀화를 하지 않다가 결혼 몇 년 후에 시어머니가 가족의 성이 서로 다르면 안 되지 않느냐고 하시더군요. 그때까지 저는 재일외국인 등록증을 가지고 있었지만, 남편의 부모님이 권유하는 일이라서 남편 성으로 귀화를 했어요. 그래서 '신'에서 '이노우에(井上)'가 된 겁니다. 그렇지만 귀화할 때는 역시 복잡한 기분이 들었어요. 아까 말씀드렸던 것처럼 귀화할 때까지만 해도 그다지 한국에 대한 애정이 깊지 않았는데 지금은 한국이 좋아졌거든요.

최근 한국에 대한 일본인들의 관심이 높아졌지요. 어떤 때에 그러한 점을 느끼십니까?

이케다 선생님이 1999년 제주대학교에 가신 즈음부터, 선생님께서 한일교류를 열어주신 이후로 한국이 제가 속한 나라이고 대단한 나라라는 걸 새로 알게 되었어요. 나중에 한류 붐을 탄 후에 한국을 다시 보게 된 겁니다. 그때까지는 제가 한국인이긴 하지만 한국에 대한 것도 모르고, 한국의 풍습도 몰랐거든요. 일본학교에 다녔기 때문에 한국어도 거의 말하지 못했고 제 위치가 애매모호했지요.

한국이 훌륭하구나 하는 생각을 한 후부터 한국에 대해서 뭔가 배우고 싶다는 마음이 생겼고, 그래서 요새는 조금씩 한국어를 배우고 있지만 너무 어려워요. 머리가 참 나쁘단 생각이 듭니다. 매일 배워도 참.

제 어머니는 어렸을 때 조선학교[3]에 다녀서 조선말을 배우기는 했지만 성인이 된 다음에 보통 대화에서는 한국어를 쓰지 않았기 때문에 잊어버렸어요. 돌아가신 아버지의 어머니, 친할머니는 저희 부모님이 결혼하고 1년 후에 제주도에서 일본으로 오신 재일한국인 1세 할머니이기 때문에 제주도 사투리를 잘하셨어요. 그래서 어머니도 자연스레 제주 방언이 머리에 남아서 제주 방언은 알고 있어요. 어머니는 제주말은 안다고 하면서도 글로 쓰거나 하는 거는 잘 모르겠다고 하세요. 한국어 문법은 전혀 모르겠다고 해서 나중에 통신교육으로 한국어를 배웠어요.

저는 자택간호 일을 해서 이쿠노에 한국 할머니가 많이 모이는 곳에서 일을 하는데요, 할머니들의 80퍼센트는 제주도 출신이에요. 여기에 살았지만 여든 넘어가면서 일본어를 점점 잊어버리고, 특히 치매를 앓게 되면 할머니들은 일본어는 잊어버리고 제주 방언만 하십니다. 일본어를 먼저 잊어버린 거예요.

제가 책으로 한국어를 배워서 그 할머니들에게 말해도 통하질 않아요. 책으로 "누구세요"라는 말을 공부하고 할머니들 집에 방문하면 할머니들이 "누게우꽈"('누구세요'라는 뜻의 제주 방언)라고 합니다. 발음이 좀 다르다고 생각했어요. 빨리 돌아가라고 할 때에도 "혼저 가라"('어서 가거라'라는 뜻의 제주 방언)라고. 책으로 읽는 것과 꽤 차이가 있긴 하지만 '할머니들이 지금 제주 방언으로 말하는 거구나' 하고 짐작해요. 그 할머니들은 표준어를 배우지 못한 채 일본으로 와서 생활을 했으니까 표준어를 모르고, 일본에 와서도 교육을 받은 적이 없기 때문에 글자도 읽지 못합니다.

할머니들에게 지금 유행하는 한류 드라마를 큰 화면으로 보여드렸더니 주무셨어요. 왜 주무시냐고 물었더니 텔레비전에서 나오는 말이 무슨 뜻인지 전혀 모르겠다고 했어요. 그래도 〈대장금〉 정도는 이해하시겠지 했는데 그것도 가끔 뭐라고 하는지 잘 모르겠다고 하세요. 하지만 제주도 할머니들은 노래를 부를 때도 아주 큰 소리로 불러요. 에너지가 대단하세요. 일주일에 한 번 금요일에는 꼭 장구를 치고 춤을 추며 노시는데, 그때도 제주도 출신의 할머니들이 가장 즐겁게 노십니다. 산보람 안에서는 그 할머니가 안 계시면 분위기가 살지 않을 정도로 장구나 춤과 노래를 잘하는 분이 계시거든요.

신심의 사명

아이들 키우랴, 살림에 직장 일까지…… 학회 활동은 언제 하십니까?

학회 활동은 밤에 합니다. 지구 부인부장을 맡게 해주셔서 거의 매일 활동을 해요. 사실은 평소에도 집에 계시면서 계속 제목을 올리는 분이 많이 있어요. 정말 저도 일하지 않았더라면 부인부원들의 자잘한 일을 봐주거나 학회 활동을 더 열심히 할 수 있었겠지요. 일 때문에 낮에는 좀처럼 움직일 수 없어서 학회 활동은 대부분 밤에만 해요.

직장을 다니면서 육아와 살림을 하려면 힘들어요. 그래서 여러 가지 일을 하는 순서를 정해두었어요. 예를 들면 아침에는 집 안 청소를 모두 해버리고 출근하고, 퇴근해서 집에 돌아오면 아이들에게 밥을 먹이고 저는 학회 활동을 하러 갑니다.

바쁘게 살아가고 계시군요. 그렇더라도 직장 일이나 학회 활동이나 모두 가족의 협조를 얻어야 할 수 있는 일들이지요?

어머니는 한국인이라서 그런지 여성도 일을 해야 한다는 점에 있어서 의식이 강하고 찬성을 해주십니다. 그래서 일과 육아 때문에 힘들 때 어머니께 고민을 털어놓으면, 일을 하지 않고 어떻게 가계를 운영할 수 있냐고 걱정을 하세요.

저희 지부 안에는 4개의 지구가 있습니다. 4명의 지구 부인부장은 모두 비슷한 나이, 다들 40대입니다. 저희 지부의 지구 부인부장 네 명은 모두 일을 하고 있어요. 그래서 40대는 육아와 살림과 일로 가장 힘들지만 또 가장 열심히 살아낼 수 있는 시기가 아닐까 하고 생각하고 있어요. 부인부의 선배들은 제가 학회의 여러 분야에서 활약해주기를 바라십니다. 일을 그만두고 학회 활동을 더 넓게 하면서 이케다 선생님의 말씀에 대해서 이야기 나누고 그런 활동을 많이 하자고 하십니다. 저도 정말 그러고는 싶어요.

하지만 간호 일도 6년을 해온 거라서 조금 더 커리어라고 할까, 면허를 따서 그 세계에서도 전문적으로 일을 하고 싶어요. 실제로 지금 현재 가장 큰 고민이 그 두 개를 어떻게 병행할까 하는 거예요. 그렇지만 지구 부인부장을 하겠다는 약속을 했기 때문에 제가 지나치게 바쁜 사람이 된다면 주변의 사람들도 곤란해질 거라서 주의하고 있습니다.

저의 사명은 지금 제가 할 수 있는 일을 미루지 말고 지금 하는 것입니다. 사명은 약속을 부여받은 것이죠. 지금은 제가 움직이는 때니까 앞으로 나아가야 할 때가 아닐까 하는, 그런 기분이 들어요. 그렇기 때문에 항상 점점 열린 활동을 하지 않으면 안 된다고 생각해요. 미국의 SGI 회원들이나 여성들은 대학교수 중에서 역직을 받거나 의사가 여러 활동을 하는데, 제 세대가 되면 일반 회원들 중에도 훌륭한 사람이 많이 나오니까 리더인 사람들은 모든 걸 배우고 흡수해두어야 합니다. 학회 활동 안에서만 있으면서 이렇다 저렇다 말하는 것은 더 이상 통하지 않는 시대가 되었어요.

친구 관계도 그래요. 제가 창가학회 활동을 한다고 그 이야기만 하면 "이 노우에는 그 이야기밖에 모르냐"고 묻습니다. 그럴 때는 "아!" 하는 기분이 듭니다. 일반 사람들이 무얼 어떻게 바라는지, 무얼 하고 싶은지를 모르면 대화가 안 된다고 생각해요. 내 자신이 잘 모르고 있으면 상대가 우리 학회를 이해하는 게 어렵게 되니까, 저희 세대가 되면 학회 활동을 하면서 다른 것도 계속 배우고 자신의 신심을 성장시켜야 하기 때문에 바빠도 열심히 살고 있습니다.

오늘 이야기 잘 들었습니다. 고맙습니다.

---

1 코리아타운: 오사카의 이쿠노 구 모모타니 지역에 위치한 한국 시장. 1994년 12월에 종래의 조선시장이라 불리던 것을 코리안로드, 코리아타운으로 표시하기 시작했다. 지역 상점가에 코리아라는 이름을 붙이는 것을 두고 일부 일본인 주민은 반발하기도 했다. 주변 지역에 민족단체의 지부 외에도 민족학교, 재일한국인이 운영하는 병원, 재일한국인 1세 노인을 위한 개호 시설, 한국 교회, 한국 사찰 등이 집중되어 있고, 그 외에도 민족계 금융기관이 상점가 안에 있는 등 독자적인 생활공간을 형성해왔다. 참고로 도쿄의 오쿠보(大久保)에 뉴커머를 중심으로 또 하나의 새로운 코리아타운이 형성되었다.

2 조선시장: 조선이 일본의 식민지가 된 이후 수많은 조선인이 일본으로 건너갔다. 그들과

그의 자손이 모여 사는 지역에는 소규모의 민족 식품점이나 민족 의상점, 불고기집 등이 이어진 장소가 있었는데 그곳을 일명 조선시장이라고 불렀다. 오사카 미유키도리(御幸通) 상점가 길 안쪽으로 있던 시장이 조선시장의 시작이었다. 이 조선시장은 오늘날 코리아타운으로 성장했다.

3 조선학교: 해방 후 재일조선인들이 자녀의 교육을 위해 건립한 학교. 설립과 운영을 조총련이 주도함에 따라 교육 내용이 북한을 동조하는 것으로 기울어졌다. 최근에는 북한의 지원이 끊겨 교육 내용이 남북 어느 쪽에도 치우치지 않는 중립적인 방향으로 바뀌고 있다.

4 의미의 징검다리

무라다 게이코(村田啓子)

무라다는 1969년생 재일한국인 3세로, 어릴 때부터 창가학회 회원이었다. 20대 시절 자살을 하려는 친구를 구하기 위해 기원을 하기 시작하면서 불법의 생명력을 느끼게 되었으며, 개인의 생명력을 키우는 것이 주위 사람들은 물론 세계 평화로 이어진다는 것을 깨달았다.

법률가가 되기 위해 공부하다가 남편을 만났고, 결혼 후 육아에 지쳐서 잠시 꿈을 접은 상태다. 남편이 일본인이라서 시집에서 가끔 한일 간 문화 차이를 느끼기도 하지만, 스스로 한국인이라는 정체성은 크게 갖고 있지 않다. 현재 아이들을 키우면서 학회의 조직 활동을 하고 있기 때문에 어느 정도 육아 기간이 지난 다음에는 신심 활동에 더 매진할 수 있기를 바라고 있다.

면담은 2006년 11월, 오사카 무라다의 자택에서 일본어로 진행되었다.

호적이 없어

자기소개를 부탁드립니다.

결혼 전 제 이름은 이계자(李啓子), 게이코라고 합니다. 이케다 선생님께 받은 이름입니다. 지금도 아이를 낳으면 이케다 선생님께서 이름을 지어주십니다. 제 이름은 아버지가 사람을 연결해서 이케다 선생님께 직접 받았어요. 아버지는 청년부의 부대장이었습니다. 아버지가 젊은 시절에는 남자부 조직 명칭에 부대가 있었어요. 『인간혁명』에 잘 나옵니다. 부대장은 중요한 간부입니다.

어머니는 남동생이 태어날 때, 과다 출혈로 돌아가시고 말았어요. 제가 한 살 때. 그래서 아버지와 오빠, 저 셋이서 살았어요. 아버지는 한 번 재혼을 하셨는데, 새엄마가 저와 사이도 안 좋고 제가 새엄마를 따르지 않으니까 한 6개월 정도 살다가 헤어진 다음엔 아버지 혼자 사셨어요. 고모들이 아버지에게 재혼해야 한다고 권유했지만 아버지는 "아이들을 키우는 것이 중요하다, 아이들을 위해서 재혼은 하지 않는 것이 좋다"고 하셨다고 해요. 그래서 고모들이 저희를 키워주셨어요. 그래서 외가 쪽 친척과는 연락을 하지 않지만 아버지 쪽 친척과는 지금도 만나고 있어요.

제 아버지는 일본 자동차 회사에서 일을 하셨어요. 지금 생각하면 아버지 혼자 저희를 키우고 일을 하면서 어려움이 많았을 텐데 일이 바빴기 때문에, 바빠서 쓸쓸할 틈이 없었는지도 모르죠. 아버지는 올해 일흔이 되셨어요. 병이 나서 몸이 나빠졌기 때문에 지금은 저희 집에서 함께 살고 있어요.

제가 소학교인가, 중학교에 다닐 때인데 학교에서 편지가 왔어요. 봉투에 '이계자'란 이름이 보여서 "이게 누구의 이름이지?" 했어요. 아버지가 "이거, 네 이름이야" 하셔서 '내가 왜?' 하고 생각했어요. 그때까지는 저희 가족이 통명을 쓰고 있는지 모르고 있었어요.

10년 전, 제가 대학생 때 유학 가려고 여권을 만들어야 했는데 그걸 만들려면 호적이 있어야 한다고 들었어요. 그때 아버지에게 "제 호적은 어디에요?" 했더니, 아버지가 "호적이 없다"고 하셔서 아주 놀랐어요. 아버지와 어머니가 일본에서 결혼해 일본의 등록증(외국인 등록증)은 가지고 있었지만, 한국에서 호적을 가지고 오지 못했기 때문에 그때까지도 호적이 없었다는 것을 그때 처음 알았어요. 저는 일본에서 한국인 아이로 태어나서 살았기 때문에 어떻게든 등록은 되어 있었지만, 일본에 살면서 내 호적이 없다는 건 아주 충격이었어요. 어머니는 한국 호적에 독신으로 남았어요. 일본에 와서 사는 한국 사람들 중에 그런 사람이 많아요.

그래서 귀화를 했어요. 10년 전에 아버지와 가족 모두 귀화했어요. 할아버지와 할머니도 생전에 아버지에게 너희들은 앞으로 일본에서 쭉 살게 될 거니까 한국인으로 살 것인지 일본인으로 살 것인지 너희가 정하라고 하셨다고 해요.

행복을 만드는 방법

언제부터 창가학회의 신심을 갖기 시작하였습니까?

저는 태어나면서 바로 했습니다. 아버지와 어머니가 회원이었으니까요. 부모님은 결혼하기 전부터 하셨어요. 아버지가 형제 중에 가장 먼저 회원이 되었습니다. 쇼와 36년, 1961년이에요. 외가는 모두 회원이었어요. 외할머니가 시작하셔서 외가 모두 회원이었습니다.

어릴 때부터 회합도 가고 근행[1]도 했지만 그때는 아버지가 해서 한 것이고, 저 스스로 하고 싶다는 마음은 스물넷부터였어요. 이유는 친구가 그 당시 큰 고민을 하면서 자살을 하려고 했는데, 그때까지 저는 인생 중에 어려움을 겪는 사람들에게 아무것도 해 줄 수 있는 게 없었어요. 오랜 시간 사귄 친구였거든요. 친구 마음을 바뀌게 할 수 있다면 열심히 제목을 올리자 해서 본존님께 간절히 기원했어요. 그랬더니 자살하겠다던 친구가 건강하게 회복되었어요. 살아가는 힘을 내고 생명력을 보이는 것을 보고 정말 기뻤습니다.

아버지가 하고 있는 창가학회여서 믿는 기분이 반, 싫은 기분이 반, 제가 제 종교를 선택하겠다는 반항심도 있었는데 친구를 위해 제목을 올리면서 저도 바뀌었어요. 친구를 어떻게 도와줄까 고민하다 보니까 친구 문제가 아니라 제 문제가 되었어요. 그때까지 저는 제가 아는 사람이나 친구처럼 사이가 가까운 사람하고만 지내고, 이런 사람은 싫다 저런 사람은 좋다 하면서 사람을 구분하면서 지냈거든요. 창가학회 조직엔 사람이 많으니까 창가학회 활동 중에 이런저런 사람들로부터 여러 이야기를 들으면서 이케다 선생님과 학회에 대해서도 배우고, 여러 사람들과 관계하게 되면서 오히려 제가 변했어요.

이케다 선생님은 '광선유포'처럼 마음을 아우르는 것이 자신의 인간 혁명이 된다고 하셨어요. 제목을 올려서 자기 마음을 아름답게 하고 자기 생명력을 건강하게 바꾸는 것이 세계 평화를 위한 길이라고 말씀하셨어요. 그래서 이 종교는 참으로 훌륭하구나 확신을 하게 되었어요.

주위 사람들에게 창가학회를 소개하면 반응이 어떻습니까, 도움을 거절하는 사람도 있지요?

어렵습니다. 사람마다 백그라운드가 다르죠. 종교의 필요성을 느끼지 못하는 사람에게는 다가가기가 아주 어려워요. 옛날 1950년대 오사카의 선배들은 절복을 강하게 했어요. 지금은 그때와 비교하면 절복이 적어졌죠. 왜냐하면 그때는 모두가 가난하고, 병에 걸린 사람도 많았고, 창가학회는 가난한 사람들의 모임이라는 말을 들을 정도였어요. 경제적으로 가난하면 절복을 할 때 생활을 좋게 한다고 해서 알기 쉬운 목표를 알려주었어요. 병에 걸린 사람에게는 건강을 준다고 해서 이해를 하기 쉬운 목표를 알려주던 시대였지만, 지금은 무엇보다도 즐겁게 살고 싶다고 생각하는 시대라서 종교가 귀찮아져버렸지요. 여기저기 재미있는 게 넘쳐나는 시대잖아요.

하지만 어려워도 절복을 해야 해요. 종교가 없는 사람은 자신만의 철학도 없어요. 그렇게 되면 사람들은 자신만이 가장 중요하다고 생각하게 되죠. 니치렌 대성인께서 말씀하셨듯이 인간의 생명은 바르게 살지 않으면 살아 있는 게 아니에요. 그런데 일본은 다른 사람을 배려하지 않는 쪽으로 변해가고 있어요. 젊은 사람들은 결혼하고 나서 부모님과 살지 않겠다고 하잖아요. 자기만 즐겁게 살고 싶다는 마음이 습관처럼 굳어지면 뉴스에 나오는 것처럼 부모 자식 사이에 살인 사건도 일어나게 되잖아요. 부모 자식 간은 물론 지역끼리 소통도 잘되지 않고, 이웃 사람이 누군지 모르고, 사람과 사람 사이에 연결도 약해지고 있어요. 사람이 자기 재미있는 것만 찾으면 인간관계가 어려워져요. 그 모습을 본 아이들이 사람과 사귀지 않고 게임이나 인터넷을 하면서 자기 혼자만 놀아서 그런지 일본도 점점 어렵게 되어가고 있어요. 인간은 바르게 사는 것을 생각하지 않으면 행복해지지 않지요. 신심은 그래서 중요해요.

결혼과 정체성

남편도 창가학회 회원이십니까? 어떻게 만나 결혼하게 되셨는지요?

남편과는 아르바이트를 같이하다가 연애결혼했어요. 남편이 대학 때 짧은 기간이지만 미국에서 유학을 했어요. 그때 어떤 미국인이 종교가 뭐냐고 물었는데, 남편이 종교가 없다고 하니까 그 사람이 종교가 없는 사람은 믿을 수 없다고 하더래요. 미국인의 감각으로는 종교가 없다는 게 이상했나 봐요. 일본인인 남편은 미국인의 그 말을 듣고 자기는 왜 종교가 없는지 생각하게 되었대요.
저와 사귈 때 제가 창가학회 회원이라고 먼저 이야기하고 창가학회를 받아들이지 않는 사람과는 사귀지 않겠다고 했어요. 그랬더니 남편이 종교를 가지는 것은 좋은 일이고 부러운 일이라고 하면서 역시 사람은 종교를 가지는 것이 좋다고 하더군요. 그렇지만 자기는 종교를 가지고 있지 못하다고 해서 제가 남편을 절복했습니다. 남편이 창가학회에 입신한 다음에 결혼했어요.

남편의 부모님께서는 무라다 씨가 한국인이라거나 창가학회 회원인 것에 대해서 별다른 말씀을 하지 않으셨습니까?

결혼 전에 남편 집에서 반대를 좀 했지만 남편이 외아들이고 자기 일은 자기가 결정한다는 의식이 강해서 시부모님이 남편을 존중해주었어요. 시부모님은 싱가포르라든가 아시아 쪽으로 수출하는 일을 하고 있어요. 수출하고 수입하는 일을 하면서 무역상하고 만나는 일도 많았기 때문에 한국이나 한국 사람도 잘 알고 있었어요. 국적이 문제는 안 되었어요. 괜찮았어요.

사실 반대는 종교 때문이었죠. 시부모님은 다른 종교가 있어요. 별로 열심히 하는 종교는 아니고, 가끔 절에 가고 해서 절을 지키는 정도예요. 대부분의 일본인은 창가학회를 싫어하죠. 열심히 신앙생활을 하지 않는 민족이기 때문에 열심히 하는 창가학회를 미워하지요. 하지만 남편이 창가학회를 이해해서 회원이 되었기 때문에 더 이상 반대할 수 없었어요.

그것보다는 한일 간의 문화 차이라고 생각되는 건 있어요. 일본인 친척들에 비해 한국인 친척들은 유대가 강하죠. 보통 일본인은 제사할 때 친척이 모이긴 하지만 관계가 엷어요. 친구들도 한국인은 친척 간의 결속이 다르다고 말해요. 한국 사람은 모일 때 요리도 많이 하고 그릇에 많이 담아서 모두 먹게 하잖아요. 하지만 일본인은 한 사람씩 (음식을 덜어) 조금씩 먹어요.

결혼 초기에 상을 차릴 때 제가 한국식으로 큰 접시에 음식을 볼록하게 놓으니까 남편과 시부모님 모두 젓가락을 반대쪽으로 해서 각각 음식을 덜어내서 드셨어요. 저는 '가족인데 같은 그릇으로 같이 먹는 게 뭐가 어때!' 하고 생각했지만 시댁은 음식 먹는 법이 저희 집과는 달랐어요.

또 제가 어릴 때부터 밥 먹을 때 아버지가 "국 말아 먹어!" 하면 밥에 국을 말아 먹었는데, 남편이 제가 그렇게 먹는 걸 보고는 밥을 갖고 왜 그러냐고 별로 안 좋아했어요. 한국과 일본 사이에 식문화가 서로 다르구나 생각했죠.

평소 자신을 어느 나라 사람과 가깝다고 생각하십니까?

우리 사는 세상은요, 솔직히 말해서 자기 자신이 어느 나라 사람인가 하는 것을 모르고 살지 않나요? 저는 일본인도 아니고 한국인이라고도 말할 수 없어요. 한국말도 못하고 한국 사람이 뭐라고 하는지 알아듣지도 못하니까요. 한국인 입장에서 저를 볼 때도 한국인으로 보지 않을 것이고, 제가 한국인을 볼 때도 저와는 다른 나라 사람이에요.

그렇지만 제가 가장 하고 싶은 것이 한국어 공부입니다. 제가 귀화를 했고 일본인 남편과 결혼해서 법적으로는 일본인이지만 원래는 한국인이라는 생각을 갖고 있는 게 좋겠다 싶어요. 그래서 먼저 한국어를 배우고 싶지만 시간이 없네요. 한국어 공부도 신앙처럼 열심히 하게 된다면 제 인생에도 보람 있는 일이 있을 거라고 생각해요. 그렇기 때문에 한국인으로서 일본에 태어난 것도 특별한 의미가 있다고 생각하고 있어요.

제가 일본에서 태어난 사람이기는 하지만 한국인으로서 내가 무엇을 할 수 있을까 생각할 때가 있어요. 신앙 속에서 내 사명을 발견하고 싶다고 기원하고 있습니다. 그렇지만 한국어 공부할 시간이 없어서 아직은 아무것도 못하고 있어요.

의미 찾기

결혼 전에 하고 싶었던 일이나 앞으로 이루고 싶은 꿈이 있다면 무엇입니까?

대학 입학 때 법학과에 가고 싶었는데 경제학과를 졸업했어요. 법학과를 나왔으면 공부하기가 더 좋았겠지만, 졸업 후에는 변호사 시험을 보려고 아르바이트 하면서 수험생 생활을 했어요. 변호사 시험 준비가 10년, 20년 공부해도 어려운데 결혼하고 아이가 태어나고 하니까, 아이가 크면 공부해야지 했는데 법률이 바뀌어버리고 변호사 시험 제도가 바뀌어버렸어요.

5년 전부터인가, 로스쿨에 가야만 (변호사를) 할 수 있게 되었어요. 로스쿨에 안 가고도 공부할 수 있다면 어떻게라도 공부를 해볼까 하고 있지만 이젠 그건 좀 어렵게 되었어요. 돈도 필요하고요. 아직도 변호사가 되고 싶다는 꿈은 있지만 아이가 네 명이라서 아이들 교육도 중요하죠. 아이들이 더 커서 공부할 환경이 좋다면 그때는 다시 시도해볼 거예요. 그런데 지금은 집에서 아이들 키우는 게 재미있으니까요. 학회 활동도 그렇고, 아이들 키우는 것도 그렇고, 너무 바빠서 하루하루 아웃(out)입니다.

학회 활동을 하는 시간이 많습니까?

지구 부인부장을 하고 있는데요, 부인부에서는 부블록장을 하고 있어요. 부인부 안에는 '영 미즈 블록(Young MS Block)'이라는 그룹이 따로 있어서 양쪽을 함께하고 있어요. '영 미즈'는 20대부터 35세 이하의 여성들인데 직장에 나가서 일하는 사람은 '워크(work)'라고 하고 직업이 없는 사람은 영 미즈라고 합니다. 처해진 상황이나 환경이 같으면 고민도 비슷하고 감각도 비슷해서 활동이 잘되고 소통도 잘되고 하니까 그렇게 나누었어요.

창가학회는 아주 넓은 바다이니까 각각 배를 띄우는 셈이죠. 그래서 함께 앞으로 나아가는 거예요. 살고 있는 지역에서 기본 라인의 활동을 하고 각 라인에는 리더가 들어가서 활동을 함께해요. 저도 그렇게 위원장 활동도 하고, 기본은 살고 있는 곳에서 활동을 해요. 아주 바빠요. 회합도 있고, 회원들과 이야기도 해야 하고, 선배와 이야기도 해야 하고, 그렇지만 전부 인간 공부예요. 창가학회 활동은 인간을 배우는 것이죠.

전에 창가학회 신앙을 하기 전에는 친구와 만나서 쇼핑하는 것만 했는데 그 일이 재미있었지만 그 반면, '내가 왜 살고 있는가' 하는 생각이 들곤 했어요. 학회 활동이 힘든 것도 있지만 충실하게 하고 있어서 바빠도 즐겁습니다. 창가학회는 지시가 있을 때도 있지만 제가 여기에 가봐야겠다고 생각해서 나가서 만나고 친구의 이야기를 들어주어야지 할 때는 적극적으로 가기 때문에 이 일도 성실하지 않으면 안 되는 일이에요.

지구 부인부장이라면 신문 배달은 어떻게 하고 있습니까? 아침저녁으로 근행도 하시지요?

열심히 합니다. 하루 1시간 이상 하기도 하고, 제목은 하루 중 언제나 합니다. 《세이쿄신문》 배달은 아침 5시 반부터 매일 하는데 80부 정도를 배달하기 때문에 30분 정도 걸립니다. 하지만 지금은 아이를 낳은 지 얼마 안 되어서 다른 사람이 대신 해주고 있어요. 지금은 잠시 쉬고 있는데 나중에 다시 하고 싶어요. 신문 배달은 재미있어요. 일찍 일어나면 하루가 길고, 저에겐 다이어트도 되고요.

선거 기간에는 공명당의 선거 운동을 하십니까?

선거 운동이라기보다는 응원하는 활동을 해요. 하지만 어려워요. 일본인은 종교에도 관심이 없지만 또 정치에도 관심이 없어서, 종교를 권할 때처럼 싫다고 직접 말은 하지 않지만 공명당을 지지해달라고 하면 곧바로 싫은 얼굴을 하는 사람이 아주 많아요.

그럴 때 '응원 활동은 너무 어렵다'거나 '하고 싶지 않다'는 생각을 안 했다면 거짓말이겠지만, 그럴 때는 제목을 하고 회합에 가서 다른 사람들의 이야기를 듣고 용기를 얻고, 니치렌 대성인의 어서도 읽고 바른 길을 바라보도록 노력합니다. 응원하는 장소에 있는 동안은 제가 도전하지 않으면 안 되는 장소에 있는 거니까 저만의 행복을 찾으려는 작은 제 마음을 극복하고, 이런 활동을 통해서 일본을 좋은 나라로 만들고 싶다고 생각해요. 그것도 자기 자신의 인간 혁명이니까.

물론 공명당이 하는 일에 대해서 전부 찬성을 하는 것은 아니고, 잘못한다는 생각이 들 때도 있습니다. 그럴 때는 선배나 간부에게 설명을 듣기도 하고, 그게 이해가 안 되면 공명당 사무실에 전화를 해서 "어떻게 된 것입니까?" 하고 물어봐요. 제가 이해가 안 되는 것은 사람들에게 설명해줄 수 없으니까 공명당 응원을 할 수 없잖아요. 공명당에서 말하는 것을 이해를 할 수 있도록 먼저 공명당 신문을 읽고, 이해를 못하면 직접 공명당 사무실에 전화해서 물어봅니다. 납득이 안 되니까 설명을 해달라고 하지요. 어쨌든 공명당의 정책 중 가장 좋은 것은 육아 문제에 지원하고 응원하는 정책, 제일 문제다 하는 정책이라면 (오래 생각한 끝에) 이라크 파병이 가장 큰 문제라고 생각합니다. '왜 그걸 찬성했습니까?' 하는 마음입니다.

오늘 이야기 잘 들었습니다. 고맙습니다.

---

1 근행(勤行): 근행과 창제(唱題)는 창가학회에서 불법 수행을 위한 가장 중요한 의례다. 매일 아침과 저녁에 본존을 향해 기원하는 일로서 근행은 법화경(法華經)의 방편품과 수량품의 경을 읽는다. 창가학회에서는 창립 이래 오랫동안 아침에 5좌, 저녁에 3좌의 근행을 권고했으나, 일련정종과 결별하고 해외 학회원이 증가함에 따라 2004년 9월부터는 아침과 저녁에 1좌의 근행을 하도록 변경했다.
창제는 '남묘호렌게쿄'라는 제목을 음송하는 것으로 횟수의 제한이 없다.

5
꿈을 다지는 시간

아라이 기요미(新井淸美)

아라이는 재일한국인 3세로 오사카의 도시샤대학교 법학과에 재학 중이다. 소학교 때부터의 꿈인 변호사가 되기 위해 열심히 공부하고 있다.

가족 모두 창가학회 신앙생활을 하고 있었으나 어린 시절에는 신심 활동에 흥미가 없었다. 그러다 고등학교 때 학생부에서 책임을 맡으면서부터 불법에 대한 공부를 하게 되었고, 그 후부터 신앙생활을 중심으로 살게 되었다. 창가학회의 믿음을 통해 앞으로 자신이 무엇을 해야 하는가를 깨닫고 변호사가 되어 가난한 사람들을 도와야겠다는 꿈을 가지게 되었다.

면담은 2006년 12월, 이쿠노문화회관에서 일본어로 진행되었다.

외할머니의 리어카

자기소개와 더불어 가족에 대해 먼저 이야기해주세요.

저희 할아버지 할머니가 한국에서 태어나서 일본으로 건너오셨어요. 그래서 저는 재일한국인 3세입니다. 할아버지는 일본에 일하러 오셨다가 여기서 돌아가셨는데, 제가 서너 살 때쯤이어서 할아버지 얼굴은 기억나지 않아요. 할머니는 더 이전에 제가 태어나기 전에 돌아가셨어요.

저는 지금 대학교 2학년생이고요, 아버지는 오래전부터 한국에서 일을 하고 계시고 어머니도 아버지를 따라 올해 서울에 가셨어요. 지금은 부모님이 서울에서 살고 계시고, 저와 두 오빠는 여기서 살고 있어요. 아버지는 밀양 박씨인데 친가 친척들은 부산에 살고 있어요. 외가 쪽 친척들은 서울에 살고 있고요. 저는 어릴 때는 한국에 자주 갔는데 최근엔 가지 못했어요.

창가학회는 조부모님 때부터 했어요. 외할머니가 입회한 이유를 여러 번 들었어요. 외할머니가 열여덟 살에 일본에 건너오셨는데, 첫 번째 결혼한 사람은 죽어버리고, 두 번째 남자는 일을 안 하는 사람이었는데 또 죽었고, 여자 혼자 아이 네 명을 키우지 않으면 안 되었다고 해요. 여자인데 일본말도 잘 안 되고 해서 아이들을 키우기 위해서 동네에서 고물을 주워서 팔고 남이 입던 옷을 받아서 팔고, 구즈야[1]로 그렇게 살면서 아주 힘든 생활을 하셨어요. 신발을 주우면 그걸 돈으로 바꾸고 그렇게 해서 겨우겨우 밥을 먹었대요.

동네에 리어카를 끌고 다니면서 "필요 없는 옷 없어요?" 하고 버린 물건들을 모아서 팔면서 살았다고 해요. 그때 저희 어머니도 어렸으니까 그 리어카에다가 싣고 일을 하러 다녔대요. 어머니는 아기였으니까 리어카에서 나와서 혼자 여기저기로 가버리고는 했대요. 가지 말라고 해도 할머니가 물건 주우러 갔을 때 혼자서 리어카에서 내려서 남의 집에 들어가 버리곤 했는데, 하루는 아기 혼자서 또 어떤 집에 들어가 버렸대요. 할머니는 그 집에 어머니를 찾으러 가서 "저희 아이가 들어가서 죄송해요" 했는데 그 집의 주인이 창가학회 사람이었어요. 그 집 사람이 친절한 사람이어서 할머니에게 헌 옷이 있으니 가져가라고 했대요. 그 사람이 할머니에게 "이 생활을 바꿀 수 있어요. 제목을 하세요!"라고 신심을 알려주었어요. 그래서 할머니도 그 인연으로 신심을 하기 시작했어요. 제목을 해보라고 가르쳐주어서 할머니가 시작했어요.

어머니는 중학교 때는 조선학교에 다녔고, 고등학교 2학년 때 조선학교를 그만두고 전문학교에 다녔어요. 그즈음에 어머니는 이 신심을 전혀 하고 싶지 않다는 기분이 들었대요. 가족을 보면 별로 잘사는 집이 아니고, 왜 이렇게 못살고 있을까 생각하셨대요. 저희 어머니만 혼자 반발하는 것처럼 안 하고 있다가 집의 상황을 보고 행복해지고 싶다고 생각해서 다시 했다고 해요. 오빠들은 신심을 계속하고 있어서 행복한 것 같고, 그래서 한동안 어머니 혼자서만 떨어져 있는 기분이었지만 가족들을 보고 나도 열심히 해볼까 생각하고 다시 시작했다고 해요. 어머니의 가족은 오빠 둘, 아래에 남동생이 있습니다. 친척 모두 신심하고 있어요. 저는 재일한국인 3세이기도 하지만 창가학회도 3대째 하고 있습니다.

어릴 때부터 가족과 함께 창가학회 신앙생활을 하셨군요, 어땠습니까?

신심 말이지요? 소학교 때는 소년소녀부가 있었어요. 회관에 가면 과자를 주기 때문에 저는 사실 과자 때문에 회관에 갈 때가 많았어요. 불법을 이해하거나 신앙이 훌륭해서 간 건 아니었어요. 그러다가 중학생이 되어서는 하기 싫어졌어요. 왜 그런가 하면 일방적으로 이거다 저거다 하면서 가르치고 있어서 흥미가 떨어져 버렸어요. 학회 활동에 참가해서 어른들이 제공해주는 것을 받기만 하는 쪽이어서 재미없었는데, 그때 여자부의 선배 언니가 저를 보고 힘든 건 없냐고 말을 붙여주고 제게 하나하나 신경을 써줘서 그 선배 언니를 좋아하다 보니까 여러 가지 활동을 권유해줘서 다시 관심을 갖게 되었어요.

그래서 고등학교 때는 제 성격이 바뀌어서 제가 회합을 주도하는 쪽이 되었어요. 활동 기획을 하고 연극도 했어요. 몇 명을 모아서 활동할 것을 의논하고 회합을 이끌었어요.

어떻게 그렇게 적극적으로 바뀌게 되었어요?

중학생 때는 싫다는 기분을 느끼면서도 맡은 일은 성실히 하다 보니 고등학생 때는 부장이라는 역직이 붙었어요. 역직을 맡게 되니까 더 열심히 하게 되었어요. 그랬더니 제 주변에 사람도 생기고 함께 기획을 하는 친구도 생겼어요. 그러나 제가 회합을 제공하는 쪽이 되니까 학회에 대한 공부가 필요했어요. 그때까지는 학회 일도, 이케다 선생님도 전혀 모르고 있었어요. 그러다가 역직을 맡은 후에 공부하면서 책을 읽게 되었고 '이케다 선생님이 이렇게 말씀하셨구나' 하는 것도 알게 되어서, 그게 제게는 적극적으로 변하는 기회가 되었어요. 역직을 계기로 전에는 재미없던 회합도 재미있게 되었어요.

내 안의 등대

고등학생 때 친구들에게 학회를 소개하기도 했나요?

그때까지는 절복을 하지 않았어요. 회원으로서의 책임이 있었기 때문에 제 안에서 신심에 대한 확신이 필요했거든요. 대학에 입학할 즈음에 한 친구에게 절복을 했어요. 친구의 아버지는 상당히 폭력적인 성격이었는데, 친구의 어머니하고는 친구가 세 살이던 해에 이혼을 했고 친구는 새엄마와 살아야 했어요. 고등학교 졸업 후에 친구들은 모두 대학에도 가고 일도 하려고 하는데, 제가 생각하길 그 친구가 그 환경과 떨어지지 않으면 안 될 것 같았어요.

저희 어머니도 그 친구의 일을 어릴 때부터 알고 계셨어요. 같은 동네 친구라서 고등학교에서는 함께 지냈지만 저는 다른 곳으로 대학을 가게 되었고, 친구가 그 가정환경에서 어떻게 지낼까 걱정이 되었어요. 그래서 대학에 들어가기 바로 전에 친구에게 "너는 이 신앙을 가져서 힘을 가지면 좋겠다"고 말했어요. "이 신앙은 정말 괜찮다, 행복하게 된다"고 친구를 설득했어요. 친구를 지켜주고 싶었기 때문에 친구가 본존님을 믿고 살았으면 좋겠다고 말했어요. 친구는 이 신앙에 대해서는 잘 모르지만 저와 떨어지고 싶지 않으니까 제가 하고 있는 신앙을 하게 되면 서로 연결이 될 것 같다고, 그걸 위해서라도 하겠다고 해서 올해 7월에 입신했어요.

앞으로 더 많은 사람에게 절복하고 싶으신가요?

모든 사람을 절복하고 싶어요. 하지만, 어려워요. 사람들은 행복할 때 이 신앙을 소개하면 지금 행복하니까 충분하다고 대답하죠. 그래도 여성의 경우는 결혼을 한다거나 해서 인생이 확 바뀔 수 있잖아요. 지금은 행복하다고 해도 미래에 어떤 문제가 있을지 지금은 모르죠. 어떤 문제가 닥쳐도 그때에 필요한 자세를 미리 갖춰두는 것이 중요해요. 어릴 때부터 등대를 보고 산다면 무슨 일이 있어도 갑자기 무너지지는 않아요. 그것을 어릴 때부터 만들어가자 해도, 좀처럼 말을 들으려고 하지 않아요. 지금 어렵지 않으니까 종교가 필요하지 않다고 해요.

절복하는 것도 제 자신이 먼저 확신이 없으면 친구에게 "해볼래?"라고 말할 수 없어요. 어떤 것에 대한 확신을 가진다는 것은 자기 인생에 대한 확신을 가지는 것이라고 생각해요. 지금은 제 신심에 대한 확신이 100퍼센트입니다만, 제 안에는 '절대'라는 것이 있어요. 지금도 제 안의 소망을 담아서 본존님께 기원하고 있지만 만약 안 되어도 본존님 탓은 아니에요.

귀화에 대한 해석

본인 스스로 일본에 살고 있는 한국인이거나, 일본인이 아니라고 생각하십니까?

이쿠노에는 재일한국인이 많이 있지만 저는 한국인이라는 의식이 없어요. 특별히 한국의 김치가 맛있다거나 제사를 한다든지 하는 것도 없었고 '내가 자이니치다' 하는 생각은 없었어요. 아버지 세대는 조센진이라 불리고 차별을 받았지만 저는 차별을 느껴본 적이 없어요. 사람들과 국적에 대해서 이야기를 하지 않았어요. 제가 소학교 2학년일 때 가족 모두 귀화를 했어요.

귀화할 때 아버지가 "국적은 어디든 상관없다, 귀화를 하는 것은 정부가 문제이기 때문"이라고 말씀하셨어요. 일본에서 살고 이곳을 토대로 해서 살아야 하니까 귀화를 하고, 그래서 시민권은 얻었지만 우리의 선조는 한국인이라고 하셨어요. 미국에서는 (한국계 미국인을) '코리안 아메리칸(Korean American)'이라고 하지요. 저희 아버지도 미국에 가서 그걸 보고 의식이 바뀌어서 귀화를 했어요. 저희도 '코리안 재패니즈(Korean Japanese)'라고 할 수 있다고 생각해요.

재일한국인들의 역사가 있으니 창가학회 안에서도 따로 모임이 필요하지는 않을까요?

필요 없어요. 만약에 그런 걸 만들어버리면 저희는 국제인이 될 수 없어요. 창가학회가 국제 종교도 될 수 없고요. 창가학회 안에는 국제부가 있어요. 영어가 되는 사람, 브라질어가 되는 사람, 한국어가 되는 사람들의 모임이 있는데 국제부라고 해요. 그게 있는데 국적을 가지고 모임을 따로 만드는 것은 불필요하다고 생각해요. 그리고 저희 가족은 귀화를 했어도 안 한 사람보다 한국어를 더 잘해요.

귀화를 해서 가족 모두 선거권이 있지만 아라이 씨는 아직 투표를 못 해 보았지요?

투표는 내년에 할 거예요. 요즘 사람들의 경향이 투표를 안 한다고 하고, 개인주의로 자기 일만 생각하는 사람이 있으니까 '그런 무관심은 안 된다, 확실히 하지 않으면 안 된다'고 생각하고 있어요. 공명당에는 저희의 기대도 들어 있어요. 다른 정당들은 자신의 이익만을 생각하지만 공명당은 그런 정당과 달라요. 인간을 위해 일하고 있어요. 그것을 잊지 않고 창가학회 사람들은 지원하고 있어요. 다른 정당은 나라를 위한다고 입으로만 말하고 있어서 결과가 없어요. 지금의 정치는 우리가 선택할 수 있기 때문에 우리의 의견이 선거권에 들어갈 수 있어요. 그래서 저는 안심하고 공명당의 정책이나 방법을 지지하고 있어요. 그래서 선거 때는 대학교 친구, 선배라든가 아르바이트하는 곳의 사람들에게 공명당의 정책을 이야기해줘요.

지금은 그렇게 하지만 고등학교를 막 졸업했을 때는 담임선생님에게 공명당 이야기를 하려니까 용기가 필요했어요. 학교 다니면서 선생님에게 제가 창가학회 회원이라는 걸 말하지 못했거든요. 종교를 이야기하는 것은 제가 상대를 도와주려는 것이지만 일본인은 종교에 대한 저항감이 있어요. 일본인에게 왜 저항감이 생겼을까 생각해보니까 옛날부터 모두 국가 신도의 신자로서 신께 빌었지만 전쟁에 지고 나니까 국가 신도라는 것이 무의미하게 되어버려서 그런 게 아닐까 싶었어요.

오늘의 공부와 기원

대학에 들어갈 때 법학부를 선택한 특별한 이유가 있습니까?

아, 귀화를 할 때 한국의 호적을 받아 와야 했었는데, 옛날 한국어이고 그것을 번역해서 일처리를 하려니 너무 어려웠어요. 어머니가 서류를 일본어로 번역해서 가면 사법서사가 도와주었는데 돈이 많이 필요했어요. 들어가는 돈이 너무 비싸서 아버지와 어머니가 나중에는 직접 서류를 만들었어요.

그래서 부모님이 그런 힘든 경험을 한 후에 제가 소학교 다닐 때 아버지가 저에게 이쿠노에는 특히 재일한국인들이 많이 있으니까, 제가 그 일을 할 수 있지 않을까, 이쿠노의 재일한국인 중에는 사법서사 일을 하는 사람이 없으니 제가 그 일을 해주면 좋지 않겠냐고 말씀하셨어요. 아마 그때부터 법률가가 되는 것이 제 꿈이 되고 부모님의 꿈이 되었던 것 같아요. 중학교 때부터는 제가 변호사가 되어서 여기서 그 일을 하고 싶다는 생각이 점점 굳어졌어요.

권력을 가지고 있는 사람은 권력이 없는 사람의 마음을 몰라요. 그들은 본래 자기 자신이 훌륭하다고 오해하면서 살아요. 그래서 권력을 가진 사람들 주변에는 힘들고 어려운 사람이 생겨요. 부모님은 재일한국인을 말씀하셨지만 제 주변에서 힘들게 살아가는 사람들(이 다양했어요), 그들을 돕기 위해서는 여러 방법이 있겠지만 저는 변호사가 되고 싶어요. 변호사가 되어서 서민들 옆에 있고 싶어요. 현장이 중요하다고 생각해요.

사실 저는 소카대학에 가고 싶었어요. 그 대학을 목표로 공부를 했어요. 그렇지만 고등학교 3년 때 부모님께서 저에게 제가 도쿄에 가서 생활하는 것은 돈이 많이 들어서 안 되겠다고 오사카에서 공부하는 게 좋겠다고 했어요. 고등학교 3년 때 경제적인 문제 때문이라고 말씀하셔서, 제가 소카대학에 가기 위해 공부를 계속했기 때문에 왜 내가 도시샤대학에 가야 하느냐고 부모님께 화도 냈어요. 그때 마침 도시샤대학에서 학교로 추천 이야기를 했어요. 올해 처음이라고 했어요. 담임선생님은 "우리 학교에서 1회로 내보내는 것이니까 밖으로 봐도 부끄러운 게 아니다"라고 저에게 말씀하셨어요. 제가 반 성적이 1등이어서 선생님도 도시샤대학은 그다지 생각하고 있지 않으셨던 것 같지만, 그 대학의 추천제도가 있다면서 "그 대학 법학부에 갈래?"라고 말씀하셨어요. 부모님에게 도시샤대학에서 추천한다고 이야기하니까 아주 즐거워하시더군요. 제가 오사카에 남고 여기 대학에 다니니까 아주 좋아하셨어요. 고등학교 3학년 6월에 그런 이야기가 있었어요. 그래서 이 대학으로 결정을 하고 나니까 나중에는 고3 생활이 즐거웠어요.

다니고 있는 대학이 기독교 계통 대학이 아닙니까?

다른 종교를 하는 사람이 기독교계 학교에 가는 것은 물론 어렵지요. 그래도 엄한 (상황) 속에서 하는 훈련이라고 생각해요. 성서라든가 찬미가(찬송가)라든가 채플(chapel, 예배) 시간이 있지만, 굳이 창가학회 회원인 제가 그곳에 들어가게 된 것에는 뭔가 의미가 있을 거라고 생각하고 있어요. 그렇게 생각하면서 결심하고 들어갔어요. 교가도 찬송가 문장으로 되어 있어요. 그렇지만 그것은 단지 학교의 노래라고 생각하면서 그냥 좋아하고 즐기고 있어요.

아무래도 대학생활을 하다 보면 귀가가 늦어지기도 하고 바쁘기도 할 텐데 아침저녁으로 근행은 잘하고 있으신가요?

네, 근행은 아침 1시간, 저녁 1시간, 매일 2시간씩 제목을 해요. 아침에는 6시 30분에 일어나서 50분에 제목을 올리기 시작해요. 저는 하루 일과를 10분 간격으로 계획을 짜서 생활하고 있어요. 저녁 때 근행은 새벽 1시에 자기 위해서 밤 12시쯤부터 합니다. 매일 2시간씩 제목을 한 건 올해부터예요. 전에는 10분도 힘들었지만 매일하게 된 것은 제 꿈을 이루기 위해서, 변호사가 되기 위해서예요. 변호사 시험은 국가시험이라 아주 어렵기 때문에 하루에 15시간 공부하는 것은 당연합니다. 하지만 창가학회 사람은 활동도 해야 하고 제목도 올려야 하고 15시간 공부하는 것은 어렵지요.

제목하는 시간을 줄여서 공부를 더 하면 어떻습니까?

남는 시간이 아무리 많아도 내용이 없으면 효율적이지 않아요. 15시간을 공부해도 대강대강 하면 능률이 없어요. 확실히 제목을 올리고 나서 공부하는 게 더 나아요. 공부 시간이 1시간이 줄어도요. 그래서 1시간, 2시간 다른 사람보다 공부 시간이 적지만 그 사람들보다도 집중력이 좋아지지요. 공부는 마음의 문제예요. 아주 작은 것이지만 제목하면서 원한

일은 확실히 이루어져요. 제목을 올리면서 더욱더 성공을 확신하게 되는 것 같아서 기분이 아주 좋아요.

올해 합격한 사람이 자신의 이야기를 해주었는데 변호사가 되기 위해서는 3시간 제목하고 10시간 이상 공부해야 한다고 했지만 자기는 그렇게 하지 않았대요. 그래서 18년이나 변호사 시험공부만 했는데 결혼해서 부인도 있고 아이도 태어나고 나서야 열심히 공부를 해서 합격했대요.

창가학회 내에 변호사 공부를 하는 사람들이 하는 모임이 있어요. 월 1회 문화회관에 모여요. 그 모임 할 때 체험 이야기를 들으면 저도 열심히 해야겠다는 마음이 들어요. 와카야마(和歌山) 현과 돗토리(鳥取) 현에서도 오고, 서른 살 이상 된 사람도 있고, 회원이 40~50명 정도 있어요.

교육의 증거

마지막으로 창가학회와 이케다 선생님에 대한 본인의 생각을 말씀해주시겠습니까?

보통의 종교는 피라미드 형태로 제일 꼭대기 위의 사람이 가장 훌륭하다고 하지만 저희 학회는 달라요. 한 사람의 연(緣)이 있잖아요. 그중에 가장 가운데 있는 연이 이케다 선생님이고, 이케다 선생님은 뭐랄까, 연의 중심자로서 움직이는 리더라고 할 수 있어요. 그 부분이 보통의 다른 종교와는 다른 거예요. 그래서 이번(2006년)에 선생님이 해외에서 205번째 명예박사 학위를 받았는데, 이케다 선생님은 도다 선생님의 훌륭함을 증명하는 것이 이케다 선생님의 일이라고 하셨어요. 도다 선생님의 가르침을 증명하고, 평화 활동을 하면서 스승을 증명하는 것, 도다 선생님으로부터 바른 것을 받았다는 걸 증명하기 위해서 이케다 선생님은 세계 활동을 하고 계신 것이고, 그 점이 저는 이케다 선생님의 훌륭함이라고 생각해요.

제가 변호사가 되려는 이유도 결국 교육을 받은 것, 부모님으로부터 받은 교육이 바른 것이라는 것을 증명하기 위해서예요. 아버지, 어머니에게서 받은 교육이라면 아, 그건 말로 표현하기는 어렵지만, 정신이랄까 대개 정신이라고 말할 수 있습니다. 부모님으로부터 창가학회의 정신을 교육받았다고 생각해요. 부모님도 창가학회에서 교육을 받았고 그 결과로 창가학회의 정신을 저에게 교육해주셨어요. 그래서 변호사가 되어 부모님의 교육이 틀리지 않았다는 것을 보여주고 싶어요.

오늘 이야기 잘 들었습니다. 변호사의 꿈이 꼭 이루어지길 바랍니다.

---

1 구즈야(屑屋): '구즈(屑)'는 종이, 천, 유리, 금속 등의 폐품을 말하는 것으로, 그중에서 돈이 될 만한 것을 사 모았다가 중간상인에게 파는 사람을 '구즈야'라고 일컫는다. 과거 재일한국인의 주요한 생업 중 하나였다. 구즈야가 폐품을 사 모으는 것에 반해, 길거리의 폐품이나 종이 상자를 주워 중간상인에게 파는 사람은 '바타야(ばた屋)'라고 불렸다. 구즈야는 줍지 않고 사들이는 쪽이어서 '가이코(買い子)'라고도 불렸다.

6
리더로 살다, 꿈의 날개를 펴다

이노우에 마사노리(井上修範)

이노우에는 1964년생으로, 재일한국인 2세인 아버지와 일본인 어머니 사이에서 태어났다. 아버지의 도벽으로 가난하고 불우한 어린 시절을 보냈다. 그러나 친구의 소개로 창가학회를 알게 되었고, 학회의 조직 활동을 하면서 리더십을 배우게 되었다. 어릴 때의 꿈은 학교 교사였으나 현재 창가학회의 조직과 지역 사회에서 리더 역할을 하고 있기에 이 또한 중요한 교사 활동이라고 여기고 있다. 다니던 무역회사를 그만두고 사업을 하면서 지역 상공인들과 협조하여 이쿠노 구 코리아타운 조합을 운영하고 있으며, 창가학회 조직에서 간부 일을 맡고 있다.

면담은 2006년 12월, 오사카 이쿠노구의 상점가에 있는 이노우에의 가게에서 진행되었고, 한국어와 일본어로 대화했다.

가족의 성격

먼저 가족 소개부터 해주시겠습니까? 부모님의 고향이나 형제들에 관한 이야기도 좋습니다.

오래전 일이라서 할아버지가 언제 일본으로 오셨는지는 잘 모릅니다. 무슨 이유로 오셨는지 잘 모르겠지만 제주도의 북촌이라는 마을이 할아버지와 할머니의 고향이라고 들었습니다. 제 아버지는 오사카 히가시나리(東成) 근처에서 태어났습니다. 그래서 아버지가 재일한국인 2세, 저는 3세입니다. 저희 어머니는 원래 일본 사람이고요.

아버지의 형제는 남자 3명, 여자 3명, 실제로는 6명이었지만 지금은 5명입니다. 저희 아버지는 사실은 차남이지만 장남이 어릴 때 죽고 나니까 차남이지만 장남이 되었습니다. 아버지 형제들은 모두 일본에서 태어나서 일본인과 결혼한 사람도 있고, 첫째 고모는 핀란드인 선장과 결혼해서 요코하마에 살고 있고, 둘째 고모는 재일한국인과 결혼하고, 막내 고모는 50대인데 아직 결혼하지 않았습니다. 물론 지금은 할아버지와 할머니 두 분은 돌아가셨습니다. 제 형제는 제가 장남, 여동생이 세 명 등 4남매인데 모두 결혼했습니다.

제 기억으로 할머니는 부드러운 분이셨습니다. 저희 어머니도 성격이 부드러우십니다. 그렇지만 할아버지와 아버지는 반대였습니다. 특히 할아버지는 강하고 무서운 분이셨습니다. 가족 중에 가장 무서운 사람. 저는 가족 간에 싸움이 없는 생활을 하고 싶었지만 아버지와 할아버지는 만나면 견원지간, 개와 고양이 사이였습니다.

왜냐하면 저희 아버지가 바쿠치(博打, '노름꾼'이란 뜻의 일본어), 알고 계세요? 일본어로 바쿠치라고 하는데 노름을 좋아했습니다. 파친코도 하고 마작도 하고. 아버지가 실제로는 할아버지의 회사를 맡고 사장과 비슷하게 일을 했지만, 아버지의 마음에는 도박밖에 없으니까 할아버지 회사의 돈도 써버리고 해서 이렇게(손으로 목을 긋는 행동을 하며) 모가지가 되었습니다. 일을 못하게 되었어요. 그런 일이 제가 유치원, 중학교, 고등학교 시절 세 번이나 있어서 모가지가 되었어도 다시 돌아가서 또 하고 하니까, 할아버지가 화가 나서 아버지를 잘라버리셨어요. 세 번이나 그랬으니까 아버지는 뭔가 일을 하지 않으면 안 되었는데도 일을 하지 않고 집에서 화만 내고. 또 어머니와 아버지가 싸움을 하고, 어머니 쪽은 일본인인데 심성이 여려서 싸움을 해도 말밖에 못하고 참고, 어떤 날은 어머니도 좌절해서 싸움 후에 자살을 하려고 했었습니다. 그때가 저희 가족이 경제적으로 아주 힘든 시기였습니다.

그때 가족이 함께 믿는 종교는 없었습니까?

본래 할머니가 오래전에 창가학회 신앙을 했었습니다. 할머니는 일본어를 조금밖에 알지 못하니까 말할 수 있는 단어도 적고 글도 모르고 어려웠지만 종교를 좋아하는 성격이라서 여러 가지 것을 해봤는데, 그래서 창가학회도 했었던 것 같습니다. 복을 구하는 마음이 큰 분이어서 저희 할머니는 기독교, 일본 종교, 반야심경 같은 한국 불교도 했었고, 여러 가지를 하셨습니다. 주위 사람들에게 이야기 듣고 이것도 하고 저것도 하고, 제가 어릴 때 여기저기 할머니를 따라다녔어요. 그러나 할머니는 창가학회는 조직 활동을 많이 하기 때문에 집에서 밥을 지을 시간이 없다거나 집 안 청소를 할 수 없고, 창가학회 활동으로 너무 바쁜 게 싫고 시간을 낼 수 없다고 하시면서 관두신 것 같습니다.

그런 영향 때문인지 제가 정식으로 창가학회에 입신했을 때 아버지는 절대 안 된다고 하셨습니다. 그래서 집에 본존님을 모실 수 없었습니다. 1년간은 본존님 없이 하다가 대학에 가서 아버지를 설득했죠. 아버지가 마지못해 승낙을 하셨지만 조건은 "종교는 너만 하고 가족은 절대 이걸 하게 하지 마라" 하는 것이었습니다.

입신, 길이 열리다

아버지가 반대하시는데도 창가학회에 입신하고 싶었던 이유는 무엇입니까?

고등학교 졸업 후에 대학 시험을 준비하기 위한 예비교(豫備校, 학원)에 다니고 있었을 때 한 친구를 만났습니다. 그 친구가 창가학회 회원이었습니다. 그 친구의 이야기는 처음 듣는 이야기였는데 그런 이야기라면 굉장하다는 생각에 곧 '나도 하고 싶다' 하는 마음, 감격스러운 마음으로 친구의 이야기를 들었습니다.

그래서 학회의 선배를 만나고 다시 그 선배가 신심 이야길 해주었는데 인상적인 것은 "지금이라도 너의 인생을 바꿀 수 있다, 전환할 수 있다"는 말과 "너의 꿈을 실현할 수 있다"는 그런 말이었습니다. 그 말을 듣고 굉장히 감명을 받고 그날부터 시작하게 되었습니다. 가족을 잘되게 하고 싶었기 때문에 이것밖에 없다고 생각했습니다.

제가 1982년 열여덟 살 때 창가학회에 들어가서 2년 후에 제 어머니가 들어오셨고, 그다음에 장녀, 그다음 3년 후에 차녀, 막내 동생은 5년 정도 걸렸고, 맨 마지막으로 아버지는 15년 후에 입신했습니다. 어머니도 여동생도 집안이 점점 나아지는 것을 보고는 하고 싶다고 했고, 그렇기 때문에 아버지도 하시게 되었습니다.

창가학회 입신 후에 달라진 것은 무엇입니까?

신심을 하고 나서 생활이 확실히 변했습니다. 이전에는 집안이 경제적으로 힘들었고 매일 먹을 것을 걱정해야 했는데, 제가 신심 시작하고 나서 석 달 후에 곧 결과가 나왔습니다.

신심을 하고 석 달 후에 요코하마에 있는 고모가 찾아왔습니다. 큰고모가 난데없이 저희 집에 찾아왔습니다. 아버지가 직장을 잃고 이렇게 (손으로 목을 긋는 행동을 보여주며) 되었으니까, 아버지가 일하지 않고 있으니까 첫째 고모가 돈을 가지고 왔습니다. 그러고는 아버지에게 "이 돈으로 뭐라도 일을 해봐라" 하셨습니다.

제가 유치원생일 때 아버지와 어머니는 상점이 아닌 데서 생선을 팔았던 때가 있었는데 가게가 아니고, 상자에 고기를 넣고 다니면서 가게 밖, 길에서 팔았습니다. 아버지가 옛날에 그 일을 했었으니까 고모가 아버지에게 다시 그 일을 해보면 어떻겠냐는 말을 해서 부모님이 고모가 주신 돈으로 생선을 사서 장사를 시작하게 되었습니다.

생선 준비는 아버지가 하고 생선을 파는 건 어머니가 하셨습니다. 그러나 버릇이 있어서 아버지는 장사 준비만 해주고 나면 그다음엔 파친코에 가버렸습니다. 그때까지는 돈이 없어서 못하다가 생선 장사 하고 나서 다시 돈이 생기니까 또 도박을 하러 갔습니다. 정신적으로 일종의 환자 상태였다고 생각됩니다. 그래도 전보다 아버지 성격이 원만하게 변했습니다.

서로에게 좋은 변화

어머니가 일본인이라고 하셨는데 이럴 경우에 국적은 어떻게 됩니까?

중학교에 다닐 때까지 제 국적은 한국이었습니다. 고등학교 입학하기 전에 진로 상담을 할 때, 그때 제 희망은 학교의 교사가 되는 것이었지만 상담 선생님은 그게 안 된다고 하셨습니다. 저희 세대에 외국인은 학교 교사를 할 수 없게 되어 있었습니다. 그 말을 듣고 가족회의를 해서 교사가 되고 싶다면 일본 국적으로 바꾸자 했습니다.

하지만 재일한국인이 귀화를 하는 일은 아주 힘들고 어려웠습니다. 그런데 재일한국인 아버지와 결혼했지만 어머니는 한국인으로 귀화를 하지 않고 일본 국적으로 살았습니다. 그때까지 저희 가족은 통명으로 '아라이(新井)'라고 (성을) 쓰고 있었지만 한국 국적인 저희 형제들이 어머니의 성인 '이노우에(井上)'로 바꾸는 것은 간단했습니다. 그래서 그런 방법으로 저희 형제들은 어머니 성을 따라서 일본 국적으로 바꾸었습니다.

국적을 바꾼 후 대학에서 교사가 되는 길을 택했습니까?

아닙니다. 처음에 대학에 실패하고 나서 교사를 하려던 꿈을 접었습니다. 그다음 해에는 오사카외국어대학교 중국어과에 갔습니다. 교사는 중학교 때의 제 꿈이었지만, 아버지와 할아버지가 장래를 위해서는 중국어를 배워두는 게 좋지 않겠느냐고 말씀하셨기 때문에 전공을 중국어로 선택했습니다.

대학 졸업 후에 무역 회사에 들어가게 되었습니다. 그곳에서 중국어를 할 거라고 생각했는데, 배속된 부서는 한국 원단을 수입해서 일본에 판매하는 곳이었습니다. 중국어를 배웠는데 한국어를 해야 했습니다. 그런데 또 부서 이동이 생겨서 제가 한국에 출장을 가게 되었습니다. 그때부터 '나는 한국인이다'라는 생각이 들고 한국에 대한 강한 인상이 생겼습니다.

국적은 일본이지만 자신이 원래 한국인이라는 생각이 드신 거군요?

그전에는 제가 한국인이라거나, 그중에서도 재일한국인이라는 감정은 없었습니다. 실제로 재일한국인이긴 했지만 다른 사람에게 제가 그렇다고 말해본 적도, 그럴 필요도 없었습니다. 친구들이 모두 일본인이고 해서. 하지만 그때 한국에 다녀오고 나서 한국어 공부를 시작했습니다.

그것은 뭐라 그럴까요, 제가 공부하던 중에 정체성이 나왔습니다. 한국 역사를 공부할 때나 한국의 식사 습관이라든가 하는 것들, 서울에 갔을 때 (만난) 건강해 보이는 사람들, 그런 한국의 분위기를 볼 때 정말 제 성격과 맞는다고 생각했습니다. '한국 사람들이 저렇기 때문에 나도 이런 사람이 되었구나' 하는 생각도 들었습니다.

직장 일로 서울에 다녀온 것 말고 한국과 관련된 다른 일을 경험한 적이 있습니까?

이쿠노 시장조합 이사장님이 창가학회 회원이셔서 그분으로부터 코리아타운의 활성화가 필요하다는 말을 들었습니다. 젊은 사람의 힘이 필요하다면서 도와달라고 하시더군요, 혼자서는 힘들다고요. 1994년부터 회사에 다니면서 마쓰리(祭り, 축제)를 도와드렸습니다. 그리고 2회 마쓰리 때부터는 거의 제가 맡아서 했습니다. 처음엔 옆에서 조금 도움을 드리자 하는 마음이었는데 7년을 도왔습니다.

2001년 10월에 회사를 그만두고 이 가게를 하게 되었습니다. 2001년 10월에 여기 이쿠노에 와서 곧 2002년 3월 마쓰리 준비를 하게 되었습니다. 구다라 마쓰리(くだら 祭り)라고, '백제 마쓰리'라고도 하지요. 그때 시장 입구 아치에도 백제라는 이름을 써넣었습니다.

그런데 그게 이사장님에게는 마지막 마쓰리가 되어버렸습니다. 그해 4월에 병으로 돌아가셨으니까요. 그래서 그다음 2002년 5월에 이 단체의 총회에서 제가 이사장으로 선출되었습니다. 이 시장에 온 지 반년 만이었습니다. 전 이사장님의 유언이 이사장을 젊은 사람으로 바꾸라는 것이어서 그렇게 되었습니다.

여기엔 상점가가 세 개 있습니다. 신사 앞에 있는 상점가, 거긴 70퍼센트가 일본인이고, 중앙에 있는 상점가는 한국과 조선 사람이 합쳐서 70퍼센트, 여기 히가시 상점가는 50 대 50으로 한국인과 일본인이 반반입니다. 저도 반반이지요.(웃음).

옛날엔 마쓰리를 할 때 일본인들이 협력을 하지 않았습니다. 그런데 제가 2002년에 이사장이 되었을 때 월드컵 오프닝처럼 마쓰리 이름을 '코리아 일본 공생 마쓰리'로 하자고 제안했습니다. 그래서 양국 모두에게 받아들여져서 일본 사람들도 협력하는 쪽으로 바뀌었습니다.

그때부터 '한국과 일본의 역사를 공부하자'는 모임도 만들고, 옛날 한국 사람들이 일본으로 건너왔던 '도래의 역사'에 대한 공부도 하게 되었습니다. 그랬더니 코리아타운에서 돼지고기를 먹는 방법은 도래인(渡來人)이 가르쳐준 것이라는 것, 1500년 전부터 양국 사람들이 협력하면서 살았다는 것을 알게 되었습니다. 그 역사 이야기를 올해 봄 마쓰리 때도 했습니다. 오사카가 바다에서 변했다는 역사, 그 바다에서 토목공사를 하도록 가르쳐준 사람이 왕인(王仁, 백제시대 학자) 박사라는 것을 소개했습니다.

모임에서는 한국 체험 프로그램, 한국 역사 필드워크를 하고, 김치 만들기, 한글 강좌도 합니다. 마쓰리 때 전시회는 코리아타운 안에 전시장이 있어서 거기서 합니다. 니시 상점가에서 여기 히가시 상점가까지 옛날엔 협력이 없었지만 최근 함께 협력하고 있는 걸 보면 많이 변했습니다. 앞으로 계획이 있다면 양국의 우호 박물관을 만들고 싶습니다. 지금은 여러 자료를 보고 공부하면서 사료가 될 것인가 미리 알아보고 있습니다.

마쓰리 재정은 어떻게 마련하십니까?

오사카 시에서 받습니다. 200만 엔 정도입니다. 오사카 부에서도 돈을 받습니다. 50만 엔. 상점가에서도 받아 마쓰리를 운영했습니다.

마쓰리를 할 때 한국의 민단과 총련의 관계는 어떻습니까?

관계는 좋습니다. 소속은 민단이 많고요. 옛날엔 총련1이 많았지만 지금은 많은 게 바뀌었습니다. 제가 처음에 마쓰리를 돕기 시작할 때만 해도 포스터 하나라도 만들게 되면 어떤 내용인가, 어떤 취지로 되어 있는가 모두 체크해서 본부에 보냈습니다. 본부에서 검토해보고 오케이가 나와야 일을 진행할 수 있었는데, 그땐 총련이나 민단이나 다 엄숙한 분위기였습니다. 지금은 인간관계가 좋아져서 거의 오케이가 됩니다.

사람, 시간, 생각의 관리

지금 하시는 사업에도 시간이 많이 들 텐데 어떻게 하고 계십니까?

물론 시간이 부족한 면이 있지만 창가학회 일을 하면서 훈련이 되어 생각을 잘하게 되었고 사람과 말을 할 때도 상대가 생각하는 것을 알 수 있으니까, 그게 다 활동의 덕입니다. 활동하고 있을 때 영감이 되는 것이 있으니까 창가학회 조직 활동하면서 배운 것이 사회에서나 조직에서나 일을 할 때 큰 도움이 됩니다.

어렸을 때 어머니가 아버지로부터 매일 괴롭힘 당한 것을 듣는 게 제일이었습니다. 어머니를 위로하고 이야길 들어주고 그 경험이 제게 좋은 경험이 되었습니다. 제가 창가학회 조직에서 리더 역할을 하는 것, 후배나 회원들의 이야기를 듣고 상담해줄 수 있는 힘을 키운 건 어머니와의 경험에서 비롯되었습니다.

예를 들면 상점가에서 이사장을 하는 것도 제가 먼저 인사를 하고 상대방의 이야기를 듣고 시정해주었으면 하는 내용이나 어드바이스도 잘 들어주니까, 그럴 때 감사하는 마음으로 서로 연결되는 힘이 커졌습니다. 저는 사람들에게 들은 이야기가 있으면 (조정)될 수 있도록 최대한 노력했습니다. 제 앞의 이사장은 그런 리더십이 없어서 혼자서 하고, 자기 마음대로 해버리고, 자기 결정 후에 다른 사람들에게 시키는 타입이었는데 저는 그 반대로 여러 사람의 말을 듣고 일을 결정했습니다.

한국 사람과 일본 사람의 의견이 달라서 꼭 서로 잘되도록 하기 위해서 먼저 양쪽의 의견을 듣고 나서 하니까, "제가 생각하기엔 이렇게 하는 게 좋겠다" 말을 할 수 있고, 그런 과정에서 제 자신이 연마가 되었던 것 같습니다. 제가 중요하게 생각하는 포인트를 가지고 있으니까 상대가 의견이 달라도 협력하고 싶다는 마음으로 변하는 것을 느낄 수 있었습니다. 처음엔 의견이 달라도 나중엔 서로 잘되도록 하는 게 창가학회를 통해 배운 훈련이었습니다.

창가학회에서 배운 리더십이 상점가를 이끌어가는 데 도움을 주었군요.

여기서 이사장 처음 할 때 너무 젊은 사람이 상점가 일을 하는 것은 싫다면서 어른과 젊은 사람은 맞지 않아서 하고 싶지 않다는 말도 나왔습니다. 처음에는요. 그러나 먼저 친구를 만들고 식사도 함께 몇 번씩 하면서 관계를 만들고 부탁을 했더니 오케이가 되어서 지금까지 4년 동안 이사 10명 중 반 이상이 젊은 사람으로 바뀌었습니다. 제가 들어올 때는 젊은 사람이 없었지만 지금은 바뀌어서 권한이 젊은 사람에게 돌아가게 되었습니다.

창가학회 사람들은 바빠서 다른 활동에 관심이 없다고 이야기하는 분도 있었는데 이노우에 씨는 그렇지 않으시네요?

이케다 선생님은 창가학회가 종교만이 아니라 문화, 교육, 세계 평화 운동이라고 가르쳐주셨습니다. 저도 학생 시절부터 문화와 교육과 평화가 세계를 위해서 아주 중요하다고 생각하게 되었습니다. 이케다 선생님은 사람들에게는 종교도 중요하지만 우정이 더 중요하다는 말씀도 하셨습니다. 저도 사람들 사이에 그런 우정을 만들고 싶었습니다. 그런 교육이 지금의 저를 만들었습니다. 제가 어릴 때는 교사가 되고 싶었지만, 지금 제가 상점가에서 하는 일이나 학회에서 하는 일이나 어떤 면에서는 교사의 역할과 같다고 생각하고 있습니다. 학교에서 학생들을 가르치는 교사는 아니지만, 사람들과 함께 배우고 있으니까 교사의 꿈이 이루어진 것 같습니다.

현재 학회에서 맡으신 직책은 무엇입니까?

본부의 부본부장입니다. 전에 활동했던 남자부는 활동 시간이 깁니다. 밤에 늦게 활동합니다. 여자부와 소년부는 일찍 활동하고 오후 7시 정도면 끝나게 됩니다만, 남자부는 오후 9시부터 시작해서 밤 11시까지. 그 시간 후부터 책임자들의 활동이 시작됩니다. 자고 싶어서 죽을 지경까지 될 때도 있습니다. 회합이 끝나면 후배를 데리고 가서 이야기도 듣고 고

충에 대해서 상담도 하고 해야 하니까 저는 그때는 아이들 얼굴도 보지 못했습니다. 하지만 지금은 시간이 있는 편입니다.

결혼은 언제, 어떻게 하셨습니까?

1995년 2월에 결혼했습니다. 아내는 일본인, 부모님 모두 일본 사람입니다. 장인과 장모는 쇼와 33년(1958년)부터 신심을 시작하셨습니다. 도다 선생은 쇼와 33년에 돌아가셨고, 이케다 선생님이 1만 명을 절복해서 회원 만들 때 오사카에서 창가학회 회원이 되었습니다. 아내는 그러니까 창가학회 2세인 셈입니다.

아내와는 1992년에 창가학회의 회합 때 만났습니다. 저는 학생 그룹의 리더였고 아내는 여자부의 리더였는데 서로 열심히 신심을 하고 있었습니다. 제가 학생부였을 때는 여자는 필요 없다는 생각, 신앙만 있으면 된다고 생각하고 있어서 아내를 만났을 때도 애인 감정이라기보다는 후배로 봤습니다. 그것도 재미있었습니다, 후배니까.

좀 나중에 나이 든 사람들과 남자부를 하게 되었는데 학생부에서 리더였기 때문에 남자부에서도 다시 리더가 되었습니다. 그때 제가 담당한 사람들이 저보다 나이 든 사람들이었는데, 결혼한 사람들이 가정을 가지고 안정과 즐거움을 가진 것을 보고 저도 결혼을 한다면 잘할 수 있겠다는 생각을 하게 되었습니다. 아내는 (저와) 같은 가치관을 가진 사람이니까 협력할 수 있겠다고 안심이 되어서 제가 결혼하자고 했습니다.

지금은 아이가 네 명입니다. 장모님이 저희와 함께 사시면서 아이들을 잘 돌봐 주십니다. 제가 마음이 변해서 결혼했는데 잘했다고 생각하고 있습니다.

가족 모두 창가학회 회원이신데 돌아가신 할아버지 할머니의 제사는 어떻게 하고 있습니까?

부모님께서 두 분의 제사를 지냅니다. 제사를 일본어로는 '호지(法事)'라고 합니다. 부모님은 당신들의 제사는 돌아가신 다음에 해도 좋고 안 해도 좋다고 말씀하십니다. 부모님께서 돌아가신 다음에 제사를 어떻게 할지는 아직 결정하지 않았습니다. 하지만 제 생각에 한국의 제사 형식은 1년에 한 번만 하는 것이지만, 창가학회에서는 매일 밤과 매일 아침에 조상들을 위해 빌어주니까, 1년에 한 번 하는 것보다는 매일매일 하는 게 좋은 게 아닌가 하는 생각을 합니다. 제 형제는 모두 창가학회 신심을 하고 있어서 저와 같은 생각입니다.

오늘 이야기 잘 들었습니다. 감사합니다.

---

1 총련(總聯): '재일본조선인총연합회'의 약칭. 일본에 거주하는 친북한계 재일동포 단체다. 한국에서는 대개 '조총련(朝總聯)'이라고 줄여 말하지만 재일한국인들은 주로 '총련'이라고 한다.

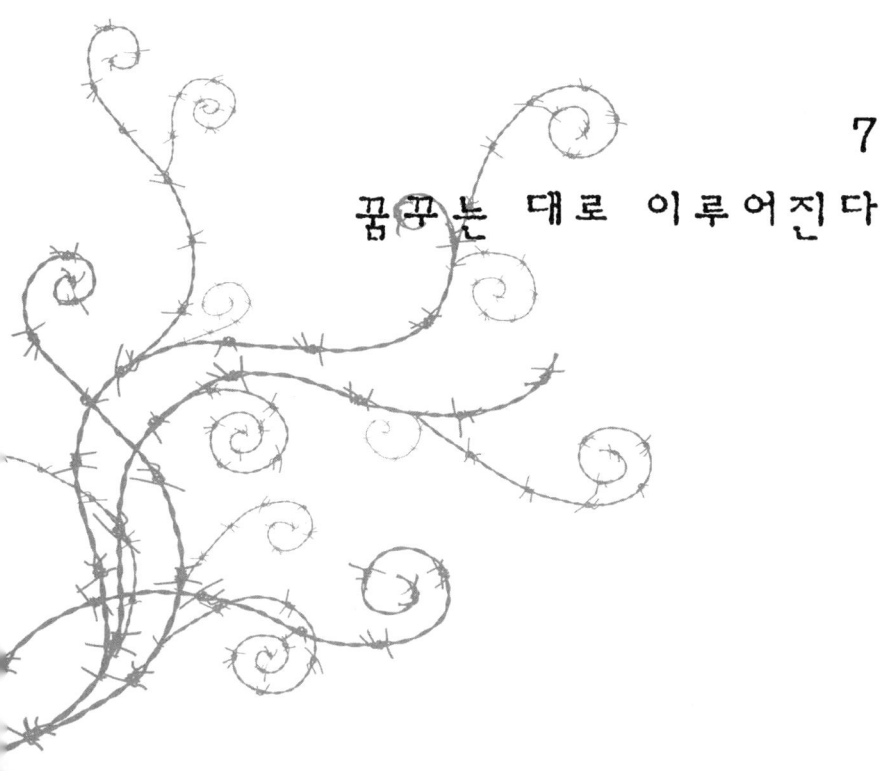

7
꿈꾸는 대로 이루어진다

윤수일(尹秀一)

윤수일은 1956년생으로, 일본 오사카에서 태어났다. 아버지의 사업 실패로 어머니와 떨어져 지내는 등 우울한 어린 시절을 보냈다. 대학생 때 우연히 창가학회 회원과 친구가 되었지만 한국인인 자신이 일본 종교를 갖는다는 것은 있을 수 없는 일로 여겼다. 그러나 그 친구와의 우정을 소중히 하고 싶어서 한시적으로만 알아보고자 했던 창가학회는 그의 인생의 고비마다 커다란 힘으로 작용하게 되었다. 소극적이던 그의 성격이 바뀌어 모든 일에 도전하려는 마음이 생긴 것이다. 마음이 바뀌자 외국인으로서는 불가능하다고 생각했던 일이 꿈꾸는 대로 이루어졌다.

윤수일은 창가학회 회원이 됨으로써 개인적으로는 재일한국인이라는 불리한 조건이 긍정적인 기회로 변화되는 것을 경험했고, 창가학회가 한국과 일본의 평화로운 가교 역할을 하는 것도 보았다.

면담은 2008년 3월에 이루어졌으며, 한국어로 대화했다.

벼랑 끝에 선 가족

윤수일 씨는 언제, 어디서 태어나셨는지요?

저희 부모님은 해방 전에 일본에 오셨어요. 그때가 일제시대가 아닙니까? 제 아버지 형제가 4형제인가 그래요. 작은아버지가 지금 한국에 살고 계세요. 아버지 고향은 구미예요. 그곳에서 농사를 짓다가 형제가 모두 농사만 지어서는 살아갈 수 없다고 일본에 가겠다고 하셨대요. 아버지는 원래 둘째 아들이었는데 형이 병으로 돌아가시는 바람에 장남이 되었지만 남동생에게 집안을 맡기고 일본에 오신 거죠. 조선에서 살기 힘드니까.

(저희 아버지는) 일본에 와서 오사카에서 비닐 공장을 하셨다고 해요. 20대 후반인가 30대 초반 정도에 비닐 공장 경영을 시작해서 처음엔 사업이 잘되었답니다. 제 누나 말로는 오사카 시내에서 공장을 가지고 있었으니까 부자였다고 하는데, 그때 이야기는 아버지가 일찍 돌아가셔서 자세히 듣지 못했어요. 아마 해방 후에 여러 사회 혼란 속에서 경제 사정이 안 좋아져서 파산하셨대요. 아무래도 경영 지식이 모자라서 그렇게 되지 않았나 싶어요.

어머니 고향은 순천인데 아버지 쪽이 어머니 쪽보다 좀 나아서 땅도 좀 있고 생활이 좀 나았던 것 같아요. 저희 형제는 다섯 명이고 제가 막내예요. 저는 1956년 오사카 니시나리(西成) 구, 국제공항 가는 곳인 난바(難波)에서 태어났어요.

제가 네 살인가 다섯 살 때쯤에 아버지 회사 형편이 안 좋아져서 결국 부모님이 이혼하셨어요. 이혼하고 나서 어머니만 일자리 구하러 혼자서 돗토리 현에 가셨거든요. 두 분이 이혼하시면서 저희들은 다 오사카에 두고 어머니가 가출하는 상황이었어요. 그래도 어머니에게서 연락은 왔어요. 어머니가 열심히 일해서 제게 자전거를 보내주기도 했어요. 하지만 그 후에 저희 집 형편이 더 나빠지고 아버지 회사도 다 망해서 형님과 누나는 고등학교도 못 가게 되어버렸어요. 그리고 아버지는 저에게도 중학교 끝나면 바로 일자리 찾아서 일을 하라고 말씀하셨어요. 그런데 어머니가 고등학교 갈 수 있게 해줄 테니까 저 혼자 돗토리에 오라고 했어요. 중학교 1학년 때 학교를 옮겼어요. 오사카와 돗토리를 왔다 갔다 하면서 다녔어요.

어머니의 상자 속 신앙

창가학회는 어떻게 해서 알게 되셨습니까?

제가 네다섯 살 때 기억입니다만, 아침에 일어나 보니까 어머니가 밥을 안 해요. 뭐 하시나 하고 봤더니 기원을 하고 있었어요. 조그만 상자가 앞에 있고 그 속에 하얀 게 보였는데, 그때는 잘 몰랐는데 그게 본존님이었어요. 1960년경이었어요.

『인간혁명』에서 보셨는지 모르겠습니다만, 그때가 창가학회가 오사카에서 가장 활발하였던 때니까, 니시나리에 하나조노 여관, 화원 여관이라고 해서 도다 선생님하고 이케다 선생님하고 오사카에 오셨을 때 숙박하셨던 단골집이 있었어요. 바로 저희 동네 옆에 있었던 여관이에요. 그래서 절복을 주변에 많이 하셨던 것 같아요. 그래서 그때 저희 어머니도 창가학회에 절복되신 게 아닌가 싶어요. 그 후에 저도 어머니 따라서 절에도 다녀왔고, 후지 산 대석사[1]에도 야간열차 타고 갔던 일이 있어요. 창가학회에 대해 아무것도 모르던 때였지만 기억에 생생하게 남아 있어요.

제가 살던 동네 오사카 니시나리는 모두 조선, 한국 사람이었어요. 지금도 기억에 남아 있는 것은 소학교 5학년 때쯤의 일로 기억되는데, 학교 선생님이 1년에 한 번 가정방문을 하지 않습니까? 그때도 담임선생님이 가정방문을 한다고 해서 제가 동네 입구에서 기다리고 있었거든요. 집에 아버지 계시느냐 해서 안 계시다고 하니까, 그 일본 교사가 그럼 (가정방문)했다고 해달라고 했어요. 조센진이 사는 집에는 들어오기 귀찮아서였는지도 몰라요. 너무나 가슴이 아픈 일이에요. 저희 누나나 형님 말을 들어보면 조선 사람은 학교에서도 차별이 너무 심했다고 해요.

누나나 형님이 학교에 다닐 때 겪은 일인데, 오사카 시내에 있는 학교에서 있었던 일이에요. 학교 교사가 학생을 강단에 올라오라고 해서, "이 사람이 조센진이다" 하고 다른 학생들에게 알렸대요. 그 정도로 안 좋은 분위기였다고 해요.

그러니까 아시다시피 오사카, 간사이 지방에서 창가학회가 강하게 된 것은 일본 부락이라는 곳, 그리고 재일한국인들이 살던 곳, 사회에서 버림받은 곳의 사람들을 조직화해서 희망을 주고 '열심히 같이하자'고 '같이 살자'고 하는 그런 뜻이 좋았던 거예요. 그러니까 도다 선생님과 이케다 선생님이 처음에 오사카에 갔을 때도 주무시는 여관이 재일동포들이 많이 사는 곳이었어요. 하나조노 여관은 고급스러운 호텔도 아니고 동네에 있는 보통 여관이었어요.

'아파트 롤러'를 만나다

그럼 그때부터 윤수일 씨도 어머니와 함께 신심을 갖기 시작하신 건가요?

아닙니다. 어머니께서 오사카에 계실 때는 많이 했지만 돗토리에 가고 나서는 하지 않으셨어요. 그래서 제가 고등학교 졸업할 때도 저는 창가학회 회원도 아니었고 의식도 못하고 있었어요. 고등학교 마치고 나서는 도쿄에 와서 재수생으로 예비교에 다닌 후에 대학에 들어갔어요. 대학교에 들어가서 '중국어 연구회'라는 동아리에 들어갔어요. 선배가 저에게 1년간 함께 살자고 해서, 조그만 아파트에서 같이 살았어요.

하루는 제가 살던 아파트에 남학생 한 명이 왔어요. 밤에 갑자기 상쾌하게 잘생긴 남자가 들어왔어요. 저는 그 사람이 선배 친구라고 생각했는데 창가대학 2학년, 나이는 저와 동갑이고, 창가대학에서 사법고시 준비하고 있다고 자신을 소개했어요. 상쾌한 얼굴로.

근데 그 사람은 나중에 알고 보니, 선배와 살고 있는 아파트에 하나씩 방문하면서 혹시 학생이면 같이 이야기할 수 있겠냐고 방문해왔던 거예요. 일본식으로는 아파트 롤러(roller)라고 불러요. 아파트 문을 하나하나 미는 거, 열심히 절복하기 위해서 하는 거예요. 대개 그런 사람들을 거절하는데 선배가 사람이 좋았어요. 선배가 거절을 안 하고 차 한잔하고 가라고 들어오라고 한 거예요. 그랬더니 매일 와요. 그런데 나중에 들어보니까 하치오지 시까지 교통편이 안 좋아서 가는 데 2시간이 걸린대요.

자전거로 역까지 가는 데 30분, 하지만 한참이나 기다려야 전철이 오잖아요. 자전거 타고 전철 타고 하면서 왕복 4시간이 걸리는 거예요. 그 학생은 저녁 7시쯤에 와요. 그러고는 밤 11시까지 있다 가요. 와서 절복 이야기 시작하는 거죠. 그때 저는 중국어 공부 열심히 하면서 종교에는 관심이 없었는데 어쩌다 선배가 없을 때 찾아오면, 기다리라고 해놓고 저 혼자 공부할 수는 없으니까 그 학생과 같이 이야기하게 되지요. 창가학회 이야기를 하기 시작했어요. 제가 물론 그때는 한국말을 몰랐지만, 그래도 '나는 한국 국적이니까 일본 종교는 싫다, 절대 믿지 않을 것'이라고 생각하고 있었어요. 그러니까 저에게 일본 종교 이야기는 하지 말라고 했어요. 그분이 그렇지 않다면서 저와 친구가 되고 싶다고 이야기했어요. 친구라면 괜찮다고 했더니 나중에는 중국어 공부하는 창가대학 사람까지 데리고 왔어요.

(같이 살던) 제 선배는 원래 일본의 공산당 운동에 관심이 있던 사람이었어요. 그러니까 얼굴을 마주하고 표면적으로는 그 사람의 이야길 잘 들어주긴 했지만 (그가) 돌아가고 나면 창가학회 비판도 많이 하고, "창가학회는 안 돼. 그 종교는 안 된다" 하면서 저보고는 "너는 하더라도 나에게는 이야기하지 마라" 그러기도 했어요.

2학기니까 9월이었는데 항상 창가학회 이야기만 하니까, 그 사람이 다시 찾아와서 현관까지 와 있어도 일부러 집에 없는 척하고, 있는데도 없는 것처럼 해서 문을 열어주지 않고 거절하기도 했어요. 한번은 하치오지에도 찾아와 달라고 했지만 갈 수 없다고 했어요. 그런데도 찾아와요. 석 달 정도 거의 매일 왔어요. 그렇게 거절했는데도 그 사람 성격이 아주 좋아서 매일 왔어요. 어떤 때는 창가대학에서 재일동포도 데리고 오고요. 어느새 이런 사람 정도라면 좋은 사람이구나, 친절한 사람이구나 싶었어요.

그래서 하치오지 시에 초대했을 때 한번 가보기로 했어요. 그때 일본의 (창가학회) 대학생들에게는 학생부란 조직이 있었는데, 학생들이 모여있는 아파트에 가보니까 여덟 명이 앉아 있었어요. 학교 안이 아니라 아파트, 기숙사가 아니라 학생들 자취하는 곳. 저 혼자가 아니고 다른 학생들도 데리고 와서 좌담회 같은 분위기였어요. 다들 이야기하는 분위기여서 빠져나올 수도 없고, 한 3시간 정도 이야기했어요. 점심까지 나오고 그래서 저는 시간이 없다는 핑계로 돌아가겠다고 해서 나왔어요. 그 모임에 다녀와서 왠지 기분이 안 좋았어요. 그 친구에게 "앞으로 나에게 창가학회 이야기는 절대 하지 마라, 그렇지 않으면 다시는 안 만나겠다"고 했어요. 그 친구도 제게 그날 선배 대학원생들이 너무 엄하게 한 것에 대해서 사과하겠다고 하더군요. 그래도 친구 사이로 계속 가고 싶다고 했어요.

그래서 일본 종교는 하지 않겠다고 결심하고 있었는데 그 사람이 6개월 후 밤에 또 한 번 찾아왔어요. 그 사람이 오늘이 마지막이라고, 자기는 이제부터 사법고시도 준비해야 하니까 오늘로 끝이라고 하면서 찾아왔어요. 나이도 동갑이고 해서 그 사이 6개월 동안 친구가 되어 그런지 정이 들어서 제가 오히려 그 친구더러 조금 더 오라고 했어요. 그런데 그 사람이 오늘이 정말 마지막이라고 그러면서 창가학회에 자기를 믿고 입신할 건지 말 건지 오늘 좀 결정해달라고 하니까. 할 수 없죠. 제가 졌어요. 그래서 제가 1년만 하겠다고, 1년 후에 100퍼센트, 절대로 200퍼센트로 나오겠다고, 이번엔 당신을 믿고 들어가지만 1년 후에는 꼭 (안 하겠다고) 나가겠다고 약속을 했어요.

스무 살 넘었으니까 그때가 1978년도 4월 17일인데, 지금 구니다치(國立)의 니치렌 절에 둘이서만 싱겁게 다녀왔어요. 입신을 해서 본존님을 뵐 때, 보통은 축복하려고 창가학회 친구들이 많이 오잖아요. 그때 제가 반발해서 6개월 동안 싸움도 하고 그러니까 주변에 사람이 없었어요. 그래서 그때까지만 해도 저는 근행과 창제를 몰랐었어요. 나중에 알아보니까 제가 일본 종교는 안 된다면서 너무 강하게 말하니까 이야기할 상태가 아니었다고 해요. 절차도 잘 밟지 않고 저를 입신시켰다고 창가학회 간부들로부터도 엄하게 지도를 받았다고 해요. 제가 절대 안 하겠다고 했었으니까 친구도 자연스럽게 못했던 거죠.

그날 절에서 돌아와서 제 아파트에서 밤에 같이 자고 아침에 근행도 하고 제목도 했는데, 그때까지 그런 걸 안 했었으니까 제가 잘 모르고 있었잖아요. 그땐 오좌근행이라고 해서 아주 긴 것을 했어요. 지금은 짧게 바뀌었어요. 아침에 1시간, 저녁에 30분 정도. 1시간이라 해도 저는 처음 하는 거라서 너무 부담이 되었어요. "이거 일주일에 한 번 하는 거 아니냐" 물으니까 하루에 한 번씩 하는 거라고 해서, 그러면 도저히 안 되겠다고 생각했어요.

그렇지만 친구가 창가대학으로 돌아가 버리고 저 혼자 했거든요. 그래도 어떤 종교인지 알아야 하니까, 그리고 제가 일단 한다고 했으니까 시키는 대로 하고 나서 지나간 후에 그게 뭔지를 알아보자는 욕심도 있었어요. 이해할 수 있으면 해보자고 생각했지요. 시작하고 나니까 제가 살고 있는 동네의 창가학회 부인부와 청년부에서 찾아와서 좌담회에도 가게 되었고, 만날 때마다 좋은 사람들이 많았어요.

창가학회의 힘을 시험해보다

회원이 되고 나서 창가학회가 무엇인지 알게 되었나요?

제가 창가학회 입신한 그즈음에 마침 도쿄 주변 대학에서 중국어 연설 대회가 있었어요. 제가 2학년이고 저희 대학에는 중국어학과가 없으니까 중국어는 제2외국어 교양과목으로 하고 있었는데, 다른 대학의 대학생들은 전공인데다가 3, 4학년생들이었어요. 그때 창가학회가 힘이 있다고 하면 이번에 뭔가 있을지 궁금했어요. 중국어 공부를 열심히 했거든요. 대학에서는 그때까지 선배들이 연설 대회에 많이 나가도 입상도 못하고 잘 안되었어요. 그런데 제가 거기서 2등을 했어요. 그 준비 기간에 신심도 열심히 하고. 그게 처음의 체험이었던 것 같아요.

그때까지는 제 성격이 끝까지 못하는 성격이었어요. 대학 입시에도 실패를 했잖아요. 열심히 하다가 중간에 애매하게 되는 성격이었으니까요. 처음으로 종교의 힘이 있지 않을까, 창가학회에는 적극적으로 하는 힘이 있을 것 같았어요.

창가학회 선배가 혹시나 창가학회에 대해서 깊이 알고 싶으면 한번 절복을 해보라고, 어떤 원리가 있는지 알 수 있고, 혼자 신심을 하면서 신앙을 해나갈 수 있지만 절복을 해보면 창가학회에 대해서 더 빨리 알 수 있다고 했어요. 깊이 알 수 있다고. 그래서 그때 (제가) 타이완에서 유학 온 학생을 절복했어요.

제가 한국 사람이고, 한국 사람 성격이 뭐든 빨리 하고 싶어 하잖아요. 1년만 약속했으니까요. 1년만이란 약속을 했으니까 매일 절복을 했어요.

타이완 학생은 그 후로 입신은 하지 않았지만 창제도 하고 대석사에도 같이 갔다 오고 그랬어요. 그때 아버지 연세가 많으셔서 병에 걸리셨어요. 갑자기 쓰러지신 거예요. 그때도 선배 하나와 후배 둘을 절복했어요, 석 달 사이에. 절복을 하는 동안 활동도 많이 했어요. 그 덕분인지 아버지 건강이 좋아지셨고요.

그때 대학에서 교환학생 시험이 있었거든요. 저는 중국으로 유학하고 싶었지만 그때는 한국과 중국이 개방되지 않았을 때니까 유학생으로서 중국에는 못 가고 홍콩과 싱가포르에는 갈 수 있었어요. 두 명만 갈 수 있는데 응모자가 스무 명 되었어요. 제가 거기서 1등으로 뽑혔어요.

연설 대회나 유학 시험 경험을 하면서 제가 공부가 애매한 사람인데 '성격과 자세를 바꾸어서 인간 혁명이랄까 성공을 했다, 살아가는 태도와 자세를 바꾸는 게 인간 혁명이라는 것이다. 아! 살기 위해서 자기 성격을 적극적으로 만들어주고 뒷받침해주는 게 신앙의 힘이다'라고 느꼈어요.

어느 대학에 유학 가신 거예요?

싱가포르 남양대학이에요. 그리고 싱가포르에 가면서 그 단지에 있는 중국 사람 한 명을 절복을 시켰어요. 싱가포르 항공회사에 다니는 사람, 그 사람도 열심히 하고 있어요. 하면 할수록 창가학회의 넓은 시야를 느낄 수 있었어요.

싱가포르에서도 창가학회 신심의 체험이 있었어요. 거기서 외국인 연설 대회가 있었는데 그때도 우승했어요. 연설 대회 준비를 열심히 하고 있을 때 바로 옆에 쓰쿠바대학교에 와 있는 대학원생 한 명이 있었어요. 그분이 제가 중국어로 열심히 말하는 것을 보고는 제게 앞으로 어떻게 할 거냐고 물어보시기에, 한국 사람이라 앞으로 취직하기도 어렵고 어떻게 할까 생각 중이라고 했더니, "너는 대학원에 가는 게 좋겠다. 쓰쿠바대학교에 '지역연구회'라는 게 있는데 거기에서 중국어로 공부할 수 있으니까 한번 시험을 보라"고 했어요. 주위 사람들이 쓰쿠바대학교는 들어가기 어렵다고 했는데 그때 대학원 시험도 합격했어요.

저는 원래 내성적인 성격, 사람과 어울리기 싫어하고 혼자 책을 읽는 게 좋은 성격인데, 지금도 그렇습니다만 사람을 만나는 게 부담이 되었지만, 그래도 내성적인 제가 입신하고 3년 사이에 연설 대회나 대학원 시험까지 계속 성공적인 경험을 했어요.

또 다른 체험은 아사히신문사에서 실시한 연설 대회에 출전했던 일이에요. 그때 원고는 통과되었어요. 그런데 심사위원장이 제게 편지를 보내주셨어요. 정말 미안하지만 당신이 한국 국적이라, 입상하거나 우승하면 베이징에 가야 하는데 한국 사람 여권이면 들어가지 못하니까, 정말 미안하지만 심사에서는 제외해버렸다고요. 그런 것도 옛날의 저 같으면 두고두고 아쉬워했을 일이지만, 그때는 상쾌하게 받아들였어요. '안 된다고 하면 안 되는 것이지' 하고 생각하면서, 그 순간 어느 정도 제 성격이 긍정적으로 바뀌었다고 느꼈어요.

한국을 만나다

한국 국적 때문에 겪는 불편함을 받아들이기로 하신 건가요?

이야기가 길어지는데 오스트레일리아 갔다가 베트남 화교를 만났어요. 오스트레일리아 시드니 근처에서 만났는데 제가 중국말을 하니까 자기네 집에 놀러 오라고 해서 하루는 거기에 가서 잤거든요. 그날 다른 베트남 화교들도 왔는데 어떤 사람이 말하기를 공산당이 쳐들어와서 도망쳐 나오다가 어머니가 배 위에서 죽었다고 하더군요. 자기만 살았다고요. 그때 이야기한 사람이 사이공대학교 대학원생이었어요. 미술을 공부했는데 그 일 때문에 대학원 공부는 포기했다면서, 저를 보면서 당신은 행복한 사람이라고, 당신은 재일한국인이라고 말했지만 그것보다 건강하게 살고 있는 것이 행복이라고 이야기하더군요. '아, 그렇구나' 했어요.

제가 연설 대회에서 몇 번 우승했잖아요. 제가 싱가포르에서 오스트레일리아에 가려면 싱가포르의 한국대사관에 가야 해요. 마음대로 갈 수 없는 상황이었어요. 대사관에 가서 대사관 사람에게 오스트레일리아에 가고 싶다고 도장 찍어달라고 하니까 혹시 연설 대회에서 우승한 사람이 아니냐고 물어봤어요.

윤수일 씨가 입상한 것을 대사관 직원이 어떻게 알았죠?

신문에 나온 적이 있어서 알아봤던 것 같아요. 그런데 그 사람이 저를 보고 왜 한국 이름을 안 쓰느냐고 물었어요. "한국 사람으로서 우승한 게 아니냐, 그랬다면 우리들의 자랑인데" 하면서, 그때 대사관 사람이 "당신이 타는 비행기가 납치당하면 일본 정부는 당신을 위해서 아무것도 해주지 못한다. 그때는 우리들이 나가서 당신을 구해야 한다. 그거 한번 생각해보라"고 하더군요. 대사관 사람은 제가 한국에 가본 적이 없는 것 같다면서 한국이 정치적으로 어두운 면도 있겠지만 고국이니까 한 번이라도 가보라고 했어요. 그런 충고를 했어요.

그래서 한국에 가게 되신 겁니까?

싱가포르에 살고 있는 한국 사람들을 몇 명 만났는데 좋은 분이 많았고, 베트남 사람을 계기로 해서 '나는 일본 사람이라기보다는 일본에 살고 있는 한국 사람'이라는 생각이 들기 시작했어요.

그리고 부모님의 고향에 대해서 거부감이 있는 것이 신앙을 하는 사람으로서도 좋지 않다고 생각했어요. 올바르지 않은 신심이라고 느꼈어요. 재일동포 회원들에게 물어보니까 다들 가지고 있는 문제더군요. 그때만 해도 저는 일본 사람으로 살겠다고 생각하고 있었으니까요. 대학원 석사과정에 들어가면서 본명으로 바꾸었어요. 통명을 안 쓰고, 대학원 입학원서부터 제 본명을 썼어요.

이름은 바꾸었지만 한국어 공부를 할 생각은 못하고 있었어요. 고민만 하고 있었죠. 쓰쿠바(つくば) 시에는 한국 유학생들이 200명 정도 있어서 모임이 많이 있었어요. 하지만 박사 과정에 있을 때까지도 저는 '아, 야, 어, 여'도 못하고 있었거든요. 회식할 때나 그럴 때 다들 한국말로 이야기하는데 저 혼자 일본말로 이야기했어요. 그때 한국에서 오신 대학교 교수님이 저를 보면서 불쌍하다고 동정하시는 거예요. "아, 당신은 한국말도 못하고 정말 힘이 없다. 그렇게 해서 앞으로 어떻게 살 거냐"고 그러셨어요. 그 교수님이 6개월만이라도 한국어 공부하라고. 한국에 한번 한국말 공부하러 가라고 권했어요. 그럼 가겠다고 해서 대학원 박사과정

중에 휴학을 해서 연세대학교에 한국어 공부하러 가기로 했어요. 연세대학교에 갈 때는 신심하는 사람으로서, 재일동포로서 똑바로 사는 게 좋겠다고 생각하면서 즐거운 마음으로 떠났어요. 1986년 9월에 처음으로 한국에 간 거예요.

창가학회 한국 불교회 본부가 연세대학교 고개 넘어가서 연희동 쪽에 있었는데 조그만 2층 건물이었어요. 창가대학 졸업생들도 모여서 좌담회를 거기서 했어요. 그때도 저는 말이 모자라서 사람을 잘 사귀지 못했어요. 아는 선배도 없었고, 제가 창가대학 졸업생은 아니었지만 그래도 일본에서 갔으니까 몇 번 모이러 갔었어요.

나의 두 가지 꿈

한국에서는 어떻게 지내셨습니까?

1987년에 서울에 있는 대학교에서 일본어 강사를 해줄 수 있느냐고 문의를 해왔어요. 제가 일본어 강사로 취직을 하게 된 거예요. 그 대학의 학장님이 저에게 임명장 주셨던 날, 지금도 그날을 잊을 수 없어요. 1988년 4월 17일이었어요.

제가 창가학회에 입신한 것은 1978년 4월 17일. 마침 10년 만에 제가 한국에 있는 대학교에서 임명장을 받았죠. 뭐라고 해야 할까요? 제가 10년 전에는 일본인으로 귀화하겠다고, 도저히 한국인이 싫다고 했던 그런 사람이 창가학회에 입신해서 10년 후 같은 날에 한국에 있는 대학에 취직이 되어서 교단에 서게 된다는 것이 불가사의하게 느껴졌어요.

그런데 불가사의한 일이 또 생겼어요. 그렇게 서울에서 살아가나 보다 하고 열심히 일하고 있었는데, 4년 후인 1991년 1월에 창가대학에서 일본어 강사로 올 생각이 없냐고 문의가 왔어요. 창가학회 회원이긴 하지만 창가대학 졸업생도 아니고, 창가대학은 신문에서만 봤고 아무것도 모르고 알고 지내는 사람도 없었어요. 그런데 창가대학에서 면접을 봤고, 그해 4월에 창가대학에 취직이 되었어요.

지금도 아마 일본 곳곳에 일본어 교육 시설이 있지만 한국 국적의 외국인이 일본어를 가르치는 대학은 거의 없는 것 같아요. 일본 사람이 가르치는 건 있지만요. 일본어 교육은 일본 사람이 가르치는 거지요. 한국 사람으로서 제 이름으로 일본어를 가르치는 건 특이한 일이에요. 지금은 일본의 여러 대학에 한국어과가 있고 한국어 연구, 한국 관련 연구는 재일동포나 한국에서 오신 분들이 있어서 가르치고 있지만, 그중에 일본 헌법이나 일본어 같은 과목 담당으로 한국인 교수를 채용하는 대학은 17년 전에는 일본에 없었어요. 창가대학 창립자이신 이케다 선생님이 한국, 중국, 이 세계를 소중히 해야 한다고 말씀하시는데 외국인인 저의 채용도 일본 사회에서 모범을 보여주시는 것 같았어요. 정말로 감사한 마음이에요.

당시의 분위기만이 아니라 지금도 외국인이 일본의 교직 사회에 들어가는 게 어려운 일이 아닌가요?

제가 어릴 때 꿈이 두 개 있었어요. 하나는 학교 교사가 되고 싶다. 또 하나는 세계로 나가고 싶다. 그러나 그 꿈은 100퍼센트 절대 불가능한 일이었어요. 제 국적이 한국이었으니까요. 제가 창가대학에서 외국에서 온 학생들을 가르치는 것 자체가 그 두 개의 꿈이 그대로 실현된 것이었어요.

그 점에 대해서는 창가학회에 정말 깊이 감사하고 있어요. 그리고 처음에 저를 절복해주신 그분에게도 정말 고마운 마음을 지금도 가지고 있어요. 일본에 돌아와서 그분에게 전화했어요. 깜짝 놀라더군요. "6개월 동안이나 반발했던 당신이 창가대학에 왔냐"고요. 몇 년 후에 그분의 딸이 창가대학에 들어왔어요. 인연이라는 게 참 신기해요.

창가학회와 재일한국인

재일한국인에게 창가학회란 어떤 의미가 있을까요?

일본에 사는 재일한국인에게 창가학회야말로 가장 좋은 종교라고 믿고 있어요. 제 이름이 ≪세이쿄신문≫에 많이 나오니까 일본 여러 곳의 강연회에 강사로 초청받아 갔었어요. 규슈에서 홋카이도까지.

그때 나고야의 도요타자동차 공장 부근의 오카자키(岡崎)라는 장소에서 모임이 있었어요. 재미있게 1시간 정도 하고 끝난 후에, 장년부에 계신 분이 한국 요리를 만들었다면서 저를 집으로 초대했어요. 가보니까 열 명 정도의 재일한국인 분들이 와 계셨어요. 저를 만나니까 그분들이 창가대학에 재일한국인 교수가 있다는 게 자신들에게도 기쁜 일이라고 좋아해주셨어요.

그런데 그곳 오카자키 부근에 산이 있어요. 일본에서 두 번째 큰 댐이 그 산에 있어요. 일제시대 때 강제 연행당한 조선인들이 그 산에서 공사하다가 많이 죽었다고 해요. 댐 공사가 끝난 후에는 공사하러 왔던 조선인들이 한국으로 돌아가지 못하니까 시내로 살러 내려왔대요. 그렇지만 마땅히 갈 데가 없어서 강가에 임시 집을 만들어서 살고 있었다고 해요. 그분들이 소학교에 다닐 때 일본 친구들이 자기들을 보고 저 애는 조센진이니 사귀지 말라고 따돌림을 했다고 해요. 조센진 집은 무서우니까 거길 돌아서 가라고 했다는 이야기랑 옛날에 차별받은 이야길 해요. 그런 강가에서 집도 아닌 집에서 살고 있을 때 처음으로 찾아온 사람들이 창가학회 회원이었다고, 일본 사람들이 차별하는 재일조선인들을 창가학회 회원들이 찾아갔던 거예요. 그런 일본 사람이라면 믿을 수 있어서 자신들이 창가학회에 입신했다고 하더군요.

그런 이야기를 곳곳에 갈 때마다 들었어요. 회합에 갈 때마다 강연회 끝나고 난 후에 그런 이야기를 들었어요. 그런 분들을 만나게 된 것도 제가 창가학회에 입신했던 덕분이지요.

25년 동안 한일 교류가 있었지 않습니까. 1991년에서 2001까지는 한일 간 교류가 많았던 그 시기였어요. 제 눈으로도 직접 한일 교류를 보게 되었어요. 창가대학과 경희대학교, 제주대학교에서 교류가 시작되었잖아요. 1998년 5월 15일 스승의 날, (창가학회) 창립자이신 이케다 선생님이 경희대학교에서 명예박사 학위를 받으셨어요. 다음 해에는 제주대학교에서도 받으셨죠. 지금까지 한국의 여러 도시에서 명예시민이 되어서 한일 우호를 하고 계시잖아요. 저는 특히 제주대학교에서 받은 명예박사 학위가 더 뜻깊다고 여기고 있어요. 제주도와 간사이 지방은 인연이 깊은 곳이잖아요. 그곳 재일한국인들이 제주대학교에서 (이케다 선생님께)

명예박사 학위를 수여한다는 소식을 듣고 얼마나 기뻐했는지 몰라요. 일본 사람 중에는 왜 제주대학교냐고 별로 안 좋게 여기는 분도 계셨지만, 그분들은 전쟁으로 특히 고생이 많았던 일본의 오키나와나 한국의 제주도에 관한 가슴 아픈 역사를 잘 몰랐던 게 아닌가 싶어요.

창가학회 조직 안에서 재일한국인과 일본인이 지역 활동 등을 함께하지요? 서로의 국적이 화합에 걸림돌이나 불편을 주지는 않습니까?

그런 거 없어요. 하나도 없어요. 그만큼 회합에서는 재일한국인이나 일본 사람이나 구분하지 않고 하고 있으니까요. 창가학회 안에서 재일한국인 조직을 별도로 하지도 않아요. 다른 나라 사람이라고 처음부터 아예 구분하지 않는 거예요.

이케다 선생님은 『인간혁명』에서나 여러 강연에서도 "한국은 일본에게 은혜를 베푼 나라, 스승의 나라"라고 강조하셨어요. 그래서 일본이 오래전에 스승의 나라인 조선을 침략했던 일이나, 전쟁을 하기 위해서 식민지로 만들었던 일을 비판하셨어요. 『인간혁명』 제8권에 그 내용이 자세히 나와 있거든요.

그렇기 때문에 평화로운 세상을 만들기 위해서 한국과 일본이 서로 형제의 나라라는 것을 잊지 말고 마음속에 간직하고 있어야 한다는 거잖아요. 그러니까 창가학회 안에서는 서로 구분하는 거 안 해요. '내가 한국 사람인데, 저 사람은 일본 사람이구나' 하는 마음이 아예 없어요. 제 자신도 평상시에 재일한국인이라는 걸 의식하지 못해요. 외부 사람들이 생각하는 것처럼 회원들이 '그 사람이 한국인이다, 저 사람은 일본인이다' 하는 거 느끼지도, 생각하지도 않아요. 서로 평등하게 생각해요. 그렇지 않으면 어렵지 않습니까. 창가학회가 좋은 점은 어느 나라에 가도 민족을 구분해서 서로 차별하지 않는 거예요. 국가나 민족은 인류의 평화를 위해서 중요한 게 아니라는 것이죠.

그러나 창가학회는 불행한 사회 문제를 보면서 가만히 있지 않기 때문에 앞으로도 비판을 많이 받을 거예요. 일본 안에서도 점점 더 비판을 받을지도 몰라요. 역사를 바르게 말하고 일본이 나빴다 하면 일본 사람들이 좋아하지 않아요. 그러나 불행한 사회를 구하기 위해서는 우리의 갈 길을 바르게 말해줘야 합니다. 미래의 평화를 위해서는 계속 도전할 수밖에 없다고 생각해요.

제가 창가학회에 입신한 지 30년 정도 되었어요. 창가학회가 세계적인 종교로 성장하는 이유는 창가학회의 정신이 정말 순수하기 때문이에요. 저는 지난 30년 동안 그 믿음이 더 커졌어요.

오늘 선생님 이야기가 큰 공부가 되었습니다. 고맙습니다.

---

1 대석사(大石寺): 일련정종 총본산이 있는 사찰이다. 시즈오카(静岡) 현 후지노미야(富士宮) 시에 있다. 일련정종에서는 대석사 참배를 '등산(登山)'이라고도 했다. 1991년 창가학회가 일련정종 종문(宗門)과 갈라지기 전까지는 창가학회 회원들도 대석사 참배를 했다.

8
내 이름은 조국 통일

하세가와 쓰네가즈(長谷川統一)

하세가와는 일본 고베에서 태어났다. 경상도 출신인 할아버지가 1940년경 일본으로 건너왔다. 아버지가 젊은 나이에 돌아가셨기 때문에 하세가와는 어릴 때부터 외가에서 살았다. 외할아버지는 천리교에서 직책을 맡고 있었다. 하세가와가 스무 살이 될 무렵 큰아버지가 창가학회를 소개해주었는데 현실을 바꿀 수 있다는 데 매력을 느껴 입신했다.

하세가와는 공명당의 모든 정책을 지지하지 않지만 교육과 복지 문제를 중시하는 당의를 훌륭하게 여겨 선거 때 공명당을 돕는 일을 한다. 주위 사람들에게 투표를 독려하고 있지만 정작 본인은 재일한국인이라서 선거권이 없다. 일본 정치뿐만 아니라 한국의 정치에도 관심이 많아서 자신의 일본 이름을 '통일'로 지어 한국의 통일을 염원하고 있다.

면담은 2006년 12월, 고베 나가타문화회관에서 진행되었고 대화는 일본어로 했다.

나의 외가는 천리교 신자

부모님의 고향은 어디입니까?

아버지 쪽은 잘 몰라서 여기에 등록증을 가져왔는데요. (외국인 등록증을 보여주며) 이것이 그것입니다. 경상남도 울주군 청양면, 할아버지가 태평양전쟁 시기에 조선에서 왔다고 들었는데 (고베의) 나가타[1]에서 오래 사셨습니다. 저도 여기 나가타에서 태어났어요. 아버지는 제가 어머니 뱃속에 있을 때 돌아가셨어요. 심장이 나빠서 29세쯤에 돌아가셨고, 어머니는 저를 데리고 외할아버지 댁으로 들어가서 사셨습니다. 어머니는 지금도 혼자 살고 계세요.

어머니는 일본 히로시마에서 태어나셨다고 하는데 정확히는 잘 모르겠어요. 친할아버지의 경우는 계속 나가타에 계셨지만, 외할아버지는 전쟁 전에 일본에 와서 어머니는 여기서 태어났는데 어떻게 자랐는지 듣긴 했지만 자세한 기억이 없습니다.

외할아버지는 작업 현장에 다니면서 여기저기 옮기면서 사셨다고 합니다. 그래서 어머니는 장녀인데 동생들이 태어나서 소학교도 다 못 나왔다고 해요. 어린 동생들이 여덟아홉 명이나 되어서 외할머니를 도와서 식사 준비도 해야 하고, 동생도 보살펴야 해서 정말 불쌍하게 컸다고 들었어요. 외할아버지가 놀기만 좋아해서 생활이 힘들었고, 외할아버지가 한량이셨대요. 그러니까 외할머니도 생활하기가 힘들고 어머니도 장녀이니까 학교 다니기도 어려웠지요. 그 후에 제가 외가에 가서 살고 있을 때는 외할아버지가 천리교[2]를 하고 있었어요.

외할아버지께서 천리교 교회를 운영하셨습니까?

분교회(分教會)라고 했어요. 집 앞에 간판도 분교회라고 하는 게 붙어 있었고, 맞습니다. 분교회라는 간판이었어요. 외할머니와 외할아버지가 함께하셨어요. 책임자 일을 하신 것 같아요. 집 안에는 제단이 있었고 거울도 있었고요. 언제부터 하셨는지는 잘 모르겠지만 아마도 할아버지는 한국 쪽과도 연결된 사람이 있었던 것 같습니다. 자세한 것은 잘 모르겠지만 제가 어릴 때부터 봤어요.

나라(奈良) 시에 있는 본부에도 외할아버지와 외할머니 그리고 어머니랑 함께 갔어요. 어릴 때 덴리(天理) 시(천리교 본부가 있는 곳)에 가긴 했어도 제가 신자가 되었거나 해서 종교적으로 간 건 아니고, 할아버지 따라서 갔다 왔다 했던 거죠. 그때 보니까 젊은 사람보다 나이 든 사람들이 많았어요.

당시 천리교 책임자 중에는 한국인이 드물었는데, 혹시 분교회의 이름이라든가 할아버지께서 하시던 일들 중 자료가 남아 있는 게 있나요?

제가 어릴 때여서 확실하지는 않지만 천리교 대교회는 아주 컸던 것으로 기억합니다. 대교회 이름은 생각나지 않아요. 그런데 외할아버지의 분교회 건물은 지진(1995년 고베대지진3을 뜻함) 때 다 찌그러져서 물건들도 다 없어져 버렸지요. 지진 전에, 할아버지, 할머니가 돌아가시고 나서 물건 중 일부를 장남(외삼촌)이 보관하고 있었는데, 지진이 나서 화재가 나 다 타서 없어진 거죠. 장남은 나가타에 살았는데 그때 살던 집도 다

불에 타버렸어요. 저도 할아버지 유품에는 관심이 안 가서 자연히 사라져버렸어요.

저는 제 주위에 있는 종교를 특별하게 여기지 않았어요. 어릴 때는 기독교 계통의 유치원에 다녔어요. 거기서는 아멘, 아멘 하고 집에서는 천리교를 하고 하니까 교리가 그렇구나 하고 보통으로 여길 수밖에 없었어요. 그런데 저희 집에 친구들이 놀러 오면 불단이 좀 다르지요. 천리교에는 불단이 없으니까 친구들이 이상하게 생각했어요. 천리교는 불단이 아니라 제단 비슷하니까요.

바꾸고 싶어서

어릴 적 환경이 그러했음에도 창가학회에 입신하게 된 이유가 있습니까?

차츰 자라면서 이상하다고 생각했었어요. 저희 가족은 어머니, 누나, 저 세 명이 함께 살고 있었는데, 이 천리교를 하는 것은 열심히 살면서 잘살아 보자는 것인데 저희 생활이 더 나아지지 않는 거예요. 천리교는 급료를 받으면 교회에 얼마를 내라고 신자들에게 하니까 그대로 따르다 보면 저희 생활이 점점 힘들고, 천리교는 어쩐지 돈을 매월 내야 하니까 교회만 커지는 것 같았어요. 교회 책임자들이 금전주의자로 보이고, 교회 돈 관리가 이상했어요. 공양도 자기 할 만큼 마음으로 하면 될 건데 대교회에 가면 더 이상했어요. 자기가 열심히 해서 자기 생활을 자기가 바꾸어야 한다고 생각했던 저에겐 그랬습니다. 저 혼자 어릴 때부터 왜 이런지 궁금해했어요. 아버지 없이 어머니 혼자 자식들을 키우고 있어서 저도 모르게 경제적인 것에 민감했던 것 같아요.

창가학회는 언제부터 시작하셨습니까?

스물두 살 때쯤. 하세가와라고 하는 친척, 저의 큰아버지가 신심하고 있다가 저에게 입회하라고 권하셨어요. 제가 어릴 때는 어머니와 외할아버지가 천리교를 하고 있었으니까 외할아버지에게는 창가학회 말을 못하고 있다가 제가 크니까 신심하라고 하신 거예요. 고등학교 졸업하면서 집에서 나가 1년 정도 다른 회사에서 일하다가 집으로 돌아간 때였어요. 그 전에는 외할아버지가 케미컬 일을 했으니까 저도 구두를 만드는 일을 도왔어요, 어머니는 미싱을 하셨고요. 외할아버지 집에 살고 있을 때였으니까.

제가 이 신심을 시작했을 때 외할아버지와 외할머니는 안 된다고 반대하셨어요. 하지만 그때는 이미 외할아버지 집에서 나와서 다른 집에서 어머니, 누나 저 3인 가족으로 살고 있어서 괜찮았어요. 어머니도 처음 1년은 아주 많이 반대를 했어요. 저 혼자서 하다가 그다음에 누나가 하고 나중엔 어머니도 하셨지요. 본존님을 받아서 제가 혼자서 하다가 불단을 구입해서 집에 안치했어요. 불단까지 있으니까 외할아버지, 외할머니는 화가 나서 저희 집에 오지 않으셨어요. 한 번도 오지 않으셨어요. 그래도 자연히 천리교가 안 될 것을 알았는지 저에게 천리교를 하라고는 하지 않으셨어요. 집에만 오지 않으신 거예요. 저희 식구 걱정은 항상 해주셨어요.

큰아버지 가족 중 또 다른 창가학회 회원이 있습니까?

큰아버지는 지금은 돌아가셨습니다. 그 후에 그 집은 아무도 신심을 하지 않고 있어요. 큰아버지 혼자 하시다가 딸도 했었는데 결혼하고 나서는 안 하고 그 아들들도 안 하고, 큰아버지는 열심히 했지만 큰어머니는 창가학회를 반대하셨어요.

큰아버지는 리사이클이라는 철금속 재생하는 일을 하셨어요. 리사이클, 물건들을 모아서 고쳐서 파는 거요. 지금도 하세가와상점이라는 이름으로 저의 사촌이 하고 있어요. 그러나 사촌은 창가학회 신심을 하지 않아요.

이곳 나가타에 재일한국인들이 모여 살았는데, 일본 사람으로부터 차별을 받은 경험이 있습니까?

저는 그런 경험이 없었습니다. 어릴 때는 차별이 있었을지 모르겠습니다만, 주위가 그렇지요. 일본에서 한국인이 많이 사는 곳이라 차별은 별로 못 느끼면서 살았습니다. 나가타의 특징이라고 할 수 있어요. 일본 안에도 부락4이라든가 하는 곳은 차별 의식 같은 게 아직도 있어요.

옛날엔 번지만 보면 '아, 이 사람은 부락민이다' 하고 알 수 있었는데, 여기 나가타도 번지가 있으니까 '부락민이다' 하고 알 수 있었겠죠. 그런 사람을 부락 출신이라고 하는데, 지금은 그렇게 보이게 하는 게 없어요. 숨기려고 하기도 하지요, 의식적으로. 하지만 점점 차별은 옅어지고 있어요. 한국에서는 치마저고리를 입어도 상관없지만 여기는 옛날처럼 치마저고리를 입고 다니면 차별할 수도 있겠지요. 그래서 치마저고리를 잘 입지 않는 것 같아요. 그래도 결혼이라든지 하는 문제가 있을 때는 차별이 있을 거예요. 저는 그런 게 없었지만요.

이 나라의 교육을 위해

한국 국적 때문에 선거권이 없는데 선거 때는 어떻게 하고 있습니까?

저는 선거권이 없지만 친구들이 있으니까 선거 때는 지지를 부탁합니다, 하지요. 친구들이 여기저기 있으니까 전화를 해서 부탁을 해요. 우리의 생활을 위해서도 해야 하는 거예요. 제가 학회 회원이라서 공명당을 응원하지는 않아요. 신앙은 자유니까요. 종교와 정치는 별개라고 하는 사람은 창가학회를 비난하기도 하지만 창가학회 신심 한다고 해서 꼭 공명당을 응원하는 건 아니에요.

공명당의 정책을 찬성하고 있지 않습니까?

저는 아이들이 많다 보니까 교육 문제나 복지 문제에 관심이 있어요. 큰딸이 스무 살, 둘째 딸이 열아홉 살, 그 아래로 열여섯 살, 열한 살이에요. 큰아이는 재수 중이고, 둘째 딸도 대학 준비하고 있고, 여유가 없어요. 셋째 딸은 현립고등학교에 다니고 있고 그 아래는 의무교육이라 당장은 돈이 안 들고 있지만, 식구가 여섯이니까 여러 가지로 돈이 많이 들어갑니다. 가족이 많으니까요. 그래도 보조가 있어요. 고베는 사립·현립

관계없이 보조를 하는 제도가 있어요. 그게 다 공명당의 공이에요. 교육비에 들어가는 (가구당) 비용을 낮추기 위해 공명당이 교육과 복지에 관한 일을 하고 있어요. 하지만 다른 정당들은 공명당만큼 복지나 교육에 관심을 가지고 있지 않아요.

만약에 저희가 공명당을 지지하지 않으면 일본이라는 나라가 이상하게 될 거예요. 야스쿠니 문제도 국제적으로 비판받고 있고 그것 때문에 아시아의 나라들과 관계도 나빠지고 있어서 공명당이 자민당에게 '그만두어라' 해도 말을 안 듣고 있습니다. 그래서 저는 선거권이 없어도 공명당을 응원하는 것입니다.

정치적 사건에 대한 정보는 어디서 얻고 있습니까?

공명당 신문이나 일반 매스미디어나 ≪세이쿄신문≫을 봅니다. 지방지나 중앙지를 보긴 하지만. 텔레비전도 보고 뉴스 방송을 보면서 제 판단으로 생각합니다.

대부분 일본 사람은 자기 스스로 판단을 하려 하지 않아요. 미디어가 말하는 대로 생각하는 편이에요. 만나는 사람들에게 우리 생활이 어려운 걸 누가 알아주냐, 정치에도 관심을 가지라고 하면 정치는 모르겠다고 하고 매스미디어에서 말하는 대로 좋다, 싫다 할 뿐입니다. 이 나라를 위해서 어떤 당을 지지해야 할지 생각을 하지 않아요. 저는 공명당이 하는 일을 좋아하고 있어요. 국회에서는 같은 여당 안에서도 공명당이 자민당을 견제한다고 생각하고 있어요.

솔선수범

물론 일하고 난 다음에 창가학회 활동을 하시겠습니다만, 직장 활동과 학회 활동의 시간 분배는 어떻게 하십니까?

노는 시간이 없어요, 제 집이 좌담회 장소라서 여러 활동을 하기 때문에. 모임도 집에서 대개 일주일에 한 번은 모이고, 일과 창가학회 일 중심입니다. 가정방문이 가장 많고요.

좌담회라면 집으로 회원들이 와서 모이는 것이지요? 그럴 때 이웃 사람들은 어떻게 생각합니까?

주위 사람들이 시끄럽다고 하든가 불만이 있으면 안 되지만, 그런 게 없으면 어떤 집이라도 됩니다. 저희 집은 7.5조 주택(다다미 1장은 1조. 7.5조 주택이란 다다미 7장 반 정도 면적의 주택이라는 뜻)이에요. 작긴 하지만 불단을 놓고 열심히 하고 있습니다. 이웃 사람들에게 인사도 잘하고 주의하면서 살고 있어요. 잘 사귀는 것이 매우 중요합니다. 저희 집에서는 학회 모임 할 때 소리가 밖에 안 나가도록 커튼을 치기도 합니다. 이웃들과 미리 서로 잘 사귀어두는 게 좋아요. 그래야 혹시 폐가 되었을 때라도 이해를 해주니까요. 회관도 마찬가지입니다. 회관 옆에 사는 주민들이 저희 회관 때문에 피곤해지면 안 됩니다. 회관에 오는 사람들이 있을 때 자동차 소음 등의 문제가 생기면 안 되니까 회관에서도 주민들이 불편하지 않도록 애쓰고 있어요.

지역 활동도 하십니까?

네, 합니다. 한 달에 한 번 저희 집 주변을 청소한다든가, 일요일 아침에는 주민들과 모여서 지역 활동을 하고 있어요. 지역회 회원들과 참가해서 '야경' 도는 걸 합니다. 야경은 연말쯤에 시작해서 아이들에게 조심하라고 주의를 주면서 다니는 활동입니다.

그리고 지역회에서는 마쓰리도 합니다. 그건 종교적인 문제가 아니고 문화 활동으로 참가하니까 문제없습니다. 물론 한국의 제사를 하는 것도 이상한 것이 아니죠. 한국의 제사는 민족의 문화니까요. 종교적으로 빌거나 하면 이상한 것이지만요. 전에는 한국의 제사를 종교적인 것으로 생각했지만 지금은 문화라고 생각하고 있어요.

지역 주변 사람들과 잘 지내는 것이 중요하고 지역 사람들을 위해서 일하는 것도 중요한 것이니까, 저도 마쓰리 때는 참가를 합니다. 이해가 되지요. 옛날에는 주변 사람들이 창가학회 회원이 마쓰리에 참가하면 안 된다는 분위기로 창가학회 회원들에게 종교적인 차별이 있었지만 지금은 변했습니다. 그런 점에서 사회도 변한 것이지요. 그러니까 저도 크리스마스 때는 집에 갈 때 케이크를 사 가고 하는 것이죠.

마지막으로 묻겠습니다. 통일(統一)이라는 이름은 어떻게 만들게 되었습니까?

처음엔 큰아버지가 제 이름을 만들어주셨는데 제가 마음에 안 들어서 바꾸었어요. 제가 한국의 역사를 잘 안다고 할 수는 없지만 한국의 통일은 제 희망입니다. 그래서 제 이름을 그렇게 짓고 한국이 통일되기를 기원하고 있어요.

오늘 이야기 잘 들었습니다. 고맙습니다.

---

1 나가타(長田) 구: 일본 개항에 따라 고베 제일의 노동자 주거 지역이 된 나가타 구에는 전쟁 후에도 전쟁 전의 산업이 이어졌다. 재일한국인의 다수가 신발제작산업과 음식 산업에 종사하고 있어서 나가타 구는 오사카의 이쿠노 구와 더불어 재일한국인이 가장 많이 사는 주거 지역의 하나가 되었다. 1980년 이후에는 베트남인, 인도네시아인 등이 많이 유입되었다.

2 천리교(天理教): 1838년 일본 농촌 여성 나카야마 미키(中山美伎)가 신의 계시를 받아 창립한 종교로, 오랫동안 교파신도(敎派神道)의 한 교단으로 있다가 제2차 세계대전 이후 독립했다. 천리왕명(天理王命)을 모시며 일본 나라(奈良) 현 덴리(天理) 시에 본부가 있고, 본부에 설치된 감로대(甘露臺)가 우주의 중심을 상징한다고 믿는다.

3 고베대지진(神戸大地震): 한신·아와지대지진(阪神·淡路大地震)이라고도 한다. 1995년 1월 17일 발생한 대지진으로, 재일한국인의 대표적인 거주지인 고베 시 나가타 구에 막대한 피해를 입혔다.

4 부락(部落): 에도 시대에 천민들이 거주하는 지역을 부락이라고 불렀다. 그 때문에 지금도 부락 거주자들은 자신이 살고 있는 지역을 밝히는 것을 꺼리는 경향이 있다.

9 세계 속의 지구인

호시야마 신이치(星山信一)

호시야마는 1959년생으로 일본 오사카에서 태어난 재일한국인 2세다. 현재는 고베에서 살고 있다. 어릴 적 살던 동네에 조선 사람들이 드물어 조센진이라며 놀림을 많이 받았지만 그로 인해 더욱 열심히 공부했다. 고등학교를 졸업하고 진로를 결정할 때 일본 사회에서 재일한국인으로 살기 위해서는 대학에 가기보다는 돈을 많이 벌어야겠다는 생각을 했다. 창가학회 회원이 된 것도 그 때문이다. 그러나 고베대지진 이후로 자신만을 위한 기원보다는 다른 사람들의 행복을 기원하는 신심을 가져야겠다는 생각을 갖게 되었다.

면담은 2006년 11월, 고베 나가타문화회관에서 진행했고 일본어로 대화했다.

나의 국적은 지구

부모님의 고향은 어디인지, 본인의 어린 시절은 어땠는지 궁금합니다.

제 아버지의 고향은 경상남도예요. 제 성이 '이(李)'라고 하던데 한국에서는 '이씨'가 양반이라고 들었어요. 아버지는 국민학교 6학년 때 한국에서 일본으로 왔어요. 할아버지가 한국에서 돌아가시고 나서 할머니가 아버지를 데리고 일본에 왔다고 해요. 한국의 가족 이야기는 잘 몰라요. 제 어머니는 일본에서 태어나셨어요. 이시가와(石川) 현 출신이에요. 아버지와 맞선으로 결혼하고 나서 오사카에서 사셨어요. 저는 1959년생이고 오사카에서 태어났어요.

제가 어릴 때 주변 아이들이 조센진이라면서 놀리곤 했어요. 고베의 나가타와 오사카의 이쿠노는 조선 사람이 많았지만 제가 태어난 곳은 조선 사람이 적었기 때문에 차별을 받았어요. 주위 사람들이 조센진이라고 하면 저는 공부를 열심히 했어요. 소학교 다닐 때는 선도회장도 했어요. 고등학생이 되니까 공부를 해서 대학에 가는 것보다는 부자가 되어야겠다고 생각을 바꾸었어요. 저는 학교 성적이 좋았지만 제 장래를 생각하면 공무원도 될 수 없고 좋은 일자리도 없었어요. 그래서 대학에 가지 않고 고베의 나가타에 있는 케미컬슈즈회사에 취직을 했어요.

지금은 들어갈 수 있지만 그때는 저희 같은 재일한국인은 시영(市營) 아파트에도 못 들어갔어요. 이 나라에서 살아가려면 부자가 되어야 한다고 생각했지요. 아버지가 어릴 때부터 그렇게 가르쳤어요. '반드시 돈이 있어야 한다.' 일본에 재일한국인이 하는 파친코가 많은 것도 그래서 그래요. 지금 고베 지역에 사는 재일한국인들은 차별감이 없다고 말을 하긴 하지만 다른 지역은 아직도 차별이 많이 있을지도 몰라요.

아내와 결혼을 한 후에 제 성을 '호시야마'로 바꾸었어요. 왜 호시야마로 했느냐 하면, 제가 학교 다닐 때는 모든 서류에 항상 '이'라는 성이 남아 있잖아요. 친구들과 달라서 그게 좀 부끄러웠어요. 그래서 아이들은 일본인으로 아내 밑에 두었어요. 그래서 저희 가족은 국적이 따로따로에요. 그 편이 귀화보다는 간단하니까요. 호적을 보면 저에겐 아이들이 없는 거나 마찬가지죠. 한국 사람이 보기엔 이상하겠지요? 일본인과 한국인의 의식 차이도 있으니까요.

이케다 선생님을 만나고 나서는 귀화를 좋게 생각하고 있어요. 그래서 일본 국적으로 하려고 생각하고 있었는데 이케다 선생님이 "당신의 국적은 세계인이다"라는 말씀을 해주셔서, 저도 그 후부터는 민족이나 국가에 제한을 두지 않고 제 자신을 재일한국인이 아니라 세계인이라고 생각하기로 했어요.

꿈의 변화

창가학회에는 어떻게 입신하게 되었습니까?

어머니는 무척 반대를 하셨지만 스무 살 무렵에 저 혼자 입신을 했어요. 창가학회는 뭐든지 기원하면 된다고 하니까 저도 돈을 많이 벌고 싶어서 들어왔어요. 지금은 그렇게 생각하지 않지만 입신 초기에는 돈을 잘 벌고 싶다는 기원을 많이 했어요. 그러면서도 활동은 하지 않았어요.

좌담회에 참가하고 근행하는 정도로만 했어요. 집에서 혼자 저를 위해서 비는 것만 했어요. 그래도 그때는 신앙심이 뜨거웠어요. 한국인이 다들 그렇지만 신에게 복을 비는 것은 아주 중요하잖아요. 기원하는 것을 저는 좋아했으니까요. 그러나 차츰 이케다 선생님 말씀을 공부하면서부터 모두를 위한 입장에서 살아가야겠다고 생각을 바꾸었어요. 그런데 그러는 사이에 제가 소원했던 것이 성취되고 작은 꿈들이 이루어졌습니다.

어떤 꿈을 이루셨습니까?

제가 결혼하고 고베에 와서 2년 후에 집을 샀어요. 아내는 일본 사람이에요. 고베 사람입니다. 신심 활동 중에 좌담회에서 아내를 만났는데, 신심 덕분에 생활도 가능해지고 집도 가지게 되었고 그래서 오사카에 있던 어머니와 가족을 불렀어요. 지금은 집이 두 채 있습니다.

가족도 입신했어요. 제가 입신한 3년 후에 여동생, 5년 후에 어머니, 10년 후에 아버지를 입신시켰어요. 어머니는 어렵지 않았지만, 아버지는 저보다도 아내가 절복한 셈이에요.

창가학회는 봉사활동이 최고예요. 봉사활동을 하다 보니까 점점 제 마음도 변했어요. 창가학회 활동을 하면서 제가 제 자신을 가르치는 사람이 되었어요. 회원들 속으로 들어가서 보게 되니까 전에는 저 중심으로 생각했는데, 다른 사람의 입장도 볼 수 있게 되었어요. 더 좋은 사람으로 바뀐 거예요.

10년 전엔 항상 제가 최우선이었어요. 1995년 고베대지진 이후에는 창가학회의 조직 활동을 하면서 남을 위해서도 기원을 하게 되었어요.

전에는 다른 사람을 위해서 기원해준다 하는 것은 정말 생각도 못했던 것이었어요. 기원해주다 보니까 주변 사람들을 소중하게 여기게 되었어요. 그런 걸 생각하면 제 자신이 성숙해졌다, 크게 되었다는 느낌이 들어요. 지금은 '돈이 최고'라는 생각은 없어졌어요.

바꿀 필요

입신 후 조직 안에서 맡은 일은 무엇입니까?

결혼하고 나서 반장을 하고 난 다음부터 점점 더 큰 역직을 맡았어요. 12년 전에 나가타 청년부의 책임자가 되었어요. 그 이후에는 고베에 구가 3개 있는데 그중에 나가타 구 전체의 책임자가 되었다가 지금은 장년부에서 일을 하고 있습니다. 책임자는 모임이 있을 때 가서 다른 회원들이 바르게 신심 활동을 할 수 있도록 회원을 지원하는 거에요. 그러니까 학회의 일이나 공부도 더 많이 해야 하고, 시간이 많이 들고 매일 바빴어요. 청년부 때는 일요일과 밤에도 일했습니다. 활동 시간이 많이 걸렸지만 지금은 장년부라서 전보다 시간이 안 걸리는 편이에요.

책임자는 어떤 식으로 맡게 되는 건가요? 선거를 해서 뽑습니까?

정해진 위원회가 회의를 해서 리더를 정합니다. 리더를 정하는 것은 선거 아닌 게 좋아요. 종교 단체니까, 선거를 한다면 정치적인 문제가 발생하겠죠. 선거로 고른다면 조직이 깨져버릴 수 있으니까요. 회원 90퍼센트가 거의 직장을 가지고 있는데 선거를 통해서 한다면 노는 사람들이 돈을 써가면서 선거에서 이기려고 공을 들일 수 있잖아요. 그렇게 하는 것보다는 지금처럼 위원회에서 책임자를 정하는 편이 좋다고 생각해요.

돈이 많다고 해서 리더가 되는 문제가 일어나지 않는다는 것이죠? 그러나 외부에서는 이러한 점에 대해 공명당 의원은 선거가 아닌 이케다 선생의 지명으로 선출된다고 지적하더군요. 어떻게 생각하십니까?

공명당 정치에 이케다 선생님이 관여하거나 지시하는 것은 없어요. 저널리즘은 명예회장을 지적하고 비판하고 있지만요. 전에는 서민들이 선거를 포기하는 경우가 많았어요. 그래서 정치적으로 공명당이 나온 거에요. 그러나 공명당의 정책이 모두 좋다고 할 수는 없죠. 어떤 정책은 개선해야 할 것들도 있고, 자민당과는 정치적으로 바뀌어야 할 부분도 있다고 생각해요. 그러나 창가학회는 원칙적으로 공명당에 좋은 사람을 보내야 한다고 생각하고 있어요. 아무래도 서민을 위한 사회를 만들려면 그래요. 공명당이 더 커지면 SGI 회원이 아닌 사람도 들어올 거니까 시대에 따라서 의원 선출 방법도 바뀌는 게 좋은 거죠.

제사라든지 한국의 전통문화에 대해서는 어떻게 생각하십니까?

아내는 일본인이지만 한국의 제사는 알고 있었어요. 결혼하고 나서 어머니가 하시는 걸 보고 이런 게 있구나 했어요. 하지만 제가 어릴 때 보면 어머니는 할아버지와 할머니의 제사를 지내다가 "지금 이걸 왜 해야

해!"라고 불평하기도 하셨어요. "지금도 가난한데 제사 지내다가 더 가난해진다"는 말도 하셨어요. 제사 때는 과일도 세 개나 다섯 개, 고기는 몇 개 하는 식으로 규칙이 있었던 걸로 기억해요. 고베 나가타에는 한국의 제사 음식을 만들어서 파는 곳도 많이 있으니까 거기서 사 와서 제사를 했었어요.

부모님이 돌아가시고 난 후에 제사는 선조를 존경하는 점에서 종교적이기도 하고 저희가 매일 근행을 하고 있어서 따로 하지 않기로 했어요. 하지만 명절 때는 고모가 저희 집에 오셔서 제사 형식으로 음식을 떼어내서 저희 집 옆의 개천에 던져요. 아내와 저는 본존님 앞에 어머니, 아버지 두 분 사진을 놓고 물과 밥 두 개 놓고서 절을 합니다. 제가 어릴 때 제사는 꼭 밤 12시에 한다고 들었는데 지금은 제 시간을 조절해서 자유롭게 하고 있어요.

신심 덕분

자녀는 모두 학교에 다니고 있습니까?

딸은 올해 스무 살이 되어서 오사카에서 일하고 있어요. 일본 회사인데 여행사에서 그래픽디자인을 합니다. 장남은 고3이고, 차남은 고1입니다. 사실은 장남이 양호학교[1]에 다니고 있어요. 처음에 한 살 정도까지는 잘 몰랐는데 나중에 다른 아이들과 비교해보니 그랬습니다. 아이가 영원히 장애라는 것을 확인했을 때 무척이나 괴로웠어요. 하지만 나중에 아들이 다니는 학교에 가보니까 아이들이 모두 천사였어요. 신체적으로는 좀 문제가 있지만 마음을 보면 천사라는 생각이 들었어요.

저희 아들은 장애가 아주 심하지 않아서 혼자서 할 수 있는 것들도 있어요. 저는 샐러리맨이 아니라서 일하는 시간을 조절해 학교의 부모 활동도 가끔씩 합니다. 저희 아들은 지금 고등학교 3학년 나이인데도 성격이 부드러워요, 아기 같은 표현을 하고, 그래서 그 아이 덕분에 근행도 많이 하고 생각도 많이 하고 행복한 마음으로 잘 살고 있어요. 그 아이 덕분에 신심도 열심히 하고 있어요.

오늘 이야기 잘 들었습니다. 고맙습니다.

---

1 양호(養護)학교: 장애가 있는 사람에게 적절한 교육을 베풀기 위해 설립된 특수학교.

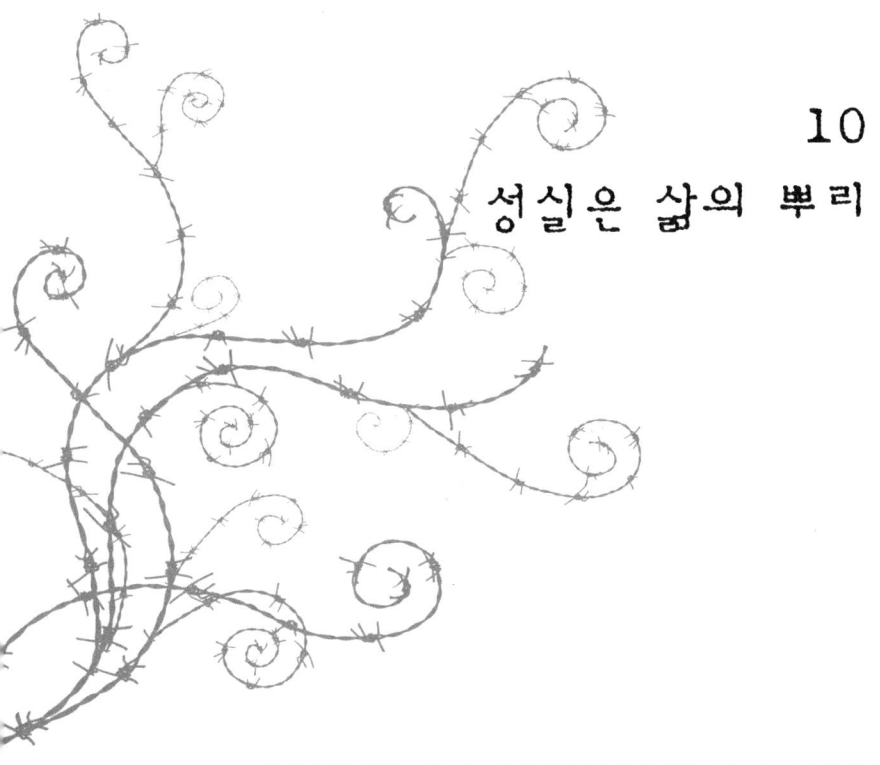

10 성실은 삶의 뿌리

가와모토 야쓰오(河本康雄)

가와모토는 재일한국인 3세다. 할아버지가 경상도에서 살다가 일본으로 건너갔지만 친척과 왕래하지 않고 살았다. 가와모토는 어릴 때 친구들로부터 조센진이라고 놀림을 받은 기억이 있으며, 현재도 일본 사회 안에 재일한국인에 대한 차별이 있다고 생각하고 있다.

몸이 아픈 어머니가 기원을 하여 자신이 태어났지만, 어릴 때는 이유 없이 창가학회를 싫어했다. 스무 살이 되어 스스로 신심에 대한 동기가 생겨 열심히 창가학회 신앙을 시작했고, 청년부 시절에는 고베 나가타 구 전체의 남자부장을 할 정도로 창가학회 조직 활동을 열심히 했다. 자신은 한국어를 못하지만 아내와 딸이 한국어를 공부하고 있다. 제사 등 한국의 풍습에 관해서는 종교적 행위라기보다 조상 숭배의 문화라고 생각하고 있다.

면담은 2006년 11월, 고베의 나가타문화회관에서 진행했고 일본어로 대화했다.

조센진 차별과 귀화

나가타에는 오래전에 재일조선인이 많이 살았었지요? 언제부터 이곳에 사셨습니까?

제 아버지의 아버지는 조선에서 태어나 여기 오셨는데 고향이 어느 지역인지는 자세히 모르겠어요. 호적에 아버지 쪽은 경상남도라고 되어 있는데 어머니의 부모님은 북조선으로 되어 있어요. 아버지 쪽에서나 어머니 쪽에서나 조선의 고향 이야기는 거의 들어보질 못했어요. 어머니가 "고향이 북조선이야" 하고 말씀하시는 걸 들은 적은 있어요. 제 부모님 모두 여기 일본에서 나고 자라서 그분들도 한국에서의 일은 잘 모르셨던 것 같아요.

부모님은 원래 야마구치(山口)에 계셨어요. 그곳도 부모님이 이야기를 해주시지 않아서 잘 모르겠어요. 2~3년 전에 저도 처음으로 가봤습니다만, 부모님은 거기서 고베의 나다(灘) 구에 가셨다가 나가타에 오셨어요. 제가 한 살인가 두 살 때라고 해요. 부모님 모두 일본에서 태어나셨으니까 저는 재일한국인 3세가 되지요.

부모님께서는 주로 무슨 일을 하셨습니까?

지금은 정년이 되어서 일을 하지 않으시지만 아버지는 전에 주류 운반도 하고 아르바이트로 이것저것 하셨어요. 고무 기계, 롤이라는 기계가 있는데 여러 가지 형태로 구두를 만들기 위해서는 기계를 합치고 분해해야 해요. 아버지는 그 구두 만드는 기계를 운반하고, 거기(거래처)에 가서 기계를 조립했다가 다시 분해해서 가지고 오는 일도 하셨어요. 어려운 일 같았어요. 도쿄에도 가고 그랬거든요. 어머니는 주로 집안일을 하셨지만 구두 만드는 일을 했어요. 저도 중학교 올라가기 전까지는 어머니와 함께 일을 했어요.

가족의 국적이 궁금합니다. 모두 귀화하셨습니까?

형제가 다섯인데 다들 따로따로 귀화했습니다. 남동생 둘이 부모님과 먼저 귀화하고, 여동생이 둘인데 하나가 (나중에) 귀화했어요. 저는 최근에 했고요. 왜 그런가 하면, 귀화는 서류라든지 여러 가지로 (심사가) 아주 엄격해요. 교통 위반이라도 한 적이 있으면 귀화하기 어렵거든요. 동생들은 그런 게 없어서 부드럽게 되었는데, 교통 위반 하나만 있어도 잘 안 되어요.

귀화를 신청하면 (허가되기까지) 1년 정도 걸려요. 저는 서류 심사만 해도 반년이 걸렸어요, 제가 쉬는 날에 호적을 번역해야 하고 부모의 호적에다가 가족 전부를 해야 하니까. 야마구치에서 서류를 받아 제출하고 나서 3개월 후에야 면접을 보았고, 허가받는 데 다시 반년이 걸렸어요. 전에는 돈도 많이 들고 그랬어요. 절차를 밟는 게 개인 혼자서는 할 수 없어서 회사에 맡기거나 했으니까요. 저는 일을 하면서 해서 시간이 더 많이 걸린 거죠.

어떤 계기로 귀화를 결심하셨습니까?

제가 어렸을 때는 (한국인에 대한 일본인의) 차별과 왕따가 심했어요. 소학교 때 학교에 호적을 낼 때 저 혼자 친구들과 서류가 달라서 그때 처음으로 제 국적이 신경이 쓰였어요. 친구가 '조센진'이라고 놀리고 여자아이들까지 함부로 지껄이곤 했거든요. 그러다 보니까 다른 반의 아이들도 저에게 조센진이라고 괴롭혔어요. 친한 친구들은 제가 조선 사람인 걸 신경 안 쓰는데 잘 모르는 애들이 놀리고 괴롭혔죠. 조센진이라는 말에는 일본 사람이 아니라는 일종의 차별 의식과 무시하는 의미가 들어 있었기 때문에 그 말 하나만으로도 차별받는 느낌이었어요. 어쨌든 여러 가지로 조선 사람을 차별하는 일이 많았으니까.

동화지구[1]와 조센진은 같은 뜻이었어요. 하지만 그런 말을 시작한 건 사실 어른이죠. 차별을 하는 것은 어른이고 어린이는 그런 차별을 하지 않지만, 어른이 아이들에게 그런 말을 하니까 자연스레 아이들이 차별하도록 가르치는 것이 되고 그 말이 그대로 널리 퍼지는 것이죠. 어른 말을 듣고, 또 그렇게 하니까 나쁜 것들이 퍼지는 겁니다. 그때 저는 저를 조센진이라고 놀리는 애들하고 싸움을 했어요. "네가 왜 그런 말을 하느냐"며 많이 싸웠습니다.

고베 지역에서 동화지구는 어디였습니까?

나가타 신사에서 내려서 동쪽이 동화지구였어요. 조선 사람이 아닌 일본인이 그쪽에 살아도 차별을 받았어요. 여기(창가학회 나가타문화회관이 있는 곳)도 부락이었어요. JR역 쪽에 한국 사무실 있는 데가 전부 부락이었어요. 저는 소학교 2학년이 될 때까지 그쪽 부락민 주택에서 살았어요.

옛날에는 차별 때문에 일본인 주택 지역에 들어가는 것이 어려워서 모여 살았겠지요? 지금은 재일한국인의 주택 사정이 어떻습니까? 과거와 같은 차별은 없는 분위기이지요?

지금도 마찬가지예요. 저는 이사하려고 부동산에 갔을 때 "한국인이니까 안 빌려줍니다" 하는 말을 들었어요. 차별은 지금도 있어요. 일본 사회에도 낡은 생각을 갖고 있는 사람들이 있으니까, 아이들이 어릴 때 집이 좁아서 이사할 때도 부동산에 가면 그랬고요. 국적은 상관없는 일인데도 그렇게 대할 때가 있습니다, 가끔은요.

여전히 일본 사회 안에는 '조센진이 싫다'는 분위기가 있어요. 재일한국인은 직업도 자기가 하고 싶은 것을 선택할 수 없었고 공무원도 될 수 없었고, 지금도 공무원은 할 수 없지요. 지역에 따라서 (한국인이 공무원으로 근무)하는 데도 있지만 국가적으로는 안 되고, 오사카에서는 된다면서 몇 번이나 텔레비전에서 이야기하는 걸 들었지만 고베에서는 한다고 들은 적이 없어요. 국가가 안 바뀌면 안 되는 거죠. 재일한국인은 선거권도 없잖아요. 제일 이상한 것은 일하고 세금은 내는데도, 재일한국인 3세나 4세가 되면 여기서 살 수밖에 없는데도 왜 그렇게 해야만 하는지. 이건 정말 아무리 생각해도 잘 모르겠어요.

열성적인 신앙 활동

창가학회에 입신하게 된 이야기를 듣고 싶습니다.

부모님의 이야기를 들은 것입니다만, 제가 태어나기 전에 어머니께서 몇 번이나 유산을 하셨다고 해요. 그래서 여러 방법으로 기원하고 했는데 잘 되지 않았대요. 그때 아버지가 주변에서 이 신앙에 대해서 이야기를 들으셨어요. 좋다는 이야기를 듣고 아버지가 처음 시작하셨어요. 본존님을 받아놓고도 어머니는 몸이 나빠서 못하시다가 아버지가 신심하시는 걸 보고 어머니도 함께하고 싶다고 생각해서 입회하셨는데 제가 바로 들어섰다고 해요. 그래서 저는 태어날 때부터 입신하게 되었습니다. 태어나서 1개월 후에 입신한 거죠. 쇼와 36년(1961년)이었어요. 그때 절에 가서 입신했다고 해요. 그건 일반적인 방법이었고요.

어머니가 유산으로 힘들어하실 때 다른 종교는 접하지 않으셨습니까?

그렇지 않으셨습니다. 제가 들은 바로는 어머니가 열여섯 살 때 조부모님이 돌아가셨다고 해요. 그래서 저는 외할아버지와 외할머니의 얼굴을 몰라요. 외할머니도 몸이 자주 아프셔서 종교를 여러 개 했지만 최후에는 기독교를 했다고 들었어요. 제 외할머니가 기독교 신자이셨어요. 하지만 어머니는 기독교를 하지 않고 이 신심을 해서 여기로 왔지요. 이 신심 덕분에 어머니는 몸이 좋아져서 제 아래로 남동생과 여동생이 태어나고 형제가 다섯 명이 되었어요.

어릴 때부터 창가학회 회원이셨는데 어떠셨습니까?

어릴 때는 정말 싫어했어요. 회합도 싫었고, 정말 안 하고 싶었어요. 뭐라고 해도 다 싫다고 반발했어요. 스무 살 때까지요. 왜 그런지 이유는 알 수 없지만 하여간 저 말고도 형제들 모두 그랬습니다. 그때 왜 싫었었냐고 물어보면 대답하기가 곤란해요. 그냥 싫었던 것 같아요.

그러다가 스무 살 무렵, 쇼와 56년(1981년)이었어요. 그때 다시 이 신심을 할 기회가 생겼습니다. 한 선배가 등산(대석사 본당에 가는 일)을 가자고 하더군요. 여행하는 기분으로 함께 갔습니다. 그때부터 왠지 모르겠지만 제 속에 신심을 잘하고 싶다는 마음이 생겨났어요. 제 자신의 약한 몸과 일에서 느끼는 괴로움을 극복하고 싶다는 생각이 들었어요. 그 후부터 열심히 했습니다.

그렇게 제가 바뀌니까 제 인생에도 좋은 기회가 오고, 지금 하고 있는 일도 계속할 수 있었어요. 일본 사회는 알게 모르게 차별이 많아요. 가끔은 '내가 왜 이런 일을 해야 하나' 하는 생각도 들고 우울해지기도 했지만 마음을 고쳐서 열심히 해보자 했죠. 신심 덕분에 열심히 살게 되었어요.

창가학회에서 맡은 직책은 무엇이고 어떤 일을 하십니까?

청년부 때는 나가타 지역 전체의 남자부장을 했어요. 남자부장은 남자부 회원들 (대상으로) 가정방문을 하고 무슨 일이 있으면 도와주고, 회원들의 고충이나 고민거리를 들어주기도 하고, 조직의 활동에 대한 관리도 합니다. 해야 하는 일이 많아서 책임자로서 활동하기가 힘들 때가 있어도 회원들의 이야기를 듣고 충고를 해주고 나면 보람이 있어요. 물론 책임자로서 활동을 하게 되면 잠을 자는 시간이 (하루 평균) 4~5시간 정도, 집에 돌아가면 새벽 2~3시가 되요. 새벽 5시에 일어나서 제목을 올리고 근행하고 아침밥을 먹고 오전 7시 좀 지나면 집에서 나와 직장에 갑니다. 퇴근해서 오후 6시에 집에 돌아가서 저녁 먹고 다시 나와요. 매일 그래요. 일하는 시간이 길기도 하지만, 일하고 난 다음에 창가학회 활동을 하니까 친구를 만날 시간은 1년에 한 번 정도예요. 일과가 많고 아이들도 아르바이트하러 가버리고 하니까 가족들도 잘 만나지 못해요. 저희 부부는 창가학회 활동도 따로 합니다. 저의 경우는 퇴근 후에 하고 부인부는 낮에 하니까요. 아내가 집에 들어오면 제가 나가고 그렇죠.

그렇게 하는 게 무리가 되지 않습니까?

물론 직장 일을 하고 있어서 피곤할 때도 있지만, 그럴 때는 제목을 올리고 나면 열심히 하자는 기분이 들고 힘이 납니다. 2000년도에 이케다 선생님을 나가타문화회관에서 뵌 적이 있어요. 그때 저도 여러 가지 지도를 받았어요. 이케다 선생님을 만나고 나니까 책임자로서 더 열심히 하게 되었어요. 그리고 회합 때 사람들 이야기 듣는 것이 즐거워요. 살아가는 이야기를 듣고 있으면 오히려 제게 힘이 됩니다. 무슨 일을 하든 열심히 하려고 생각하고 있어요. 학회 활동 덕분에 워드프로세서도 할 줄 알게 되었고 여러 분야를 공부하게 되었어요. 덕분에 직장 일에도 도움이 되고, 학회 일이 바빠도 제 삶을 위해 다행이라고 생각하고 있어요.

창가학회 회원 중 재일한국인 책임자에 대해서 반감을 드러내는 사람은 없나요?

저는 전혀, 그건 신경 쓰지 않습니다. 책임자는 신심의 선배이기 때문에 국적은 전혀 관계없습니다. 신심으로 연결되었기 때문에 리더가 재일한국인이라 해도 부원들이 신경 쓰지 않고, 국적 관계없이 열심히 하고 있으니까. 물론 회원끼리도 서로 맞지 않고 상대와 소통이 되지 않아 문제가 생길 수는 있어요. 하지만 그건 국적 문제가 아니라 사고의 차이죠. 서로 생각이 달라서 문제가 생길 때는 상담을 하고 이야기를 해서 확실히 해둡니다.

성실한 가족

학교 공부는 모두 여기 나가타에서 하셨습니까?

예, 고등학교까지 여기서 하고 가족의 경제 문제 때문에 대학을 포기했어요. 중학교 졸업 후 저녁에 야간 전문기술학교에 다녔는데 그 학교는 보통 고등학교보다 1년이 길어요. 4년제예요. 거기 졸업한 후 대학에 안 가고 회사에 들어갔어요.

회사에서 하시는 일은 무엇입니까?

올해 5월에 20년 동안 일했던 회사를 그만두고 지금은 다른 회사에서 근무하고 있습니다. 기간제로 일하고 있어요. 무슨 일이 생기면 그 일을 다할 때까지 계약을 해서 하는 거지요. 하나를 완성할 때까지 계약되어 있는 거죠. 예를 들어 집을 지을 경우, 집을 다 짓고 나면 일이 끝나는 그런 거예요. 그다음엔 다른 일로 넘어가고요.

지금 컴퓨터로 기계디자인과 설계를 하고 있어요. 설명서를 보고 그대로 만듭니다. 전체적인 일은 담당자가 따로 있어서 조절을 하기 때문에 제가 융통성을 갖고 시간을 조절하기는 어렵습니다.

아내는 어떤 분이십니까?

쇼와 61년(1986년)에 맞선으로 만나서 결혼했어요. 그때는 정말 여자를 만날 시간이 없었고 결혼해서도 집에 거의 없었어요. 저는 정말 집안일에 신경을 안 썼어요. 아이를 키울 때도요. 보통 사람이라면 그게 이해되지 않겠죠. 그렇지만 아내는 저와 함께 청년부에서 활동했기 때문에 저를 잘 이해해주었어요. 제가 하는 일을 모두 이해해줄 뿐만 아니라 아이 일도 아내가 다 해줘요. 그렇지만 보통의 여자였다면 저를 이해해주지 못했을 겁니다.

제사를 지내십니까? 가족이 함께 조상을 모시는 제사요.

아, 한국식으로 하는 제사는 하지 않습니다. 아내는 오사카 이쿠노 근처에 있는 히라노 출신인데, 처가의 고향이 제주도예요. 아내 쪽 집에서는 제사를 지내요. 저는 결혼 후 처음 처가에 갔을 때 허리를 굽히고 절을 하는 것을 보고 '이건 뭐야' 하는 기분이었어요. 아주 별다른 세계를 보는 것 같았거든요. 아내는 신심을 하고 있으면서도 친정에 가면 제사를 같이해요. 신심은 신심이고, 조상 숭배는 숭배니까요.

가족 중에 한국어를 할 수 있는 분이 계십니까?

장인은 한국어를 할 줄 아십니다. 최근에는 제 아내가 한국어 공부를 하기 시작했어요. 딸이 공부하는 것을 보면서 아내도 배우고 있는데, 아내가 한국말을 할 수 있으면 장인어른 고향인 제주도에 여행을 간다고 하기에 제가 한국말 못하면 안 보내준다고 했어요, 농담으로요.

딸은 한국말을 잘합니다. 학교에서 외국어로 한국어를 배우고 있어요. 대학에 가서도 한국어 공부를 하고 싶다고 해요. 드라마 〈겨울연가〉가 유행한 후에 집에서 가족들이 한국 드라마를 많이 보고 있어요. 일본 드라마가 재미없대요. 하지만 저는 한국어를 잘 몰라서 한국 방송 프로그램을 못 봐요. 가족이랑 함께 봐야겠다고 생각했는데 어느새 1년이 지나가 버렸어요.

구독하는 잡지나 신문은 언제 읽으십니까?

신문은 회사에 가면서 지하철에서 읽어요. 출근하는 지하철에서는 학회의 ≪세이쿄신문≫을 읽고 돌아올 때는 책을 읽고. 매월 나오는 ≪우시오(潮)≫(창가학회의 정기간행물)도 보고, 읽고 싶은 책을 열심히 읽고 있어요. 하지만 잡지는 읽지 않습니다. 신문은 뉴스가 무엇인지 포인트만 잠깐. 주로 회사에서 보지만 별로 관심이 가는 게 없어서 학회의 ≪세이쿄신문≫을 주로 읽고, 다른 신문은 읽지 않는 편이에요. 한국에서는 인터넷신문이 방송을 보듯 쉽게 되어 있다고 들었어요. 인터넷에서 신문을 볼 수 있는 건 한국이 더 좋다고 생각해요. 일본은 컴퓨터나 기계가 비싸서, 일본에서는 무엇을 하든지 모든 게 비싸요.

벌써 면담 약속한 시간이 다 되었네요.

여기는 경비 회사가 오후 6시까지 맡아서 관리하기 때문에 약속한 시간에 꼭 돌아가야 해요. 저녁에 창가학회 모임이 있을 때도 기본적으로 오후 10시 반에는 나가야 해요. 오후에 회관을 사용할 때도 회관 주변에 사는 사람들에게 주차 문제라든지 불편을 주지 말자고 해서 회원들이 회관을 쓸 수 있는 시간이나 날을 줄였어요. 그래서 더 이야기하고 싶은데 할 수 없게 되어 미안합니다.

아닙니다. 오늘 소중한 이야기 잘 들었습니다. 고맙습니다.

---

1 동화지구(同化地區): 일본 사회에서 소외·차별 계층이 많이 거주하는 지역을 가리킨다. 원래는 일본 역사 속에서 차별 대상이었던 신분의 사람들이 거주하던 피차별 부락을 가리키는 말이었으나, 현대 일본에서는 새로이 차별 대상이 된 재일한국인·아이누(홋카이도에 사는 소수민족)의 거주지와 오키나와 토착민들의 거주지를 포괄하기도 한다. 일본 정부는 이들의 복지와 인권 향상을 위한 정책을 펴고 있는데, 이를 동화정책이라고 한다.

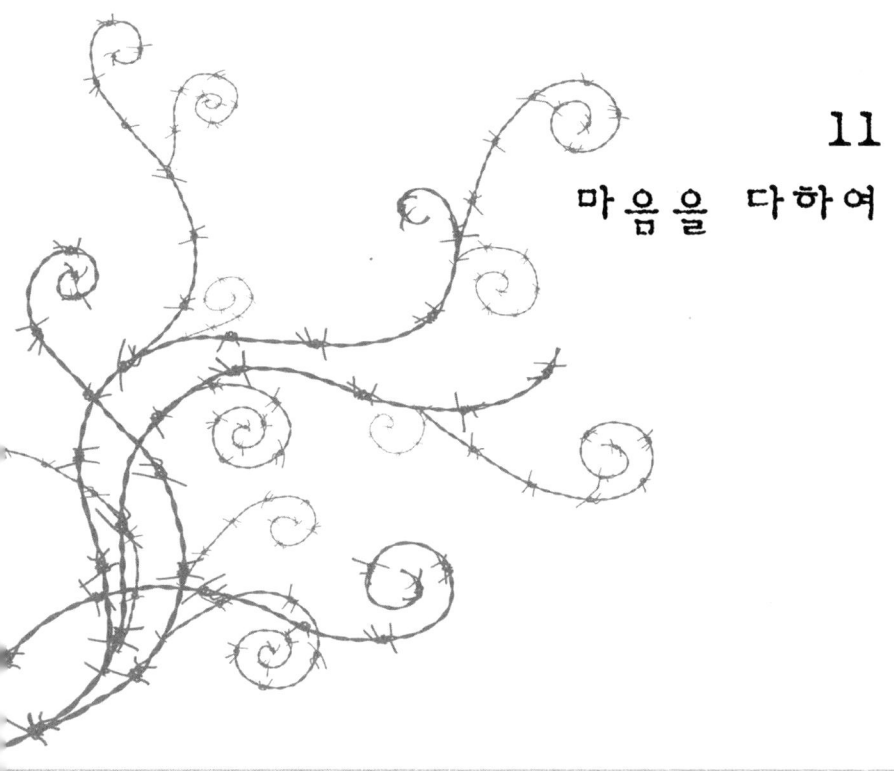

11
마음을 다하여

김민(金民) 부부

김민은 1963년 일본 도쿄에서 태어난 재일한국인 3세다. 한국에 유학해서 중앙대학교 의과대학을 졸업했고 현재 도쿄에서 의사로 일하고 있다. 아버지를 비롯해 형과 사촌들도 의학을 공부했다. 대학 시절 군부정권하의 한국에서 살면서 '반(半) 쪽발이' 소리를 들었고, 창가학회의 조직 활동도 매우 조심스럽게 해야 했다.

가족 중 일부는 귀화를 하기도 했으나 그는 한국에서 살았던 경험 때문에 귀화를 하지 않고 있으며 창가학회 내에서는 한국 이름을 쓰고 있다. 정신적인 고통을 겪고 있는 환자들을 보면서 자신의 신심을 전하고 싶을 때도 있지만, 공과 사를 철저히 구분해야 한다는 생각에 자제하고 있다. 대신 아침저녁 근행 때마다 환자들을 잘 치료해 달라고 기원하고 있다.

면담은 2009년 1월 도쿄의 창가학회 본부에서 진행했고, 대화는 한국어와 일본어를 함께 사용했다.

할아버지의 도일(渡日)과 의사 가족

언제부터 일본에서 살게 되었는지 조부모님이나 부모님 이야기를 들려주시겠습니까?

저는 1963년 일본 도쿄에서 태어났고 저희 아버지도 일본에서 태어나셨습니다. 할아버지가 일본에 왔습니다. 저희 아버지가 올해 일흔아홉입니다. 제 어머니는 열아홉 살 때 일본에 오셨으니까, 아버지는 재일한국인 2세이고 어머니는 재일한국인 1세입니다.

할아버지께서는 일본에서 무슨 일을 하셨습니까?

일본에 오시기 전에는 한국에서 농사를 하셨어요. 일본에 온 후부터는 가게를 하셨습니다. 조선에서 넘어온 사람들, 특히 노동자들 대상으로 기숙사 같은 걸 하셨다고 들었어요. 집에 몇 십 명이나 있었기 때문에 할머니는 그 사람들에게 매일 밥을 해주시고, 쇠고기나 여러 가지 고기를 파는 정육점을 하셨다고 합니다. 일본 사람은 동물의 내장을 안 먹었으니까 일본 사람에게는 고기를 팔고, 일본 사람들이 안 먹는 내장은 요리를 해서 조선에서 온 노동자들에게 팔았다고 합니다. 조선인 노동자들이 모여 사는 집이었어요.

아버지는 가와사키(川崎)에서 태어났는데 한국을 왔다 갔다 하다가 결국은 전쟁 후에 일본에 있게 되었습니다. 아버지는 태평양전쟁 후, 1955년경에 일본 쇼와대학교 의과대를 나와서 일본에서 의사 일을 계속하셨습니다.

그때 재일한국인 중에는 의사가 드물었죠?

드물었죠. 의사 면허가 있긴 했지만 일본인 의사와 외국인 의사의 면허 번호가 다릅니다. 제가 지금 5,000번 정도인데, 저희 아버지는 1,000번까지도 안 갔다고 해요. 저는 5,000번대인데 그 사이에 5,000명 이상의 외국인이 일본에서 의사가 된 거죠. 아버지는 의사로 활동을 하시면서 재일교포의사회 회장도 10년간 하셨습니다.

재일교포의사회는 어떤 단체입니까? 회원이 많습니까?

지금은 뿔뿔이 헤어졌지만 제 아버지가 회장을 하셨을 때는 잘되었습니다. 회원이 100명 이상 되고 비교적 컸습니다. 일본 전국적으로 네트워크가 있어서 한국인 의사와 북조선의 의사도 모두 함께했습니다. 아버지가 회장을 하실 때는 한국과 일본의 의사회 간 교류도 있었어요. 일본에 있는 재일교포, 한국말을 하나도 모르는 재일교포를 한국에 보내서 교육을 받게 하고 한국 의사 면허를 따게 하는 일을 계속하셔서 한국 정부에서 주는 훈장도 받으셨지만 지금 재일교포의사회는 붕괴되었습니다. 이상하게 되기 시작한 게 15년 전부터, 완전히 사라진 게 10년 전, 그런데 최근에 다시 하자는 목소리가 있습니다. 제 사촌형 둘이 모두 의사인데 그 사촌형들이 중심이 되어 새롭게 결성을 하려고 합니다.

형님은 무슨 일을 하십니까?

치과를 합니다. 시간이 없어서 아버지가 하시던 재일교포의사회 일은 하지 않습니다. 형님은 일본에서 중학교, 미국 하와이에서 고등학교를 마치고 나서 샌프란시스코에 가서 미술학과를 졸업했습니다. 다시 일본에 돌아와서는 치과의사가 되고 싶다고 해서 다시 한 번 의과대학에서 공부해 의사가 되었습니다.

조금 전에 말씀하신 훈장, 아버지께서 한국 정부로부터 받은 훈장의 이름을 아세요?

위에서 세 번째라고 하셨는데 무궁화는 아니었고, 동백장 같습니다. 옛날에 참 열성적으로 활동하셨어요. 아버지 성격이 그렇습니다. 재일교포의사회도 열심이셨지만 창가학회에서도 열심히 하셨고 공부를 좋아하셨습니다. 니치렌 대성인의 그 많은 어서를 다 읽으셨어요. 불법에 대해서는 저희 가족 중에 아버지가 가장 공부를 많이 하십니다.

아들의 병을 고칠 수 없었던 아버지

어떤 계기로 창가학회에 입신하셨습니까?

저는 형님이 입신한 후에 따라서 입신했습니다. 그때 형님이 하와이에서 유학하고 있었는데 제가 여름이 되면 하와이에 놀러 갔었어요. 가서 보니까 저희 형님이 신앙생활을 하고 있었어요. 그게 창가학회였어요. 처음에는 형님이 제목하고 근행하는 것을 보고 다른 나라에 와서 머리가 이상하게 되었다고 생각했지만 나중에는 저도 하고 싶다는 생각이 들었습니다. 일본에 돌아온 후에 제가 입신하고 나서 어머니가 입신하고 몇 년 후에는 누나도 입신했어요. 그렇지만 아버지는 절대로 안 한다고 하셨습니다.

그런데 제가 대학 1학년생이 되었을 때 갑자기 눈이 잘 안 보이게 되었어요. 병원에 갔더니 제 눈 뒤에 암이 생겼다고 수술해야 된다고 하면서 수술 경과가 좋더라도 한쪽 눈은 안 보이게 될 거라고 하더군요. 눈이 없어진다고, 혹시 더 나빠지면 암 때문에 죽을 수도 있다고 그런 진단이 내려지니까 그때 어머니랑 저랑 누나랑 지역 사람들이 제목을 했습니다. 그때 저희 집에 창가학회의 간부님이 오셨는데 열심히 하면 병이 나을 수도 있다고 제목을 열심히 하자고 하셨어요.

지금이야 그때의 상황을 간단하게 말씀드립니다만, 당시 그분은 참 깊은 말씀을 해주셨습니다. 그러면서 "몸으로부터 제목이 저절로 나오게 기원하세요. 몸속의 독을 빼내는 것처럼 열심히 제목을 하세요"라고 알려주셨어요. 그래서 제목에 매달렸습니다. 그랬는데 수술하려고 입원하고 검사했더니 제 눈 뒤에 있던 그게 아예 없어졌어요. 그 사이가 한 달인데 저희 아버지가 그동안 자기가 의사인데 할 수 있는 게 없으니까 상당히 괴로워하셨습니다. 근데 그때 암이 없어졌다는 진단을 보시고 아버지가 "아, 나도 그거 해야겠다" 하고 입신하셨어요. 그러니까 그게 1983년도예요. 그래서 아버님이 입신하고 나니까 가족이 모두 창가학회 회원이 되었어요.

한국에서는 '반(半)쪽발이'

한국말을 잘하시는데 어떻게 배우셨습니까?

한국말은 조금 하는 정도입니다. 소학교 4학년 때까지는 조선학교에 다녔어요. 아버지가 생각하시기에 조선학교에 가면 조선말을 배우니까 거기 보냈는데 김일성 교육이 너무 심해서 좀 위험하다고, 말을 배우는 게 가장 큰 목적이었는데 김일성 교육이 너무 강해서 안 된다, 그래서 조선학교를 그만두게 하고 일본학교에 보낼까 고민하셨는데 그때 일본학교는 왕따 문제가 아주 심했어요. 그래서 저를 외국인 학교에 다니게 하셨어요. 그러다가 대학은 한국에 가서 다녔습니다. 중앙대학교에 입학했어요. 서울에서 중앙대학교 의과대학을 졸업하고 돌아와서 일본에서 의사가 되었습니다.

한국에서 공부할 때 어땠습니까?

힘들었습니다. 지금은 안 그렇지만 우선 한국 음식 먹는 게 힘들었습니다. 한국에 가서 1년 후에는 김치를 좋아했지만 처음에는 김치를 못 먹었으니까요. 그때는 저도 어렸고, 한 번밖에 가보지 못한 우리나라고, 말도 서툴고, 한국 사람에게 반(半)쪽발이라는 말도 듣고, 쪽발이 말고 반쪽발이라고 많이 들었습니다. 대학에서는 누군가 갑자기 뒤에서 발로 차기도 하고 그랬어요. 그때 한국 사람들이 저를 보고 "반쪽발이야!"라고 해서 싸웠어요. 의대 안에서 굉장히 많이 싸웠습니다.

그리고 의대는 굉장히, 지금도 그렇다고 생각합니다만, 학교 들어가서 1년 후에는 한 40명이 없어져요. 1년 동안에 40명이 낙제합니다. 공부를 열심히 하면 그런 게 없어질 거라고 생각해서 공부를 열심히 했습니다. 제목도 역시 많이 했어요. 시험도 자주 봤는데 제목을 열심히 했던 덕분에 성적이 좋았습니다. 성적이 좋으니까 학생들이 저를 보는 눈이 달라진 것 같았어요. 그 후로는 반쪽발이라고 놀리는 건 없어졌어요.

한국에서 창가학회 회원들과 만나기도 하셨습니까?

그때는 후지모토 씨라는 일본분이 남편의 직장을 따라서 한국의 남산 쪽 아파트에서 살고 있었습니다. 그분이 창가학회 회원이니까 거기서 학생들 중심으로 모이곤 했습니다. 그러니까 유학생들이 모이면 밥도 해주시고 그분이 먹을 것을 많이 주셨어요.

다니던 대학교에서도 창가학회의 모임을 하셨습니까?

아닙니다. 중앙대학교에는 조직이 없었습니다. 시대가 시대였으니까 재일교포는 한국 조직 안으로 들어가지 말라고 일본창가학회에서 알려주었습니다. 간첩이 많이 있었던 시대이니까 오해를 받을 수 있어서 위험하다고 했습니다. 예를 들어 한국인이 10명 정도 있는 그룹에 재일교포가 한 사람이라도 들어 있으면 한국 정부에서 나쁘게 볼 위험성이 있다고 해서 조심하라고 했습니다.

두 개의 이름

명함이 두 개인데 모두 사용하시는 것입니까?

일본에서 소학교, 중학교, 고등학교에 다닐 때, 조센진이라고 하면서 차별을 하는 시대가 있었습니다. 저희 아버지도 의사를 할 때 '김'이라는 성을 전혀 못 쓰고 '후지사와'라는 이름을 쓰셨습니다. 저도 '후지사와'라는 이름을 갖고 있습니다. 통명이라고 하는데, 제 통명은 '후지사와'라서 '후지사와'라는 명함도 갖고 있고 '김민'이라는 명함도 갖고 있습니다. 저는 언제나 다 같이 쓰긴 하지만, 필요할 때는 양쪽을 쓰고 의사회에는 '후지사와'라는 명함을 씁니다. 특별한 의미는 없어요. 창가학회에서는 '후지사와'라고 하면 아무도 몰라서 '김민'으로 씁니다.

그러면 아버지께서는 의사로 일하실 때 '후지사와'라는 이름만 썼습니까?

저희 아버지는 병원에서 절대 자신이 한국인이라고 하는 걸 말하지 않으셨습니다. 부모님들이 자라면서 일본 사회로부터 차별을 받았기 때문에 그 의식이 없어지지 않았던 것 같습니다. 병원은 어떤 회사하고 여러 가지 계약을 하는데 그중에 '산업 재해'에 관한 계약을 할 때는 의사를 '산업의'라고 합니다. 저도 지금 그 '산업의'를 하는데, 계약을 할 때는 회사에 의사면허증을 제출해야 합니다. 그런데 저희 아버지는 '산업의'는 절대 하고 싶지 않다고 하셨습니다. 왜냐하면 의사면허증을 제출하게 되면 한국인이라는 게 알려질 것이고, 그러면 회사 쪽에서 아버지를 거절할까

봐 그걸 두려워하셨습니다. 그러나 저는 제 의사면허증을 회사에 보이면서 '그 회사가 안 하겠다고 하면 나도 안 하겠다, 아무 말도 안 하면 그냥 한다'고 생각했는데, 안 하겠다고 하는 회사는 하나도 없었어요. 그러니까 괜찮다는 뜻이죠.

저는 병원에서 한국어도 하고 일본어도 하고, 오는 환자에 따라서 다르게 말을 합니다. 저희 병원에는 외국인도 많이 옵니다. 그럼 영어로 말하고요.

만약에 아버지께서도 그러셨다면 어땠을까요? 최근에는 재일한국인 의사에 대한 인식이 많이 바뀌었습니까?

50년 전이니까 아버지 때는 잘 안 되었을지도 모르죠. 하지만 지금은 바뀌었어요. 우선 한국에서 올림픽이 있었고, 월드컵도 있었고, 일본과 한국의 사이가 좋아졌죠. 그리고 한국 드라마가 인기를 얻으면서 한국말을 배우고 싶은 사람도 많이 생겨나서, 그런 작은 것들이 조금씩 문화를 바꾸었다고 생각합니다.

귀화를 생각해본 적은 없으셨습니까?

형은 귀화를 했고 아버지와 저는 귀화하지 않았습니다. 제가 한국에 살았었으니까 제 한국 이름을 잊고 싶지 않고, 앞으로도 한국인으로서 살고 싶습니다. 문제가 없으니까요. 문제가 있다면 귀화를 생각했겠지만 지금은 문제가 없어요.

선거 운동을 할 때 재일한국인이란 점은 어떻습니까?

저는 선거 운동에서는 아무것도 하지 않고 있어요. 선거권이 없는 게 문제입니다. 저는 이해가 안 되거든요. 일본 정부에 세금도 내고, 보통 일본 사람보다 더 내고 있다고 생각하는데 선거권이 없다는 것은 이해가 되지 않습니다. 저는 한국에 가도 선거권이 없고 일본에서도 없죠. 공명당은 외국인에게 선거권을 주자는 운동을 하는데 열심히 하고 있어요. 그리고 지방에서는 작게라도 얻었어요. 선거권을 위해서 귀화를 하는 사람도 가끔 있는 것 같지만 저는 그렇게까지는 생각하지 않고 있어요.

민단 활동은 하십니까?

전혀 하지 않습니다. 연락은 오지만 가지 않아요. 그쪽엔 흥미가 없어요. 제가 민단 활동을 마지막으로 했던 건 의사회 회원으로서 고베대지진 때였어요. 그때 고베에 갔습니다. 일본어를 못하는 한국인 할머니들이 많이 다쳐서 도쿄에서 의사가 열 명 정도 모여서 함께 갔거든요. 가보니까 실제로 한국 사람이 많이 있었어요. 나가타 지역에는 한국 사람이 많이 삽니다. 하지만 그 후에는 가보지 못했어요.
　제가 민단에 연락하는 경우는 여권 관련 일밖에 없어요. 가끔씩 편지가 오는데 바비큐 파티를 한다는 (소식) 정도. 자기 사업을 위해서 그런 모임이 필요한 사람도 있겠지만 저는 비즈니스맨이 아니니까요.

의사로서 하는 일

혹시 위급한 병에 걸렸거나 치료가 어려운 환자들에게 창가학회 신심을 알려주고 싶은 마음이 들지 않으세요?

의사로서는 못합니다. 의사는 어디까지나 의사가 되어야 합니다. 전에 환자에게 이걸 해보라고 권해본 적이 있어요. 그러나 그 사람은 제 말을 듣고 나서 다시는 병원에 오지 않았어요. 또 어떤 사람은 계속 자살하고 싶다고만 하니까 그러면 안 된다는 생각이 들어서 제 방에 좀 오라고 해서 "그런 생각 하지 말고 이거 같이 해봅시다" 했는데 그때부터 오지 않았습니다. 그때부터 '이러면 안 된다, 의사는 끝까지 의사로서만 일을 해야겠다'고 생각했습니다.

일본에는 오래전부터 '창가학회는 나쁘고 무서운 종교'라는 이미지를 갖고 있는 사람이 많이 있습니다. 그러니까 제가 이 종교를 같이하자 말을 했기 때문에 그 사람은 병원에 다시 오지 않게 되었지만, 창가학회에서 보면 '다네우에다(種を植えた, '씨앗을 심는다'는 뜻)'라고 해서 '신심을 심는다'고 하는 것이 되었죠. 그것까지는 괜찮았습니다. 그러나 그 일이 있고부터는 환자를 많이 돕고 싶어도 "이 신심을 같이합시다"라는 말은 하지 않고 있습니다.

그래서 환자에게는 선거 운동도 안 합니다. 직장에서도 마찬가지입니다. 일을 하면서 포교를 하거나, 직장에서 선거 운동을 하거나 하는 것은 공사를 구분하지 못하는 것입니다. 그건 상식이에요. 모두 상식으로 알고 지켜나가고 있어요. 그때의 분위기로는 환자가 제가 하는 말을 들어주어서 '잘했구나' 하고 생각했지만 결국 그 사람이 다시 저를 만나러 오지 않고 사라졌으니까, 제 좁은 생각이었다는 걸 깨달았습니다.

좋은 것을 알려주고 싶은 마음을 자제해야 하는 겁니까?

그때 그 환자를 경험하면서 의사로서 사람 공부를 했다고 생각합니다. 그래도 매일 아침저녁에 제가 만난 환자를 잘 치료해달라고 기원하고 있어요. 의료 사고도 일어나지 않고 제 환자도 잘 낫게 해달라고 기원합니다. 새벽에 일어나서 짧지만 매일 제목을 올리고 일하러 갑니다. 진료는 오전 9시 반부터 오후 5시 반까지 하는데, 진료 받으러 오는 사람과 계속 이야기하고 사람마다 생각도 다르게 해서 대해야 하니까 사람들을 만나는 게 힘든 것 같아요.

창가학회에서는 어떤 활동을 하고 계십니까?

좌담회에 가면 '세미나'라고 하는 것이 있어요. 그것은 1년에 한 번 우리 몸에 일어나는 질병에 관한 것을 설명해주는 방식인데, 의사의 입장에서 하는 세미나가 있고 예술가의 입장에서 하는 세미나가 있습니다. 가르치고 배우는 세미나인데, 창가학회 회원이 아닌 사람도 찾아옵니다. 저는 의사이기 때문에 질환에 관한 것들이나 건강관리에 대해서 이야기를 하고 그 외 불법에 대해서도 이야기합니다. 회관에 가서 하긴 하는데 의사 이야기는 재미가 없어서 그런지 예능인들이 할 때 사람들이 더 많이 오는 것 같습니다.

아내의 이야기

김민 씨 아내분의 이야기도 듣고 싶습니다. 처음에 만났을 때 남편 되실 분이 재일한국인이라는 게 문제가 되지 않으셨습니까?

처음엔 재일한국인이라는 것을 몰랐고 사귀다가 알게 되었어요. 하지만 저희 아버지가 세계 각국을 다니셨기 때문에 자식들에게 국제적인 사람이 되라고 하셨어요. 국적에 대해서 차별을 갖지 말라고 교육하셨기 때문에 어머니도 그 문제 때문에 반대하지 않으셨습니다. 제 부모님의 생각이 국제적이었어요.

반대로 남편 쪽에서 제가 일본인이라 반대가 심하다고 들었어요. 제 친척 중에서도 국제결혼을 한 것은 제가 처음이었고, 남편도 저랑 결혼하면서 집안에서 처음으로 국제결혼을 한 사람이 되었어요.

한국의 며느리들은 제사를 힘들어합니다. 제사는 어떻게 하고 계십니까?

제사는 큰집에서 하는 것이라고 들었어요. 그런데 큰댁은 한국의 부산에 있고 이제까지 그곳에서 했는데, 큰어머니가 나이가 드시고 큰아버지도 병 때문에 못하시게 되었거든요. 그러면 저희 집의 형님이 해야 되는데 저희 형님은 하기는 하지만 최근에는 시어머님이 중심이 되는 것 같아요. 제가 시부모님 댁에 가서 시어머님과 함께 제사 준비를 해요. 할아버님, 할머님의 제사와 두 번의 명절 제사를 합니다.

제사상을 차릴 때 어떤 음식을 하십니까?

한국의 제사 요리를 합니다. 한국 생선, 조기인가요? 그 생선은 굽고, 나물 볶고, 과일 올리고, 파전 비슷한 지짐이도 하고, 무를 넣고 국을 하고, 맥주도 있어요.

일본 사람 중에는 한국 요리를 좋아하는 사람이 많아요. 저도 한국 요리를 좋아해요. 좌담회에서도 한국 요리가 붐입니다.

창가학회 활동을 하시면서 선거 운동도 함께하십니까?

전화도 하고 후보의 DVD도 보여드리고, 공명당의 사람들이 열심히 하고 있으니까, 저는 가깝게 봐서 그런지 공명당의 후보가 좋아요.

그렇다면 공명당과 연립정권을 구성한 자민당의 후보도 지지하고 계신가요?

저는 그건 안 해요. 저는 자민당에 들어가지 않았어요. 공명당과의 관계가 있어서 오해가 있을 수 있어요. 공명당이 강하지 않으면 안 되지만 연합했다고 해서 자민당과 공명당이 같다고 보는 것은 안 되어요. 다르니까요. 확실히 다르니까요. 우리가 자민당을 응원해야 한다는 건 없어요. 자민당에 들어갈 필요도 느끼지 않고요.

오늘 이야기 잘 들었습니다. 감사합니다.

12 무엇을 위하여

아라이(新井) 부부

고향이 제주도인 아라이 부부는 일본 오사카 이쿠노에 살고 있는 재일한국인 2세다. 남편인 아라이 미치타카(新井通敬)는 아버지로부터 제화자재 판매업을 가업으로 물려받았으나 일본의 경기 불황으로 직원들을 정리해고 해야 했는데, 그 일이 계기가 되어 자신의 신심을 돌아보게 되었다. 그의 아내는 사업을 하는 남편이 가정과 신앙에 소홀할 때 신앙의 힘으로 갈등을 이겨냈다.

아라이 부부는 현재 자신들의 주택을 회원들의 모임 장소(개인회관)로 제공해 이곳을 신심 공동체의 보금자리로 사용하고 있다. 부부 모두 창가학회 조직 활동을 적극적으로 하면서 주위 사람들을 돌보고 있다.

면담은 2006년 11월 아라이 부부의 자택이기도 한 창가학회 개인회관에서 진행되었으며, 아라이는 일본어로 말하고 그의 아내는 한국어로 남편의 말을 통역하며 함께 대화했다.

흩어진 가족

먼저 남편께 여쭈어보겠습니다. 언제부터 일본에서 사셨는지 가족 이야기를 해주시겠습니까?

제 아버지는 제주 4·3사건 때 일본으로 오셨습니다. 거기 있으면 죽을지도 모르니까. 아버지가 그때 열여섯 살이었어요. 할머니와 큰아버지와 고모들은 제주도에 남아 계시고 할아버지와 아버지 두 분만 왔습니다. 나중에 알게 되었지만 그때 어떤 마을은 전멸했다고 해요.

일본에 오긴 했지만 그 당시에는 한국에서 건너온 사람에겐 일이 없었지요. 아버지는 학력도 없었고 일본 사회에서 살 수 있는 상황이 아니었어요. 그렇기 때문에 친척을 찾아가서 주는 일을 받아 그것으로 생활을 하셨다고 해요. 그러다가 장사를 하셨는데, 처음엔 쓰루하시(鶴橋, 오사카에 있는 한국인 밀집 지역)에 있는 가게 바깥을 빌려서 구두를 파셨어요. 그 외에도 여러 가지 일을 하셨지만 운이 없어서 결과는 안 좋았어요.

아버지께서 그 시기에 창가학회 회원이 되신 겁니까?

아닙니다. 창가학회는 아버지가 결혼하고 나서 쇼와 32년(1957년)에 입회를 하셨지만 (삶에) 별로 변화가 없었어요. 언제나 안되었어요. 이걸 하면 될까 하고 창가학회를 하셨지만 처음부터 성실하게 신심하신 건 아니었어요.

본존님을 모시는 것도 와이셔츠 상자에 담아서 남묘호렌게쿄를 하셨는데 어느 날 아버지에게 이 신심을 소개해주셨던 선배가 찾아와서 이 신심은 열심히 해야만 돈을 잘 벌고, 돈도 모이게 되고, 생활도 좋아진다고 이야기하셨대요. 아버지는 그 말을 듣고 난 후부터 열심히 신심하기 시작하셨어요. 그때까지는 저희 식구가 같이 살지도 못했거든요. 아버지는 오사카에 혼자 사시면서 돈을 벌고 어머니와 동생과 저는 고베 나가타에 가서 살고 있었는데, 생활이 좀 나아져서야 아버지가 가족들을 오사카로 부르셨어요.

어머니는 왜 고베 나가타에서 사셨습니까?

아버지는 일본에 오신 다음 스물한 살에 결혼하셨습니다. 어머니는 나가타 출신, 원래는 제주 사람이에요. 어머니가 태어난 곳은 나가타였지만 종전(終戰)이 되니까 온 식구가 한국에 돌아갔다가 다시 일본에 왔대요. 8월 15일에 종전이 있었지요? 외가는 돈이 있었기 때문에 모두 한국에 갈 수 있었어요. 고향인 제주도에 돌아가면 잘살 수 있을 거라고 생각해서 돌아갔는데 가보니까 제주도가 아주 어수선했다고 해요. 그래서 외할머니가 '여기서는 생활을 못한다. 아이들을 키우려면 다시 일본에 돌아가야 한다'고 판단을 하셨어요. 할머니가 먼저 일본에 들어오셨고 그 후에 가족들이 한 명씩 밀항으로 일본에 왔어요.

부모님이 결혼하신 후 저희 형제들이 태어나자 매해 어려워지고 가난이 계속되었어요. 왜 그런지 어려움이 계속되었어요. 장사를 몇 년 해도 돈이 남지 않고, 집은 10평, 다다미 20조 정도의 집이었는데 형편이 너무 어려워서 식구가 같이 살 수가 없었다고 해요. 그래서 저는 소학교 1

학년 때까지 나가타의 외가에서 살았어요. 학교에 가야 할 나이가 되었을 때는 제 호적이 없어서 친척 성을 빌렸습니다. 친척 이름, '핫토리(服部)'라는 이름으로 학교에 다녔죠.

지금은 그 성이 아니지요?

가족이 오사카에 돌아온 후에 출입국관리소에 가서 저희 집 사정을 이야기했어요. "우리는 가족인데 성이 모두 다르니 어떻게 안 되겠습니까" 하고 부탁을 했어요. 오사카에서는 안 되었고, 도쿄의 법무성까지 가서야 가족이 같은 성이 되도록 바꿀 수 있었습니다. 가족의 성이 같아지게 하는 일은 제가 고등학교 2학년이 될 때까지 걸렸어요. 그 후로 저희 식구는 통명으로 '아라이'를 쓰고 있어요. 그전까지는 성이 각각이어서 동생들도 저와 다른 성으로 학교에 다녔습니다.

아버지의 애국심, 밀감밭 그리고 포교

오사카에서 가족이 함께 사시게 된 후의 생활은 어땠습니까?

제가 소학생 때부터 아버지가 ≪세이쿄신문≫을 제주도에 보냈어요. 그렇게 한 이유는 창가학회를 널리 알리기 위해서였습니다. 아버지는 애국심이 강하셨어요. 당신이 일본에서 창가학회에 입신해서 성공했기 때문에 한국 사람들의 생활을 돕기 위해서는 이 신심을 하게 해야 한다고 생각하셨어요.

1969년, 제가 고등학교 2학년 때 제주도에 처음 갔는데 그때는 제주도에 아직 창가학회 단체가 정식으로 있지 않았어요. 본존님도 없었고요. 하지만 좌담회는 하고 있어서 여러 곳에 갔습니다. 좌담회에서 제가 이야기하면 아버지가 통역을 해주셨어요. 그때 아버지는 창가학회 본부의 국제부원이셨기 때문에 본존님 10개를 받아서 그것을 한국에 가져가서 드렸어요.

아버지는 또 신심뿐만이 아니라 친척들의 생활도 도와야 했습니다. 친척들이 제주에 살고 있었기 때문에 아버지는 우선 친척들을 위해서 밀감밭 두 개를 샀습니다. 친척들이 굶고 있었기 때문에 아버지 돈으로 밀감밭을 사주고 그걸로 생활비를 벌 수 있도록 하셨지요. 친척들에게 밀감밭에서 나오는 것 중 3분의 1만 아버지에게 주고 그 나머지로는 아이들을 키우라고 하셨어요. 20년 후에 보니까 저희 형제들은 여기에 살면서 아무도 대학에 가지 않았지만 그쪽 친척들은 모두 대학에 갈 수 있었습니다. 아버지는 친척들의 생활이 나아진 다음에 그 밀감밭을 처분하셨습니다.

부모님께서 떠나온 고향에 대한 애정이 깊으셨던 것 같네요.

그렇습니다. 저희 아버지 고향이 신촌인데, 아버지가 어렸을 때는 마을에 학교가 없었기 때문에 일본의 선배들이 고향에 학교를 만들기 위해 일본에서 물건을 준비해서 보냈다고 합니다. 그분들이 지금은 모두 돌아가셨지만, 전쟁 전부터 돈을 모아서 학교를 지을 재목을 잘라 배에 실어서 보내면 제주에 남아 있던 선배들이 그걸 받았어요. 아버지도 고향에서 마을에 수도나 도로 등을 만든다고 하면 고향 마을에 돈을 보내셨어요. 자기 고향이 잘되게 하려고요. 여러 가지로 고향에 했는데, 선배들이나 아버지나 자기 욕심 없이 애국심으로 그렇게 하셨던 것인데 역사책 어디에도 그런 내용이 남아 있지 않지요?

차별과 경제력

나중에는 가정이 경제적으로 크게 어렵지 않았는데 왜 형제가 모두 대학에 가지 않으셨나요?

중학교와 고등학교를 사립학교에 다녀서 대학은 시험을 치르지 않고 들어갈 수 있는 데가 여러 곳 있었습니다. 하지만 제 결정으로 가지 않았어요. 물론 공부도 안 했지만요. 재일한국인이니까 경제적으로는 일을 하는 게 중요하다고 생각했어요. 공부를 하는 것보다는 경제적으로 내 힘을 가지자고 마음먹었습니다.

저는 일본인이 아니기 때문에 여기서 살려면 나름대로 살아갈 힘을 가져야 하죠. 여기 사는 한국 사람은 다 그런 마음이 있었어요. 지금은 적어졌지만 재일한국인들에게는 구직 차별이 강하기도 했고요. 저희 때는 (재일한국인은) 대학을 나와도 취직을 못했어요. 제 연령대의 재일한국인 2세들은 대학에 들어가지 않은 사람이 많아요. 집에 돈이 있어도 대학에 안 갔습니다. 재일한국인은 기술자나 의사나 변호사는 할 수 있었지만 그 외 일반 회사에는 들어가지 못했으니까 파친코 같은 서비스업을 하는 사람이 많았습니다.

대학에 가지 않고 무슨 일을 하셨습니까?

저는 고등학교 졸업 후에 식당에서 일했었는데 간이 나빠져서 3개월 간 입원을 했어요. 병이 낫고 퇴원하고 나서 보니까 그 사이에 집안 형편이 나빠졌어요. 아버지가 그전에는 돈을 많이 버셨는데 제가 고등학교 졸업할 즈음에는 사업이 잘되지 않았습니다. 1년 후에 남동생이 고등학교를 졸업하니까 아버지가 "우리 셋이 힘을 모아서 일을 다시 잘해보자"고 하시더군요. (그래서) 저는 음식업을 하고 싶다는 꿈을 포기했고, 동생도 대학교에 가서 교사를 하고 싶었지만 대학교에 가지 않고 함께 아버지 회사 일을 하기로 했습니다.

아버지께서 그때 무슨 일을 하셨던 거지요?

아버지가 돈을 많이 벌 수 있었던 것은 장사로 번 돈을 남을 위해 쓰셨기 때문입니다. 옛날엔 일본에서 한국 사람에게 돈을 빌려주지 않았기 때문에 한국 사람끼리 서로 빌려주고 그랬어요. 서로 도와가면서 장사를 했었습니다. 아버지는 돈을 많이 갖고 계셨기 때문에 개인적으로 잘 아는 한국 사람들에게 돈을 빌려주고 이자를 받았어요.

하지만 그 일이 잘되니까 신심을 하고 있어도 자만심이 생겼던 거죠. 그 후 일본에도 한국 은행이 나오고, 은행 생기고 난 다음부터는 저희 아버지에게 돈을 빌려간 사람이 갚지 않고 그랬어요. 돈을 안 갚는 사람들 때문에 쫓아다니느라 바쁘다 보니까 본래 일을 못하게 되었던 거죠. 하루는 '이런 걸로 돈 벌면 안 된다, 원래 하는 일을 열심히 해야 한다'는 생각이 '빵' 하고 오더랍니다. 그래서 아버지는 하던 일로 돌아왔어요. 원래 하던 사업을 잘하려고 하니까 사람이 필요했죠. 그래서 아들들에게 같이 하자고 하셨던 거예요. 일을 잘해야 되겠다는 마음은 있었기 때문에 졸업한 아들과 함께해 보면 좋겠다고 생각하신 거지요. "이 나라가 우리들에게는 외국이기 때문에 열심히 하지 않으면 안 된다, 뭐라고 해도 일본에서 살려면 일본 사람에게 신용을 얻어야 한다"고 그런 말씀을 자주 하셨어요.

모두 함께 '넘버 원'

일본 사회에서 신용을 얻기 위해서 어떻게 하셨나요?

저는 소학교 5학년 정도 때부터 근행을 시작해서 중학교 시절에는 미래부의 중등부에 들어가고, 고등학생이 되어서는 일련정종의 산에 올라갔습니다. 그때 대석사에 가서 이케다 선생님을 직접 만났어요. 중학교 대표, 고등학교 대표, 대학부 대표들이 그룹으로 만나는 회합이었는데 그때 선생님을 만나보고 훌륭한 선생님이라고 감격했어요.

고등학교 졸업 후 아버지의 일을 할 때 아라이 상점은 아주 작은 회사였습니다. 하지만 저는 꿈이 있었어요. '적어도 이쿠노 안에서라도 일등회사를 만들고 싶다, 존재감이 있는 회사를 만들고 싶다'고 생각했습니다. 그때 창가학회의 선배를 만나 이야기를 하게 되었어요. "우리 회사는 정말 이만큼밖에 안 되는 작은 회사다. 직원이라고 해도 아버지와 우리 형제 세 명이다. 내 희망은 큰 회사를 만들고 싶은 건데 어떻게 하면 좋으냐?"라고 의논을 했어요. 그 선배가 "이 시장에 없는 특별한 제품을 생각하세요" 하고 지도를 해주었습니다. 그래서 그 지도를 생각하면서 열심히 기원을 하고 특별한 제품은 어떤 걸까 열심히 생각을 하다 보니까 아이디어가 떠오르더군요. 굽 높은 신발, 앞도 높고 뒤도 높은 제품이었는데 이름을 '넘버 원(No. 1)'이라고 했어요. 그런 형태의 구두는 다른 회사에는 없는 제품이었습니다. 그것을 아라이 상점의 특허로 만들고 일본 전국에 팔 수 있었습니다. 그것이 크게 유행했어요. 5년마다 다시 새롭게 독특한 제품을 만들었기 때문에 아라이 상점에 가면 특별한 제품이 있다고 소문이 나서 명성이 쌓였습니다.

하지만 1980년대에 이쿠노에서는 샌들밖에 만들 수 없었어요. 기술이 없었으니까 구두를 만들지 못했어요. 나가타에는 구두 만드는 기술자가 있었습니다만 이쿠노의 시장에는 그런 기술자가 없었습니다. 이쿠노에서는 샌들을 만들면서 생활하는 사람이 워낙 많았기 때문에 '이 일을 발전시켜야 한다. 그런데 앞으로는 샌들만 하면 경쟁력이 없을 것이다. 지금부터는 변화가 있어야 한다' 해서 독일에서 구두 만드는 기술자를 이쿠노에 초대했어요. 디자인, 메이커, 재료 만드는 법, 합성가죽을 판매하는 분들 여러 사람이 협력해서 (독일의 기술자를) 초대했지요.

그 시기에 저도 전문적인 공부를 했습니다. 1980년부터 2~3년간 구두 만드는 기술을 공부해서 이쿠노에서도 구두를 만들 수 있는 메이커(제작자)가 나왔습니다. 저희 회사는 구두 재료를 만드는 데서 구두 판매까지 하게 되었죠. 회사 이익만 생각하면 여러 사람과 함께 공부할 필요는 없었습니다만, 그러나 창가학회에서 활동하고 있었기 때문에 '나만 좋으면 된다'는 의식은 없었습니다. 디자인은 이탈리아, 기술은 독일, 제작은 일본이 한다는 생각으로 그런 모임을 만들어 이쿠노 시장에서도 구두도 만들고 샌들도 만들 수 있는 기술을 갖게 되었습니다. 그게 제가 스물여덟 살 때의 일입니다. 그렇게 되니까 신심을 열심히 하면 원하는 것이 이루어진다는 것을 확실히 알 수 있었습니다.

숨어 사는 가족

이제부터는 아내분께 여쭈어보겠습니다. 친정의 가족은 어떻게 일본에 오시게 되었나요, 생활은 힘들지 않으셨습니까?

제 친정이요? 저희 부모님은 제주에서 결혼하셨고, 어머니는 스물여덟 살 되었을 때 일본에 들어오셨습니다. 아버지는 그전에, 스물두 살 때 들어오셨다고 합니다. 어머니는 5~6년 후에 들어온 것입니다. 왜냐하면 한국에서 결혼을 하긴 했지만 저희 고모가 아버지에게 "너는 여기에 있으면 안 된다, 너는 일본에 들어가라"고 하셔서 아버지를 몰래, 온 가족의 비밀로 하고 일본에 보냈다는 것입니다. 제주도에 4·3사건이 있을 때였습니다.

아버지는 일본, 어머니는 한국에 계시다가 부부가 이렇게 있으면 안 된다고 해서 5년 후에 어머니가 비밀리에 일본에 들어오셨습니다. 그러나 아버지나 어머니가 일본에 오긴 하셨지만 일본에서 살 수 있는 등록(외국인 등록증)이 없었지요. 등록 없이 비밀로 왔기 때문에, 알면 잡아가니까 고생을 많이 하셨습니다. 전쟁 후에는 그런 사람이 많았어요. 그러나 등록을 구하는 방법이 또 비밀리에 있어서 그 방법으로 살았습니다.

비밀로.

그것은 뭐냐 하면 등록을 바꾸는 것입니다. 일본에서 살고 싶지 않다며 한국에 돌아가겠다는 사람이 있었습니다. 그 사람의 등록을 아버지가 받고 사람을 바꾸었습니다. 그 사람이 한국으로 돌아가면서 남겨놓은 등록을 아버지가 받아서 '야마모토(山本)'라고 해서 살았지만 그것은 다른 사람의 이름이었지요.

게다가 어머니가 병에 걸렸어요. 저희가 4형제인데 저는 장녀이고 남동생하고 여동생이 둘 있어요. 막내가 태어나서 6개월 되었을 때 어머니가 결핵에 걸려 입원하셨습니다. 저희 아버지는 혼자 일본에 들어오셨기 때문에 친척이 없었고 어린아이들만 있으니까 누가 도와줄 사람이 없잖아요. 병에 걸린 어머니는 멀리 있는 병원에 가야 했기 때문에 저희가 갈 데가 없어 아버지는 동생 둘을 시설에 맡겼습니다. 가족이 모두 따로따로 떨어져 살았어요. 어머니는 병원, 동생 둘은 시설, 그 생활이 5년간 이어졌습니다.

그 후 제가 (소학교) 5학년이 되었을 때 어머니가 퇴원하시고 나서 여섯 식구가 한집에 살게 되었습니다. 여동생들은 시설에서 오래 살았기 때문에 집으로 돌아와서도 엄마에게 정이 없었어요. 아버지는 저희 아버지가 맞지만 어머니는 아니라고 하면서, 모르는 사람이 집에 온 것 같다고 어머니를 싫어했어요. 어머니는 6년간 병원 생활 하시고 병이 낫긴 했지만 동생들과는 사이가 좋지 않았어요. 같이 생활을 하다 보니까 나중에는 좋아졌지만 막내 동생은 클 때까지 어머니와 맞지 않았어요. 사춘기가 되어 반항기가 되니까 서로 고생 많이 했습니다.

제가 고등학교 때 부모님이 '아이들 장래를 생각하면 이건 안 되겠다'

해서 부모님도 출입국관리소에 신청을 해서 외국인 등록증을 새로 받았어요. 그때까지처럼 '야마모토'였지만 정식으로 새 등록증을 받은 것입니다. 그때까지 저희 아버지는 한국에 친척도 있고 부모님도 있고 집도 거기에 있으니까 고향에 돌아가고 싶어 하셨지만, 나중에는 일본에 있어야 한다고 생각하셨지요. 자식들을 위해서 일본에서 살아야 한다고 생각하시고 등록을 만들었던 것입니다.

아버지는 한국으로 돌아갈 것이라 생각하셨기 때문에 저를 조선학교에 다니게 하셨습니다. 이해가 됩니까? 일본 소학교에 다녔는데 중학교 때는 한국말을 배우라면서 조선학교에 가라고 했습니다. "자기 말을 배우지 않으면 안 된다"고 하셨어요. 저는 매일 울었습니다. 가기 싫어서요. 아버지가 애국심이 많으셔서 저를 가기 싫은 조선학교에 가도록 했습니다.

그러나 제가 고등학교 2학년 올라갈 때, 부모님이 정식으로 등록을 하기로 결정해서 출입국관리소에 가니까 거기서 "조선학교에 다니면 안 됩니다"라고 했습니다. 그때 일본은 북조선과 교류가 잘되지 않았지요. 그렇기 때문에 "일본에서 살 거라면 학교를 바꾸어주세요" 하고 출입국관리소에서 이야기를 했습니다. "학교를 바꾸면 등록을 해주겠다"고 했어요. 그것이 조건이었어요. '건국학교'로, 한국계 학교로 바꾸라고요. 한국학교에 갔더니 그 학교에 다니려면 다시 1학년으로 입학해 들어오라고 해서 저는 아예 고등학교를 그만둬 버렸어요.

왜냐하면 제 남동생이 1학년이었는데 머리가 좋았습니다. 저는 머리가 조금 나빴기 때문에 그 학교에 동생과 같이 다니기 싫었습니다. 그래서 저는 조선학교에서 나와서 한국계 고등학교에 들어가지 않았습니다.

그러니까 부모님이 불쌍하다고 어디에라도 다니라고 해서 경리 전문학교에 들어가게 되었습니다. 고등학교 2년 남은 것을 전문학교로 옮겨 다녔습니다. 대학을 나와도 직업이 없었거든요. 전문학교 다닐 때 일본인 선생님이 많이 예뻐해 주시고 해서 제약회사도 소개받았는데, 이력서를 보고는 한국 사람이니까 안 된다고 했습니다. 지금은 그때 전문학교에서 배운 게 있어서 남편 회사에서 경리 일을 맡아서 하고 있습니다.

시집가는 조건

남편은 어떻게 만나셨습니까?

친구의 소개로 만났습니다. 지금은 없어졌지만 창가학회 간사이문화회관에 간사이 어학센터가 있었는데 거기 다니던 제 친구가 소개해주었습니다. 그때 저는 창가학회 회원이 아니었는데 결혼하는 조건이 창가학회 입신이었습니다. 소개를 받았을 때 아라이 상점은 장사가 잘되고 있었습니다. 그래서 아라이 상점은 이쿠노에서 아주 유명했습니다. 또 하나 유명한 것이 "아라이 상점은 창가학회다" 하는 거였습니다. 그래서 저희 가족은 결혼을 반대했습니다. 저희 아버지가 특히 반대를 하셨어요.

제가 아버지에게 "남자를 소개 받았다" 하니까, 아버지가 "누구냐" 물으셨습니다. "아라이 상점의 아들을 아시느냐" 하니까, 아버지가 "안 된다"고 하셨습니다. 친척 모두 "아라이 상점의 그 사람을 안다"고 하면서 "그 집은 창가학회다"라고 하니까 더 싫어하셨죠. 왜냐하면 저희 아버지가 애국심이 많으셔서, 아라이 상점 주인은 한국 사람인데 왜 일본 종교인 창가학회를 하느냐고 마음에 안 들어 하셨습니다. 반대한 또 다른 이유는 지금은 남편 몸에 살이 불었지만, 그때는 마르고 기침을 아주 많이 하고 하니까 결핵 환자라고 생각하시고는 "그 남자는 안 된다" 하셨어요. 어머니가 결핵에 걸려서 고생하시던 걸 봐왔기 때문에 아픈 남자는 안 된다고 6개월 동안 반대하셨습니다. 아버지는 계속 반대하셨지만 어머니는 그렇지 않았습니다. 왜 반대하지 않으셨느냐 하면, 창가학회를 하는 사람을 알고 있었는데 성공한 사람도 많이 봤기 때문에 나쁜 것만은 아니라고 하셨습니다.

저희 아버지는 한국 사람은 제사도 하고 한국 종교를 가져야 한다고 하면서, 아무리 일본 나라에 살지만 한국 사람이 일본 종교를 믿으면 안 된다고 하셨습니다. 그러나 제가 친척들이 모두 모였을 때 "아라이 상점은 창가학회 회원이어도 제사는 하고 있는 것 같다. 창가학회라도 이상한 거 없다" 하면서 교제할 때 느낀 것을 말씀드렸습니다. 그러다가 남편이 저희 집에 찾아와서 아버지에게 질문을 했습니다. "결혼하고 싶습니다. 제가 어떻습니까?"라고요. 아버지가 제게 "너는 어떠냐" 하고 물으셔서 "이 사람과 결혼하고 싶습니다" 하니까, 아버지가 "할 수 없구나" 하셨습니다. 그런데 그때 조건이 하나 있었습니다.

제가 창가학회에 입신한 것을 알고 있으니까 아버지가 "친정집에는 창가학회 가져오지 마라, 절대 가져오지 마라" 하는 조건을 걸었습니다. 결혼한 후 아버지는 저희 집에 한 번도 오지 않으셨습니다. 본존님이 있었으니까, 10년 정도, 15년 정도 안 오셨습니다. 어머니만 오시고, 저희 집에 아버지는 안 들어오셨어요. 저희가 가는 것은 괜찮고, 아버지는 오시지 않았습니다. 하지만 나중에는 오셨습니다. 동생이 고생할 때 (제가 창가학회에) 입신시켰기 때문에 그 후에 동생 모습을 봐가지고 들어오셨습니다.

동생의 입신

동생분이 어떤 고생을 하셨습니까?

우울병이라고. 제 동생이 기술자였거든요. 수도 토목설계를 하는 것이었지만 그 병으로 회사에 나가지 못할 때도 있었고 해서 저희 부모님도 동생을 보면서 마음고생을 하셨습니다.

결혼하실 때 아버지의 조건이 있었는데, 동생에게 창가학회를 권유하시는 것은 괜찮았습니까?

제가 동생을 입신시킬 때 아버지는 저에게 "너는 자식이 아니다. 다른 사람이다. 창가학회는 우리 집에 들이지 말라고 약속하지 않았느냐? 그런데 왜 동생을, 아들 하나 있는 거, 제일 귀한 아들을 입신시켰냐?"고 약속을 지키지 않았다면서 야단을 치시고 난리가 났습니다. 그래서 제가 아버지께 말씀드렸습니다. "결과가 나오니까, 지금 욕하고 계시지만 가만히 봐주세요. 반드시 결과가 나오니까 가만히 있어주세요. 동생 병을 고치려는 것인데 할 수 없잖아요. 봐주세요" 했습니다.

동생 부부가 함께 입신했습니다. 그때 병이 난 상태여서 동생은 하고 싶어 하지 않았지만 동생 부인이 열심히 했습니다. 아이도 태어나 있었고, 이 병이 어려운 병이기 때문에 가족 모두 신경 썼지요. 병원은 다니고 있었지만 어떻게 해야 할지 몰랐습니다.

저희 부부는 매일 아침 7시에 집에서 나가서 동생 부부 뒤에서 제목을 올리면서 근행을 같이했습니다. 동생은 조금씩 좋아졌습니다. 동생의 병은 완전히 나은 것은 아니지만, 그래도 동생은 다니던 회사에서 독립해서 지금은 자기 회사를 만들었어요. 그러니까 하고 싶을 때는 일을 하고, 일 하고 싶지 않을 때는 집에 있어도 되죠. 자기 혼자서 일을 했기 때문에 오히려 그게 성공해서 그 결과 집을 새로 지을 수 있었습니다. 그것이 이 신심의 결과였거든요.

아버지가 화를 많이 내셨지만 아들이 병도 낫고 집도 지었고 결과가 좋아졌기 때문에 나중에는 아무 말씀도 못하셨지요. 그 후로 반대하지 않으셨습니다. 결과가 나왔으니까.

의심과 확신

창가학회 입신 후 신혼 생활은 어땠습니까?

저는 결혼해서 일하면서 신심을 했습니다. 결혼 당시에 시부모님은 다른 집으로 가시고, 사시던 집은 젊은 우리들에게 살라고 하셔서 저희 부부는 거기서 신혼 생활을 시작했습니다. 작은 집이지만 좌담회라든지 회합을 하는 집이었습니다. 매일 집에서 회합을 하고 있었지만 저는 특별한 책임은 없었지요. 저는 그때 1층이 회사의 사무실이어서 낮에는 경리 일도 하고 있었습니다. 아침 9시부터 오후 4시 반까지 일을 했습니다. 그러니까 낮에는 1층에서 일하고, 밤에는 2층에서 아이들 키우느라 매일 바빴습니다. 남편은 없는데 집에는 여러 사람이 오지요. 저는 책임자가 아닌데도 저희 집이 회합하는 곳이라 항상 집에 있어야 했습니다. 집에 매일 있었습니다. 집에 찾아온 사람을 제가 문 열어가지고 들어오게 했습니다. 남편은 일을 해야 한다고 하루 종일 집에 없고 바깥일만 하고 하니까, '나 혼자만 이렇게 해도 되는 건가, 이것이 내가 희망한 결혼 생활인가' 하고 의심이 생겼습니다.

특히 어떤 의심이 들었습니까?

아이가 어릴 때 집안일도 해야 하고, 회사 일도 해야 하고, 아이도 키워야 하고, 남편은 집에 없고, 신심도 해야 하고 시간이 없었지요. 개인적인 시간이 없고 스트레스가 많아져서 '이런 것이 내가 희망한 행복한 생활인가, 신심을 하면 내가 희망하는 행복한 생활이 된다고 했는데 이것은 행복이 아니다' 하는 의심이었습니다. 그것이 제가 희망했던 행복이 아닌데 10년간 열심히 했습니다만, 저는 행복하다고 느껴지지 않았습니다.

남편분이 어떻게 하셨습니까?

자기는 힘이 있다고 느끼면서 가족을 돌보지 않고 가정은 걱정하지 않아도 된다는 생각으로 남편은 사회 활동만 했습니다. 창가학회 신심 활동보다도 여러 청년회와 교류하는 일을 하러 다녔습니다. 지금은 존재하지 않지만 재일제주청년회 회장을 할 때는 한 달에 돈을 100만 엔 정도

를 썼습니다. 남편이 한국인 기질이 있어서 남들하고 와리깡(割り勘, 돈을 나누어 내는 것)할 때도 자기가 더 많이 내고, 매일 다른 사람하고 만나니까 회장이 돈을 내야 한다고 생각했지요. 부회장일 때도 와리깡을 하게 되면 1인당 5,000엔 해도 남편은 1만 엔, 2만 엔 냈는데 회장할 때는 더 많이 3만 엔, 5만 엔을 냈습니다. 저녁에 활동할 때는 돈이 많이 들어갑니다. 가정 돈, 회사 돈, 제가 모르는 상태에서 돈이 다 나가 버렸습니다. 남자들이 사교한다면서 술도 마시고, 놀러도 가고, 골프도 하지요. 그게 재미있어서 신심을 하지 않고 가정도 돌보지 않았습니다.

　사회 활동할 때는 (남편이) 좋은 일도 많이 했습니다만, 돈도 많이 쓰고 시간도 많이 쓰고 술을 마시니까 몸도 나빠지고요. 그래서 저는 '왜 내가 이 사람하고 결혼했을까' 하고 고민이 되었습니다. 그러니까 친구들 가정이 이혼할 위기를 겪는 것처럼 저희 가정도 위험해졌습니다. 남자가 바깥으로만 나가니까 여자 혼자서 가정을 지키는 것도 곤란하지요. 남자는 명예만을 위해서 돈을 쓰니까, 그런 인생은 자기 식대로 다 하고 마음 내키는 대로 하기 때문에 후회는 없겠지요. 하지만 명예는 잠깐이고 나중에는 아무것도 남는 게 없었어요. 그 시기에 머리를 깨우쳐야 했습니다. 자만심이었다고 느끼고 열심히 해야 하는데 남편은 노력을 하지 않고 좋은 시기만 보냈습니다.

그러한 가정의 위기를 어떻게 이겨내셨습니까?

　그래서 간부님에게 여쭈어봤습니다. 그랬더니 저를 지도해주시는 간부님이 "남자가 밖에서 열심히 일하도록 도와주는 게 여성의 할 일이다.

여성이 해야 할 일을 열심히 해주면 가족이 편하다. 그러니까 남성이 하는 일이 있고 여성이 하는 일이 있고, 또 남편이 해야 하는 일도 부인이 할 수 있을 때 하다 보면 좋은 시기가 온다. 열심히 노력하라"고 말씀해주셨습니다. 그 말을 듣고 언젠가 좋은 시기가 온다는 희망을 가지고 저는 열심히 살았습니다. 제가 공부를 잘 못했으니까 이케다 선생님의 연설을 들어도 모르는 것도 있지요. 그러면 간부님들에게 여쭈어보면 여러 가지 지도를 해주셨습니다.

저를 지도해주신 분은 부인부장이었는데 "인생은 여러 가지예요. 복이 있는 사람도 있고 복이 없는 사람도 있고, 사람에 따라 느끼는 것도 다르고 인생도 모두 다르잖아요. 당신은 신심을 열심히 했다 해도 10년간이지요? 나는 40년간 해왔어요. 40년간 중에서도 여러 가지 문제가 생겨요. 그때마다 창가학회 신심을 열심히 해왔어요. 이제 와서야 편안하게 살게 되었어요. 당신은 인간 혁명의 도중이지요? 이것이 끝이 아니에요. 더 조금 열심히 하세요, 10년 더 열심히 해보세요. 그러면 반드시 결과가 나옵니다. 시간도 필요하고, 돈도 더 필요합니다"라고 말씀해주었습니다. "앞으로 10년 더 열심히 하면 그런 생활이 됩니다"라고 하셨거든요. 그 지도를 믿고 "열심히 해보겠습니다" 했는데 20년 되니까 그렇게 되었습니다. 집도 넓어지고 아이들도 대학에 들어가고 돈도 더 많아지고 그때보다 월급이 2~3배나 올랐습니다.

경기 불황과 리더십

다시 남편분께 여쭈어보겠습니다. 아버지께서 하시던 사업을 이어받으신 거지요?

회사가 잘되어서 동생은 60평짜리 4층 집을 짓고 저희는 100평짜리 집을 구입할 수가 있었습니다. 재일제주청년회 일도 계속하고 있었는데 버블(bubble)이 생겼어요. 인생에는 좋은 일과 나쁜 일이 같이 오는 것인데, 그 시기에는 신심을 열심히 하지 않아도 좋은 일만 있었습니다. 그러나 버블경제 때 저희 회사에도 큰 빚이 생겼습니다. 판매는 그대로였지만 다른 것들은 주식이나 부동산이니까 점점 내려갔어요. 빚이 없는 회사였는데 빚이 많아졌습니다. 판매는 시대에 따라 변화가 있었고, 6~7년 전부터 점점 내려가고 있었어요. 경기가 나빠져서 저희 회사도 정리해고를 했습니다. 그래도 계속 떨어지고 있었지요. 그다음엔 어떻게 해야 할까 고민하다가 지금까지 하던 일 말고 다르게 해야 한다는 생각이 들어서 지금은 다른 일도 하고 있습니다. 전에는 한국에서 구두의 부품을 만들고 일본에서 판매하는 무역을 했지만, 이제는 중국에서 완제품을 받아서 무역을 하고 있습니다.

11년 전에 고베대지진이 있었지요. 일본은 그 후로 점점 (경기가) 나빠졌어요. 왜 이렇게 나빠질까 어디까지 떨어질까 하고 봤는데 3년 동안 떨어지기만 했습니다. 제가 사장이니까 경기가 나빠지면 그 원인과 방법을 찾아야 하는데 어디까지 떨어질까 하면서 3년간 보기만 했습니다. 보니까 계속 떨어지기만 했습니다. 그때 저는 지도자의 능력이 중요하다고 생각했습니다.

4년 전에 정리해고할 때, 제 평생 가장 괴로웠습니다. 울기도 했어요. 그래서 본존님에게 기원하면서 어떻게 하냐고 열심히 물어보았더니 그게 리더십이 나빴기 때문에 이렇게 되었다고 대답처럼 생각이 떠올랐습니다. 해고한 젊은 직원들에게 정말 미안했습니다. '회사가 기울어지는 것을 그냥 두면 안 된다, 회사를 지켜야 한다'고, '그러려면 내가 힘을 내야 한다'고 하면서 그렇게 할 수 있도록 본존님께 기원하다 보니 제 힘이 없어지면 다른 사람도 힘들어질 거라는 생각도 들어서 직원들에 대한 책임감도 생겼습니다. 자기 힘을 가지고, 자기 복을 가지고 리더십을 가져야 한다는 생각이 들어서 일을 잘하려면 창가학회 활동도 잘해야 한다고 마음을 바꾸었습니다. 이케다 선생님의 지도에도 "자기 마음에 확실한 힘을 가져야 한다"는 게 있습니다. 용기도 필요하고 힘도 필요하기 때문에 지금까지 하던 식으로는 안 된다는 생각이 들었습니다.

이케다 회장의 말씀 중에 특히 마음에 두고 있는 것이 있습니까?

이케다 선생님의 연설 중에 있습니다. 그 하나가 '무엇을 위해서'라는 것입니다. (간직해두었던 신문을 꺼내 읽으며) "무엇을 위해서, 원점을 잊지 마라. 사람을 사랑하고 배려하는 마음을 소중히." 그러니까 저는 무엇을 위해 장사를 하고, 무엇을 위해 공부를 해야 하는지 생각하게 되었습니다. '무엇을 위해서'라는 말이 중요했습니다. 이것은 1977년 신문인데 지금까지 가지고 있습니다. 저희의 보물입니다.

이것을 지금까지 가지고 계신 마음이 훌륭합니다. 그 외에 다른 분들께 소개하고 싶으신 게 있다면 무엇입니까?

이케다 선생님의 책인 『인간혁명』과 『신인간혁명』입니다. 어서는 니치렌 대성인의 말씀이지만 『인간혁명』은 현대의 지침입니다. 창가학회의 기본서입니다. 거기에 여러 가지 지도가 들어 있습니다. 창가학회의 가장 기본 책은 어서이지만, 그 어서를 현대적으로 다양하게 만든 것이 이케다 명예회장의 『인간혁명』입니다. 말하자면 이케다 선생님의 지도라고 할까, 이케다 선생님의 발견이라고 할까. 선생님이 쓰신 다양한 책들이 모두 어서에서 나온 것입니다. 인간 혁명은 사람을 바꾸는 것이지만 그 전에 세계의 숙명을 전환해야 한다, 그래서 인간 혁명은 사회를 위해서 하는 것이 됩니다. '무엇을 위해서'라는 것도 자기를 위해서 하는 것도 있지만, 그것보다는 세계의 행복을 위한 가치관과 인생관을 가지라는 것입니다.

이번에 『신인간혁명』 16번째 책이 나왔죠? 광고지가 전철 안에도 붙어 있고 신문에도 나오고 책방에도 전시되고 있던데, 책이 많은 사람에게 알려지는 것을 보면 어떠세요? 두 분의 생각이 궁금합니다.

(남편) 시대가 변했다는 생각이 듭니다. 기쁩니다.

(아내) 일본은 자그마한 나라이기 때문에 좋은 것을 좋다고 말하지 않지요. 한국 사람은 확실하게 이야기하지만 일본 사람은 확실하게 이야기하지 않아서 오해를 많이 하게 됩니다. 듣는 사람의 느낌으로 여러 가지 생각을 해야 합니다. 그러나 일본 사회는 창가학회를 좋게 느끼지 않습니다. 이케다 선생님을 독재자와 같이 느끼고 있습니다. 그러나 지금은

세계 여러 선생님들이 존경하는 마음을 갖고 있기 때문에 일본 사람들의 인식이 바뀌었습니다.

제가 제 동생을 입신시켰다고 했지요? 제 동생이 창가학회는 공산당과 같다고, 제 동생이 북한 교육을 싫어했어요. 제가 창가학회 이야기를 할 때 김일성하고 이케다 선생님하고 같게 느껴진다면서 창가학회를 싫어한다고 했습니다. 그런 사람들이 지금도 있습니다. 그러나 몇 번이나 대화를 하면서 그것이 아니라는 걸 이해시켰습니다. 이케다 선생님이 200번째 명예박사 (학위를) 받은 것도 창가학회가 부자니까 돈을 기부해서 그렇다고 이야기하지요. 저희는 지인들에게 그게 아니라고 말하고 있어요. 하지만 이제는 일본 사회에서 창가학회에 대한 인식이 좋아지고 있어서 기쁩니다.

(남편) 그것은 지금 생각해보면 권력자나 정치가, 일본의 리더들이 사람들에게 창가학회에 대해서 거짓말을 했기 때문입니다. 긴 시간 동안 잡지사가 나쁜 내용만 쓰고 잡지를 팔았기 때문에 일본인이라면 정말이구나 하고 생각을 하고, 신심을 하지 않는 사람들은 그 책만 읽으니까 그렇게 오해하게 되었던 것입니다.

창가학회 활동을 하면서 이케다 회장의 말씀에 의지가 많이 되셨겠습니다.

(아내) 이케다 선생님은 "한국은 우리 오빠, 우리 형님의 나라다" 하셨거든요. 존경을 해야 하는 나라인데 일본 사람은 그걸 모르고 한국 사람

에게 나쁜 일을 많이 했다고 합니다. "왜 나쁜 일을 해놓고도 그렇게 느끼지도 않고 그런 인식도 없는가, 그것은 틀렸다" 하는 말씀을 연설 시간에 여러 번 하셨습니다. 회원 중에서도 눈앞에서는 말하지 않지만 다른 곳에서 "그 사람 한국 사람이다"라든가 "조센진"이라든가 하는 말을 하는 사람이 있어요. 이케다 선생님은 일본 사람들에게 "인간은 다 같은 인간이다, 그렇게 하지 마라"는 말씀을 하고 있기 때문에 점점 일본 사람들의 마음이 바뀌고 있습니다.

공명당 활동

공명당 활동은 창가학회 회원들에게 중요한 활동이죠. 구체적으로 어떤 활동들을 하시는 건가요? 재일한국인들에게는 선거권이 없는데 그에 대한 심정은 어떠신지 궁금합니다.

(남편) 이케다 선생님과 함께 도다 선생님이 정치를 깨끗하게 하고 싶다는 마음에서, 대중을 위해서는 정치를 잘 감시해야 한다고 해서 만든 것이 공명당이었습니다. 공명당이 창가학회를 위해서 정치 활동을 하는 것은 없습니다. 저희를 대신해서 일을 하는 당이기 때문에 저희는 정성을 갖고 응원합니다. 일본 친구들의 선거를 도와요.

자민당은 큰 회사를 지키기 위해서 있고, 민주당은 노동조합을 위해서 있고, 공명당은 서민을 위해서 정치를 하고 있어서 공명당을 응원하고 있으니까, 공명당에 바라는 것은 저희 같은 보통 사람들을 위해서 정치를 해달라고 하는 거지요.

공명당은 서민들의 복지를 중심으로 활동하고 있지만 자민당도 사회당도 그런 일을 하지 않습니다. 열심히 지원하다 보면 3년 후, 5년 후엔 어느새 요구하던 것이 자연적으로 되어 있어서 저희의 응원이 틀린 게 아니었구나 생각합니다.

(아내) 저희 회원들은 지원 활동할 때마다 사람들에게 이야기합니다. 공명당 의원들은 권력을 가지기 위해서 입당하는 것이 아니라 우리처럼 힘없는 대중을 도와주기 위해서 입당하기 때문에 그것을 잊어버리면 안 된다고요. 선거 때 일본 사람에게 "부탁하겠습니다" 하면 "왜 아라이 씨가 그렇게 합니까? 왜 공명당을 지지합니까" 하고 물어보기도 합니다. 저희는 일본에서 선거권이 없지만 제일 중요한 일을 해주는 곳이 공명당이라는 것을 알고 있기 때문에 "이 사람은 좋은 사람입니다. 공명당은 좋은 당입니다. 이 당이 없으면 일본이 나빠집니다" 하고 이야기하고 있습니다.

그래서 공명당은 재일한국인들에게 지방선거권을 줘야 한다고 소리를 내어주고 있습니다. 저희를 위해 노력해주는 당은 공명당뿐입니다. 실제로 일본 사회는 폐쇄 사회입니다. 열려 있는 사회가 아니에요. 자기 나라, 자기 민족은 좋아합니다만 다른 나라 사람들과 같이 더불어 살자 하는 마음이 별로 없어요. 저희가 공명당 활동을 돕는 것은 개인적인 문제이지요. 개인적인 마음으로 움직이고 있습니다.

친구들이 처음에는 "공명당은 창가학회니까 싫다"고 말하기도 하고, "아라이 씨는 좋지만 불법 공부 이야기는 듣기 싫다"고도 합니다. 그렇게 말하는 친구도 자꾸 만나면서 창가학회를 잘 알려주면 점점 변합니다.

"아라이 씨가 말하면 응원하겠다"고 합니다. "공명당을 아직은 잘 모르고 창가학회를 모두 이해하는 것은 아니지만 아라이 씨를 신뢰하니까 협력하겠다"는 사람도 있습니다.

귀화

선거 활동을 더욱 적극적으로 하기 위해서라도 귀화를 할 생각은 없으신가요?

(남편) 20년 전에는 귀화할 마음이 전혀 없었습니다만 지금은 아이들을 위해서, 저희 아버지와 어머니가 돌아가시고 난 후에는 귀화하려고 생각 중입니다. 아버지는 아직도 귀화하는 건 주저하고 계십니다. 귀화가 좋은 것인지 아닌지 판단이 안 되니까.

(아내) 부모님은 귀화하기가 어렵지요. (재일한국인) 1세니까 자기가 태어난 나라를 버리지 못합니다. 지금은 한국도 좋아졌고 일본 사회도 (인식이) 넓어졌기 때문에 살기가 좋아졌습니다. 전에는 조선 사람은 밖으로 나가라 하는 사회였습니다. 이쿠노도 분위기가 그랬습니다. 학교에서도 손가락질하고 했지요. 그러나 저희 아이들 시기에는 그런 차별은 없었어요. 저희가 태어날 때, 학교 다닐 때, 한국이 못살 때는 그랬지요. 지금은 한국이 너무 좋아졌기 때문에 일본 사람의 인식이 달라졌거든요. 한국은 좋은 나라라고 인식이 바뀌었어요. 아주 많이 달라졌습니다.

절복

절복은 어떻게 하고 계십니까?

(아내) 남편이 입신하라면서 다니는 것이 아닙니다. 그럴 시간도 없고요. 사람들이 남편에게 찾아오는 거예요. 여러 사람들이 찾아와서 자기네들이 곤란하니까 어떻게 하면 좋겠는지 상담을 하지요. 그럴 때 남편이 자신의 경험을 이야기해요. "자기 힘을 가져서 노력하라. 그러면 반드시 길이 열린다" 하고 알려줍니다. 그런 사람 중에 ≪세이쿄신문≫을 읽어보겠다는 사람이 있으면 그런 사람들에게는 신문을 보내주고 있습니다.

(남편) 여러 사람에게 ≪세이쿄신문≫을 보내고 있습니다. 스무 명 정도 됩니다. 그 사람 중에 올해 세 명을 절복했습니다.

조용히 절복한 셈이네요. 회원들도 집으로 찾아옵니까?

(아내) 저희 집이 크지요. 크니까 여러 가지 회합을 많이 합니다. 개인 집이지만 문화회관에 방이 많이 없어서 작은 모임은 저희 집에서 합니다. 여러 회원이 오시지요. 일도 하지 않고 집도 없고 옷도 없고, 먹을 것도 못 먹는 가난한 사람들이 저희 집에 찾아올 때도 있어요. 그런 걸 보고 "왜 그런 사람이 아라이 씨 집에 가느냐" 하는 사람이 있어요. 그렇게 사람들이 많이 오니까 신심을 안 하는 사람이 저희 집에 와보고는 "아라이 씨는 특별한 사람"이라고 합니다. 왜냐하면 보통 회사 사장이라면 사

회에서 잘나가는 사람들과 교제를 많이 하는데, 왜 행색이 저런 사람들까지 집에 오라고 하고 사귀냐고 궁금해합니다.

저희 작은아들이 "그분 누구인데 우리 집에 와 있느냐" 할 정도의 사람도 옵니다. "그럼 그 사람들이 오지 않게 하는 게 좋은가" 하고 아들에게 물어봅니다. 그러고는 "아니다. 그 사람의 인생 중에도 좋은 시기가 있었지만 지금 그런 모습으로 살고 있다. 그런 사람 중에는 열심히 살려고 하는 사람도 있다. 그런데 그런 사람은 몇 명 안 된다"고 이야기합니다. 이런 저희의 모습을 보고 신심을 하지 않는 사람이 볼 때는 이상하다고, 자신은 못 하겠다고, 이해를 못합니다.

제 남편도 고생하던 때가 있었지요. 저희 부모님이 일본에 와서 힘들었을 때는 근처 사람들이 저희 집에 와서 "잘 살고 있느냐, 먹을 것은 먹었느냐" 하고 걱정해주었어요. 저희도 그렇게 어려운 시기가 있었기 때문에 일생 중에서는 좋은 시기도 있고 나쁜 시기도 있고, 나쁜 사람도 있고 좋은 사람도 있지요. 하지만 나쁜 사람이라도 항상 그런 게 아니고 마음이 바뀔 때가 있지요. 이제까지는 안 좋았지만 좋은 인생을 위해서 바뀌는 사람도 있지요. 신심을 해가지고 인생을 바꾸는 사람도 있어요. 저희는 그런 마음입니다. 그러니까 남편에게 여러 사람이 옵니다. 물론 저도 '저런 사람하고는 교제를 안 하면 안 되나' 하는 생각이 가끔 들어요. 하지만 그런 사람을 이해해주는 게 좋지요. '이 사람은 안 되는 사람이니까 안 된다' 하는 건 안 되지요. 마음이 중요해요.

요즘도 일본으로 오는 한국인 중에 힘들게 사는 분이 있지요? 만나본 적이 있습니까?

(아내) 있습니다. 창가학회 회원 중에 한국에서 일본으로 들어온 후에 신심을 소개 받아서 입신한 사람이 있습니다. 그렇지만 어떤 사람 중에는 왜 이걸 하는가, 어떻게 해서 회원이 되었는가 보면, 이것을 하면 돈을 많이 벌 수 있을까 해서 하는 사람이 있어요. 그러나 그것이 아니지요. 사람이 마음을 바꾸기 위해서 하는 것이지, 돈을 위해서 하는 신심은 안 되지요. 돈을 위해서 신심을 하려는 사람은 열심히 하지도 않아요.

처음에 창가학회를 소개할 때 '이 신심을 믿어봐라, 믿으면 잘된다' 하면서 소개하지 않나요?

(아내) 그렇게 소개하는데 저희 아버님은 성격도 있고 책임감도 강하셨어요. 한다고 결정하면 참 열심히 하셨거든요. 하지만 소개를 해도 한다 해놓고 하지 않는 사람이 많아요. 본존님을 모시지만 아침하고 밤에 해야 하는 두 가지, 자기가 해야 할 것이 있어요. 근행, 근행을 하지 않는 사람이 있어요. 그러니까 곤란할 때만 열심히 하고 편안히 되면 하지 않거든요. "그렇게 하면 안 됩니다" 하고 말해주어도 듣지 않아요. 말이 통하지 않는 것도 그렇습니다만, 그런 사람들은 일본에 온 목적이 다르지요. 일본에 온 목적이 달라요. 인생을 뭔가 잘 해보려고, 자기가 무엇인가 찾으러 오신 분은 열심히 합니다. 그런 분도 있어요. 자기가 한국에서 잘못되었기 때문에 외국에 나와서 새로운 인생을 하자 하는 분은 열심히 하고 복을 많이 받고 있습니다. 그러나 그런 마음이 아니고 일본에서 돈벌이나 하자 하는 분은 목적이 다르니까 마음이 영 달라요.

그러니까 돈도 가지고, 권력도 가지고, 지위도 높아지고 그러면 사람이 자만이 나오지요. 제일 처음 가졌던 원점을 잊고 자기 소원만 이루려고 하는 게 생겨버립니다. 저희 남편이 열심히 하는 시기가 있었고, 그것을 잊어버리고 안 한 때가 있었던 것처럼 신심을 하는 사람도 그런 자만이 나옵니다. 자만심이 나오지 않도록 그런 마음을 가지면 안 된다 하는 것을 ≪세이쿄신문≫에서 자꾸자꾸 말해도 그런 사람이 많이 나온다는 것입니다. 그러나 한국 사람만 그런 게 아니고 일본 사람 중에도 그런 사람이 있어요. 마찬가지예요, 사람이니까 모두.

회원이 되면 불단을 만들고 본존님을 모십니다. 하다가 하기 싫어서 그만두면 어떻게 합니까?

(아내) 그만두고 싶어서 회원도 싫다고 하는 사람은 본부에 돌려보냅니다. 좌담회는 안 나가겠다면서 본존님에게 기원하면 좋으니까 본존님만 가지고 있고 싶다는 사람도 있어요. 사람 만나는 것은 싫어도 본존님 모시고 기원하면 기분이 좋다는 사람도 있어요. 회원이라도 모두 활동하는 사람이 아니고, 열심히 하는 사람도 있고 여러 가지 있습니다.

열심인 이유

두 분이 이토록 열심히 사는 이유는 무엇인가요? 종교가 있기 때문인가요, 아니면 재일한국인이라는 한계를 넘어서기 위해서인가요?

(아내) 양쪽 다입니다. 하나는 재일교포이기 때문에, 저희 아들딸들을

교육시킬 때는 그렇게 이야기했습니다. "우리는 외국인이니까, 외국인이라는 것을 잊지 말고 살아야 한다"고요. 막내가 소학교 다닐 때 저희가 한국인이라는 것을 몰랐었어요. 학교에서 무엇인가 이야기가 나왔을 때 집에 돌아와서는 "엄마? 나는 외국인이야?" 하고 물었어요. 한국에도 여러 번 다녀왔습니다만, 그것은 어릴 때였기 때문에 여기는 친척이 없어서 자기는 일본 사람이라고 느꼈다고 합니다. 그런데 학교에서 그런 이야기를 듣고 와서 "정말 그러냐?" 하고 묻기에, "할아버지, 할머니는 한국에서 태어나셨고 일본에 들어오셨다. 외할아버지, 외할머니는 이렇게 일본에 들어오셨다. 그렇기 때문에 우리는 한국인이다" 하고 말했습니다.

싫다고 하지요! 한국인이라는 건. 일본에서 살고 있어서 일본인이라고 생각하고 있었는데 '사실은 한국인'이라고 하니까, '우리는 절대 일본인처럼 되지 못한다'는 게 이해가 안 되어서 싫다고 하는 거예요. 그래서 저는 아이들에게 말합니다. "그렇기 때문에 너희는 더 열심히 공부해야 한다. 혹시나 이런 말하면 안 되겠지만 전쟁이 난다면 우리는 외국인이니까 '너희는 네 나라로 가버려라' 하는 일도 있을 수 있으니까, 무슨 일이 있어도 어느 나라를 가도 살 수 있도록 열심히 공부하라"고 말했습니다.

그래서 대학에 가야 한다, 여자도 남자도 그렇게 해서 자기 자신의 힘을 가져야 한다고 계속 교육을 시켜왔습니다. 여자라서 결혼하면 다 된다는 생각을 하지 말고 혼자서도 살 수 있도록 경제적인 능력을 갖도록 교육시켰습니다. 왜냐하면 저희는 일본 사회에서 자신이 하고 싶은 일을 하지 못했고, 전쟁 시기에 저희 선배들은 이것도 안 된다 저것도 못한다 하는 식으로 살아왔기 때문에 아이들에게는 능력이 있으면 다른 어느 나라에 가도 살 수 있다고, 그러기 위해서 열심히 공부를 해야 한다고 말해왔습니다.

제가 아이들에게 이야기해준 것은 사실 이케다 선생님의 연설을 들으면서 공부해서 알게 된 것이에요. 제가 정식으로는 중학교밖에 나오지 못했잖아요? 중간에 그만두었기 때문에 일본 뉴스나 일본 책을 잘 읽지 못했습니다. 중학교 때도 한국말밖에 안 했기 때문에 한자 단어가 어려웠거든요. 하지만 재미있는 이야기를 들으면 뭔가 있는가 보다 하고 열심히 가르쳐달라고 해서 공부를 했기 때문에 읽을 수 있게 되었습니다. 지금은 사람 앞에서도 이야기할 수 있게 되었지만 전에는 사람 앞에서는 전혀 이야기를 하지 못하는 사람이었습니다, 제가.

마지막으로 오랫동안 신심을 이어온 회원으로서 창가학회에 대해 말씀하고 싶은 것이 있다면 무엇입니까?

(남편) 창가학회는 마음 안이 따뜻해지는 건강한 종교입니다. 신심하지 않더라도 이케다 선생의 말씀과 사람들의 말을 듣고 있으면 힘이 납니다. 그래서 저는 일 때문에 바빠도 좌담회엔 꼭 갑니다.

(아내) 창가학회가 훌륭하다고 생각되는 것은 인간이 모두 같다, 평등하다고 해서 돈이 없어도 차별이 없고, 이 단체에서는 권력이 없습니다. 그래서 아름다운 단체예요. 창가학회의 가르침이 사람의 마음을 보통 인간으로 되돌려 주지요. 그렇게 만들어주는 단체가 아닐까. 그래서 사람들이 창가학회의 불교 연구를 하고 있습니다. 불법에 뭐가 있을까, 불교의 가르침이 무엇일까 하고요.

창가학회에 입회하고 안 하고는 그 사람의 문제이고, 창가학회에서 생각하는 방법은 사람들에게 퍼져야 하지 않을까 생각합니다. 그것은 우리가 아이들을 도와주기 위해서, 부모·형제를 도와주기 위해서, 지인들을 돕기 위해서 조금씩 입에서 입으로, 사람에게서 사람으로 퍼져나가야 하지 않을까 생각합니다. 그중에서 신심하지 않는 사람들이 있고 별로 좋아하지 않는 사람도 있겠지만 오래오래 사귄다면 이해를 하게 된다고 생각합니다. 그래서 저도 여러 사람에게서 여러 말을 들으니까 제 생활도 바르게 하려고 하게 되어요. 사람은 신용이 있어야 하니까 자기가 열심히 하지 않으면 안 됩니다.

저는 어릴 때 부모님도 따로 살고, 그때는 모두 그렇게 살았지만 그걸 모르고 저만 마치 고아처럼 산다고 생각하며 힘들어했습니다. 미래에 대한 희망도 없었어요. 그래도 남편하고 신심을 한 덕에 어떤 인생도 희망을 가져야 한다고 배웠어요. 이케다 선생님의 연설을 들으면서 배웠어요. 어려워도 지지 않는 인생을 배웠어요, 지지 않는 인생이 중요하다. 창가학회로부터 힘을 받아서 열심히 살았으니까 감사하게 생각하지요.

오늘 말씀 정말 잘 들었습니다. 다시 또 만나 뵐 기회가 있길 바랍니다.

13 결혼으로 한일 우호

임구인혜(林久仁惠) 부부

임구인혜는 재일한국인 3세로 할아버지의 고향이 경상북도라는 것만 알고 있고, 어릴 때부터 자신이 한국인이라는 의식을 하지 못하고 살았다. 조선학교에 들어갈 기회가 있었으나 일본에서 살려면 일본 교육을 받아야 한다는 아버지의 주장에 따라 일본학교에서 교육을 받았기에 한국어를 모른다. 하지만 이름은 한국식으로 '임구인혜'로 쓰고 있다.

임구인혜의 남편은 일본인이다. 한국에 대한 관심이 깊고 한국어를 배우기 위해 한국에 유학한 적이 있어 한국어로 이야기를 할 수 있다. 두 사람은 각각 창가학회 조직의 간부직을 맡고 있으며, 티격태격하면서도 신앙생활과 가정생활을 순조롭게 이어나가고 있다.

면담은 2006년 12월, 고베 나가타문화회관에서 진행했다. 임구인혜와는 일본어로, 그의 남편과는 한국어로 이야기했다.

한국을 몰랐던 한국 여자와 한국어를 공부한 일본 남자

먼저 임구인혜 씨께 여쭈어보겠습니다. 고향과 가족에 대한 이야기를 해주시길 바랍니다.

(임구인혜) 저는 1963년에 일본의 나가타에서 태어났습니다. 재일한국인 3세예요. 부모님도 모두 나가타에서 태어나셨고, 할아버지의 고향은 한국의 경상북도인데 할머니의 고향은 잘 모르겠어요. 하지만 어릴 때는 제가 한국인이라고는 전혀 생각하지 않았어요. 아버지나 어머니가 "우리는 한국인이다" 하신 적도 없었어요.

제가 소학교 입학할 때쯤 조선학교 선생님이 조선학교에 다니라고 "우리 학교에 오세요" 하면서 아이들을 모으러 다녔거든요. 그때 어머니는 저보고 조선학교에 가라고 하셨지만 아버지가 일본학교에 가야 한다고 하셨어요. 왜냐하면 여기가 일본이고 여기서 살아가야 하니까 조선학교에 가면 일본 사회에 들어가지 못한다고 아버지가 반대해서 어머니가 포기하셨어요. 아버지는 저희가 일본에서 살아가려면 조선학교에 갈 필요가 없다고, 현실적인 생각을 하셨어요.

아마 그때부터 제가 "나는 조선인이다" 하고 생각한 것 같아요. 제가 학교 다닐 때는 한국인이라는 말도 없었고, 모두 '조센진'이라고 했어요. 고등학교 때 '조선문화연구회'가 있었는데, 그것은 북조선학교의 대학생들이 저희 학교에 와서 무용과 장구를 가르쳐주는 거였어요. 거기에 다닌 적은 있어요. '자이니치'나 '재일한국인'이라는 말도 새로웠어요. 제가 어릴 때는 조센진이라는 말만 들어서 재일한국인이라는 말도 학교 졸업 후에 들었어요.

한국에서 태어나 1960~1970년대 이후에 일본에 온 사람은 '뉴커머'라고 하는 반면에, 그 이전에 온 사람은 '조센진'이라고 하죠. 조센진이라는 말에는 차별 의식이 들어 있지 않나요?

(남편) 1960~1970년대에 일본에 온 사람은 자기 자신을 조선 사람이라고 하지 않고 한국 사람이라고 하죠. 1965년 한일회담 이후에야 한국 국적을 선택할 수 있었으니까 그전에는 한국 사람이 모두 조선적(朝鮮籍)이었죠. 우리 일본과 한국이 국가적으로 맺어지지 않아서 식민지가 된 반도 사람을 보고 '조센진'이라고 하다가, 한일회담 전까지는 계속 '조센진'이라고 했던 것 같습니다.

재일한국인이라고 해서 차별을 받아본 일은 있습니까?

(임구인혜) 별로 많지 않았지만 일할 때나 취직할 때, 집 빌릴 때는 역시 차별이 있다고 생각해요. 창가학회에 입신을 하지 않았을 때였는데, 고등학교 졸업 후에 제가 하고 싶은 것은 미코상(巫堂さん, 일본 신사의 무녀)이었어요. 고등학교 졸업쯤에 학교에서 취직 활동을 할 때 신사에서 일하는 미코가 되고 싶다고 했더니, 선생님이 "그건 일본 사람의 일이다. 그건 네겐 무리다"라고 하시더군요. 그건 안 된다고 하셨죠.

그런데 남편분은 한국말을 잘하시네요?

(남편) "한국말 대단하시네"라고 하면 대단하지 않다는 뜻이 아닙니까? 제가 읽은 책 중에 (나오는 내용인데) 재일인(在日人) 2세가 성묘하러 제주도에 가서 "한국말 잘하십니다"라는 말을 들었대요. 그 사람은 한국 사람이라면 '말을 잘하십니다'라는 말을 안 들었을 텐데 그런 인사를 듣는 걸 보니 '역시 내가 한국말이 서투르구나' 하고 생각했다고 합니다. 저도 1982년에 한국에 갔을 때 "한국말을 잘하시는데 재일교포분인가요?" 하고 물어보실 때 그때는 기뻤는데, 그 책을 보고 나서는 '듣기, 읽기, 쓰기' 모두 다 잘하고 싶었습니다. "발음 좋습니다. 일본 사람치고는 잘하십니다!"라는 말이 없도록 노력하고 싶습니다. 그렇지만 저로서는 읽기보다 알아듣기가 어려워요. 알아듣는 걸 잘하려면 어떻게 하면 잘할 수 있을까요?

역시 현장에서 배우는 게 제일 좋지요? 그런데 1982년에 서울에 가셨습니까?

(남편) 네, 스물한 살 때 서울에서 살았습니다. 석 달 동안 성북구에서 살고, 잠실에서도 살았습니다. 제가 일본 사람이다 보니까 접촉하는 한국 사람이 없잖습니까? 그래서 민단에 가서 어학연수를 하는 기관이 있다는 걸 알고는 1982년에 한국으로 건너갔습니다. 그러나 저를 보증해주는 사람이 없었습니다. 그런데 학교에 갔더니 전에 살던 학생이 군대에 가서 빈방이 있다는 사람을 소개해주었습니다. 성북구 하월곡동의 길음시장 쪽이었어요. 지하 1층에 있던 방인데 난방도 안 되는 곳이었습니다. 그곳 하월곡동이 멀잖아요. 저는 버스만 타도 멀미 나는 사람인데,

하월곡동에서 아침 일찍 일어나서 길음시장 근처에서 150번 버스 타고 미아리고개를 넘어서 학교에 가면 1시간 이상 걸리고, 길도 복잡해서 힘들었어요.

그다음에 어학 공부를 하는 동안에 한국어 공부하는 일본 여성을 알게 되었어요. 이바라키(茨木) 현의 여성이었는데 남편이 한국 사람이었어요. 같이 서울대학교 어학연구소에 다니게 되었는데, 그분이 자기네는 아이가 없으니까 자기네 집 빈방에 오라고 했어요. 잠실 5단지에 그분들이 살고 있었어요. 자기 집이 학교와 가까우니까, 자기 집에서 하숙하라고 해서 거기로 옮겨서 살았어요.

결혼이 목표였던 여자와 혼자 살고 싶었던 남자

두 분은 언제 결혼하셨습니까?

(임구인혜) 결혼은 서른일곱에 했습니다. 늦었지요.

(남편) 저는 1961년생이에요. 서른아홉에 했으니까 저도 늦었지요. (그때까지 결혼에) 흥미도 없었고, 결혼한 적도 없고. 저는 혼자 있는 것을 아주 좋아했어요. 야간고등학교 졸업하고 나서 서른아홉이 될 때까지 23년 동안 혼자 살았어요. 결혼은 절대 하고 싶지 않았어요.

(임구인혜) 지금은 늦은 게 아니지만 그땐 결혼이 늦어지고 있었으니까 제 목표는 결혼이었어요. 6년쯤 사귄 일본 남자가 있었는데 헤어졌거든

요. 누가 뭐라 해도 결혼하고 싶었어요.

임구인혜 씨는 어떻게 해서 남편과 결혼하셨습니까? 남편분은 결혼에 관심조차 없었다고 하는데요.

(임구인혜) 진짜로, 결정적으로, 창가학회에 입회하게 된 동기는 창가학회 회합 때 이 신심은 결과가 빠르다는 말을 들어서예요. 결과가 빠르다면 하고 싶다고 생각했어요. 곧바로 생각했지요. 처음 만난 사람이 부인부장인 사람이었는데 그분에게 저는 30대라서 빨리 결혼하고 싶어서 이 신심을 해볼까 한다고 말했어요.

하루에 1시간 정도 결혼하고 싶다는 마음으로만 기도했어요. 일본에 살고 있는 한국인과 결혼하게 해달라고 기원을 했는데 점점 제 마음이 변하는 순간이 왔어요. 부인부장이 일본 사람이었는데 어느 날 총회할 때 한복을 입고 싶다고 하면서 한복을 빌려줄 수 있냐고 했어요. 또 그때가 오사카의 지하철에서 조선학교에 다니던 여학생들을 일본 남학생들이 놀리고 하는 사건들이 일어나던 때였어요. 일본은 더 오래전에는 한국을 침략하고 정복하던 나라였는데, 그런 일을 하는 일본 사람이 우리나라 옷을 입는다는 게 (그전까지는) 무척이나 싫었어요. 하지만 그 부인부장이 한복을 입고 싶다고 말했을 때는 그 기분이 사라져 버리고 제 마음이 편협했던 것은 아닌가 생각을 하게 되었어요. 그 부인부장이 일본인이지만 저의 이야기를 잘 들어주고 해서 그랬나 봐요. 그 부인부장은 한국인에 대한 편견 없이 창가학회 회원으로서 저의 이야기를 들어주고 했으니까. 이런 일본 사람도 있구나 하고 새롭게 일본 사람을 보게 되었어요. 10월에 '민족 마쓰리'를 했기 때문에 제겐 한복이 있었어요. 그래서 부인부장에게 제 한복을 빌려주었어요.

민족 마쓰리는 '나가타 마당'이라고 했는데 지금은 없어졌어요. 1990년대의 마쓰리였어요. 14회까지 하고, 1990년에 시작해서 14번 하고는 끝났어요. 만 13년 하고 없어졌어요. 나가타 마당 마쓰리를 위해서 몇 달 전부터 모여서 연습을 했어요. 민단과 총련이 번갈아 가면서 마쓰리를 했어요. 농악이나 무용 연습을 하기 위해서 민단이나 총련의 장소를 빌렸습니다.

그 마쓰리 구호가 "하나가 되자! 민족의 마당에서!"였어요. 그래서 하나가 되자는 거였는데, 일본에서 태어난 재일한국인 2, 3세가 중심이었어요. 일본은 한국과 달리 남북이 하나잖아요. 한국도 일본에서 하나가 되어서 잔치가 되게 하자 하면서 처음엔 그렇게 하게 된 마쓰리였는데, 재일동포만 중심이어서 그 안에는 일본인이 없었어요. 공부를 하다 보면 일본인도 싫고, 일본인과 결혼을 하고 싶다 해도 한국 사람이라는 것 때문에 헤어지고 하니까, 일본인과는 잘 안 되겠다는 생각을 갖고 있었어요. 일본에 대해서 그런 싫은 느낌이 있던 때에 창가학회에 들어간 거예요. 일본인에 대해서는 벽을 느끼고 있었어요.

그 당시 이케다 선생님의 지도에 따라 활동을 해도 이케다 선생님은 일본인이고 다른 회원들도 일본 사람이니까 뭔가 신용할 수 없었어요. 그런데 그즈음 1996~1997년에 '한일 교류'라는 말이 언제나 신문 1면에 나오고 있었어요. 이런 거 안 나왔으면 하는데도 자꾸만 나오던 때였어요. 이케다 선생님이 한일 교류란 말을 항상 하시니까, 저는 그 말을 듣고 '한일 교류'는 가능한 일이 아니라고 생각했어요.

그러다가 어느 날부터 지도자의 마음을 이해하고 싶다는 생각이 들기 시작했어요. '나도 한일 교류라는 것을 받아들이고 싶다'는 마음이 생겼어요. 한일 교류를 이해하고 받아들이고 싶다고 빌었어요. 전에는 한일 교류를 받아들일 수 없다고 생각했고 한일 교류는 진짜가 아니다 하고 있었으니까 이케다 선생님의 말씀이라고 해도 왠지 섭섭했는데, 결혼하고 싶다고 빌고 있던 어느 날 문득 이케다 선생님의 마음을 받아들이고 싶다는 생각, 그 마음을 아는 제자가 되고 싶다는 생각이 들었던 거예요.

그때부터 저의 결혼 상대를 재일동포라고 (스스로) 한정하지 않게 되었어요. 그래서 선생님이 말하는 한일 교류에 제가 도울 수 있는 것은 무엇일까 생각하게 되었어요. 제가 일본 사람과도 사귈 수 있겠다, 벽도 없어졌고 일본인과도 우정을 쌓을 수 있겠다 했는데 이렇게 결혼도 하게 되었어요. 민족 마쓰리 때에 만났던 사람들이 제가 일본인과 결혼하는 걸 보고 아주 놀라더군요. 제가 일본인을 싫어했는데, 남편이 일본인이라면서. 그래서 저는 일본 남자와 결혼해서 한일 우호를 하고 있다고 대답했어요.

남편분은 독신주의를 고집하셨다면서 어떻게 결혼을 결심하게 되셨습니까?

(남편) 저는 이 여자를 좋아하지 않았어요. 사실은 이 사람이 빌고 빌어서, 이 신앙을 하면 남묘호렌게쿄를 하면 뭐든지 된다고, 소망이 뭐든지 이루어진다고, 결혼을 목적으로 이 사람이 너무너무 빌어서 제가 걸려들어 버렸어요. (모두 웃음)

1994년에 이 사람이 서른 살에 입신했는데, 그때 결혼을 목적으로 아주 많이 제목을 올렸어요. 그 당시 결혼만 목적이었어요. 저는 이미 회원이었고 저도 스물아홉 살 때부터 이 신앙 활동을 하기 시작했어요. 회원이 되긴 했었지만 활동은 스물아홉 살 때부터 하고 있었어요.

이 사람은 고베에 살고, 그때 저는 오사카에서 살았어요. 그 창가학회 안에 한글 그룹이라는 모임이 있었는데 그 모임을 오사카에서 했어요. 그 모임 망년회 때 참가자는 1,000엔을 내고 함께 노는 거였어요. 제가 일본인이지만 한국어로 말할 수 있으니까 창가학회 회원으로서 그곳에 갔어요. 저는 한국어를 듣고 말해보려고, 거기에 가면 한국어 공부가 재미있을 것 같아서 갔는데, 그때 이 여자와 제가 앞뒤로 앉게 되었어요. 서로 이야기하다가 제가 병맥주를 이빨로 따고 그냥 마셨는데 그 모습을 보고 이 여자가 '아, 가엾어라, 저런 사내를 내가 도와주지 않으면 누가 도와줄 것인가' 하는 생각을 했대요.

그 한글 그룹에는 제주도나 육지에서 온, 재일교포 2세, 3세와 결혼하러 온 여성분들이 있었는데, 그중 한 아주머니가 저희 둘이 나이도 많고 하니 사귀어보라고 농담을 했어요. 서로 고베 출신이라는 걸 알게 되어서 그 자리에서부터 사귀기 시작했어요. 근데 그때 저는 그냥 왠지 재일교포들에 대해서, 재일한국인에 대해서 관심을 갖고 있었어요. 대한민국이나 북조선은 동해가 있어서 멀게 느껴졌지만, 그러나 재일한국인은 왜 여기 일본에 와서 살고 있나 하는 것에 대해서 여러 가지 알아야 할 게 많다고 생각했어요. 이 사람이 재일한국인이고 하니까 관심을 갖게 되었어요.

그렇다면 부모님은 재일한국인 며느리에 대한 반대가 없었습니까?

(남편) 저 말입니까? 저희 부모님은 항상 이케다 선생님의 연설을 통해서 대한민국은 형이고, 언니의 나라라고 연설 가운데서 배우고 있어서, 물론 그 이전 식민지 시대에는 조센, 조센진이라고 했을지 모르지만, 이 사람에 대한 반대는 없었습니다.

(임구인혜) 이 사람 부모님은 아들이 한국을 좋아하니까 한국에도 가고, 한국에 대해서 관심도 있었고 나쁘지 않게 생각하고 있었어요. 특히 밝고 건강하게 창가학회를 하고 있는 여성과 결혼하기를 바라고 있었는데 저를 만나게 되니까 희망하던 대로 되었다고 아주 좋아하셨어요.

(남편) 제 어머니와 이 여자가 둘이 같이 빌어서 저를 낚았어요. 혼자 살고 있었으니까 저는 결혼을 하지 않아도 괜찮았겠지만. 혼자서도 잘 살았을 텐데! (웃음)

혼자 있는 거 좋아하시는 분인데, 그러면 언제 혼자 있으세요?

(남편) 일 자체가 혼자 하는 일이에요. 우편배달은 오토바이 타고 혼자 하니까요. 저는 화요일이 쉬는 날입니다. 그때는 마누라가 직장에 가고 제가 혼자 집에 있잖아요. 그때가 정말 천국입니다. 그러나 잠을 잘 때는 한국식으로 한 이불에서 둘이 잡니다.

부부간에 서로 종교에 대한 이야기를 자주 하십니까?

(남편) 의견이 다르기 때문에 항상 다투죠. 그렇지만 부장과 부인부장이니까 사람들 앞에서는 벙글벙글 웃으면서 말로 싸우죠.

주로 어떤 일 때문에 다투세요?

(남편) 역시 사상의 차이, '당신은 그렇게 생각한다 해도 나는 이렇게 생각한다'는 식으로, 역시 이케다 선생님이 말씀했다 해도 그것을 받아들인 뒤에는 자기 식대로 판단해서 부부 사이라도 의견 차이가 생기는 것 같습니다. 태어나면서 자라온 환경도 다르고, 성격 차이도 있고, 저는 냉정하고 자신과 남에게도 엄한 성격이고, 이 사람은 반대입니다. 결혼은 역시 기쁨도 2배, 화가 나는 것도 2배, 모두 2배가 됩니다만 종합적으로는 좋다고 생각합니다.

남편분은 어떤 계기로 창가학회 회원이 되셨습니까?

(남편) 열여섯 살 때 필름 영화를 봤어요. 창가학회가 1966년도에 니시노미야(西宮)에서 문화제를 했던 필름이었어요. 같이 봤던 젊은이가 창가학회는 세계 평화를 위한 단체라고 해서 감동을 받고 입회했지만, 그때는 (제가) 활동도 하지 않고 근행도 하지 않고 있었어요. 그 영화를 보면서 세계 평화라는 그 말에 남북통일을 기원하면 될까 하는, 어리고 젊어서 그런 기분도 들었습니다. 하지만 입회는 했어도 활동은 못했습니다. 술도 마시고 싶고, 활동하고 싶지 않을 때도 많고, 역시 자신을 위해서 하는 것은 간단하지만 이 신심은 남을 위하라는 사상이니까. 그래서

그때는 열심히 하지 않았던 것 같습니다.

그러다 어떻게 다시 창가학회 활동을 하게 되셨습니까?

(남편) 십계론이라고, 그 사상만은 좋다고 생각하고 있었어요. 그때 저는 오사카에 살고 있었는데 중국에서 온 학생을 알게 되었어요. 그때 중국은 중공(中共)이라고 해서 종교를 반대하는 나라가 아니었습니까. 유학생 부부였는데 남편이 그림 그리는 사람이었습니다. 그의 아내가 재미있는 책이 있으니까 읽어보라고 소개해준 책이 『십계론』이란 책이었습니다. 그 책을 보고 제가 창가학회에서 배운 적이 있다고 생각했지요. 그렇지만 저는 활동이라든가 조직을 싫어하는 성격이라서 금세 하게 되지는 않았어요.

그러다가 어느 날 괴물이 저를 따라오는 꿈을 꾸었어요. 그때 괴물이 제 등을 꽉 무는 순간에 "남묘호렌게쿄"라고 왜 그런지 몰라도 외쳐버렸어요. 그때 제가 스물아홉이었어요. 내년에는 서른이 되는구나 하면서 뭔가 신앙이나 해볼까 생각을 하고 있던 때라서 그 꿈을 꾼 다음 날 ≪세이쿄신문사≫ 보급소에 전화를 했어요. 그러니까 창가학회는 조직이 튼튼해서 다음 날에 신문보다 더 빨리 남자부 조직에서 저를 만나러 와가지고 "오늘부터 같이 활동하자"고 하는 겁니다. 저로서는 신문을 보고 공부를 해서 천천히 해보자고 생각했는데 말입니다. 그날이 1990년 6월 4일이었어요. 그때부터 쉬는 날 없이 매여서 활동하고 있습니다.

창가학회 조직 생활은 어떻습니까?

(남편) 힘들어요. 역시 저로서는 대인관계가 어렵죠. 부장이니까 사람들 앞에서 발표하거나 보고하거나 하는 것들. 제가 원래 말을 잘하는 사람이 아니라서 듣는 건 괜찮지만 사귀는 게 힘들어요. 불교 사상 자체가 '매화는 매화'라는 사상이니까 운명대로, 말 없는 사람은 말 없는 사람대로 사는 게 좋지만, 그래도 불법은 남을 위하고 주위를 위하라는 사상이 잖아요. 주위 사람이 존재하기 때문에 내가 존재한다는 그런 사상이에요. 남도 좋아야 하니까, 자기 자신만 좋아지면 안 되죠. 자기도 좋아지고 남도 좋아져야죠. 그러니까 저는 이 활동을 어떻게 하면 즐겁게 할 수 있을까 그게 영원한 테마입니다.

일과 신앙 활동

임구인혜 씨는 직장에서 무슨 일을 하고 계십니까?

(임구인혜) 샐러리맨입니다, 두 사람 다. 저는 병원에서 간호사 보조하는 일을 합니다. 지진 후부터 했으니까 12년 정도. 지진 전에는 아버지와 구두 만드는 공장에서 일을 했습니다. 지진 전부터 경기가 나빠져서 그 전에 그만두었어요.

(남편) 저는 우편국에서 배달원 일을 합니다. 저는 아침 8시부터 저녁 4시 45분까지 8시간 근무해요. 잔업을 할 때도 있고요. 잔업은 1시간에서 1시간 30분 정도를 더 합니다.

그러면 퇴근 후 창가학회 활동을 하는 날이 일주일에 며칠 정도 되나요?

(남편) 근무 끝난 후에 집에 가서 활동해요. 한 주에 계속 있을 때도 있고, 달마다 좌담회도 있고, 거의 매일입니다. 저희 부부가 지구 부장과 지구 부인부장을 맡고 있습니다. 3년째 신문 배달 일도 하고 있어요. 일요일은 다른 사람이 신문 배달을 합니다.

부부가 같은 지역에서 활동을 하고 있으니까 함께하는 시간이 많겠네요?

(임구인혜) 그렇기도 하지만 여성과 남성이 따로따로 하니까 남자부는 남자부, 여자부는 여자부끼리, 부인부는 부인부, 장년부는 장년부끼리 네 개 팀이 있지요. 그래서 저희도 따로따로예요. 월요일마다 지구 협의회가 있으니까 블록으로 하고 싶으면 그렇게 합니다.

지구 협의회에는 어떤 사람들이 모입니까?

(남편) 저희가 모입니다. 지구 부장하고 지구 부인부장. 역직 관계없이 다 모입니다. 월요일 7시 15분부터 저희 집에서 모임을 합니다. 모임 시간은 1시간에서 1시간 10분 정도이고, 그전에는 90분 정도 할 때도 있었지만 아키야 회장님[아키야 이노스케(秋谷榮之助), 2006년 당시 창가학회 회장이 모임 시간을 줄이라면서 '모임 혁명', '회합 혁명'이라고 하셨습니다. 그래서 모임 시간은 줄이고, 그 대신 가정방문을 많이 하고 있습니다.

임구인혜 씨께서는 미혼일 때 결혼을 목표로 제목을 올리셨는데, 그러면 지금은 무엇을 기원하고 있나요?

(임구인혜) 그만큼 비는 것은 없어졌어요. 그만큼 강렬하게 기원하는 건 없어요. 솔직히 말하면 그때만큼 활발하게는 하지 못해요. 지금은 내용이 바뀌었어요. 지금은 제가 맡은 지구의 목표를 달성할 수 있도록 기원한다든가, 저희 지구의 활동을 위한 기원을 해요. 제목도 시간이 많이 들였다고 되는 것도 아니고, 이케다 선생님이 말씀하시는 것처럼 제목에 힘이 있으면 되는 거예요.

주위에서 창가학회를 반대하는 사람을 만난 적은 없으신가요?

(임구인혜) 창가학회는 저도 싫어했습니다. 종교에 대해서는 흥미가 없었지만 종교로써가 아니라 공부를 통해서 인간 혁명이 되었어요. 대개의 경우 이론적으로 납득하고 이해해서 (창가학회에) 들어가는 것이 아니고, 사람을 통해서 사람을 만나 반하게 되면 그런 기회로 입회하게 되는 것 같아요. 지금에서야 이해하게 된 것인데, 다른 사람을 위해서 행복을 기원하면 차츰 그 사람 마음도 변해서 어느 사이엔가 자신도 신심을 하고 싶어지는 거예요. 소개자나 주위 사람들이 이 사람들이 입회했으면, 입회해서 같이 행복해지면 얼마나 좋을까 하고 바라면 마음이 변해요. 주위 사람들의 기원이 흘러간 게 아닐까 생각해요. 생명까지 변혁하고, 성격도 변하게 만들고 묘한 힘이에요.

그동안 절복은 몇 명이나 하셨습니까?

(임구인혜) 세 명 정도 했습니다. 그중에 한 사람은 친척집에서 자란 불쌍한 여자였는데 싸움밖에 해본 게 없는 그 사람을 보고 제가 행복하게 해주고 싶어서, 저와는 상관없는 사람이었지만 그녀에게 신앙을 심어주고 싶었어요. 그래서 그 사람을 절복해주는 것 말고는 행복하게 해줄 게 없다고 생각해서 절복했어요. 조금씩 변화가 있지요. 서른 살인 여자인데 결혼은 아직 안 했고. 그 여자가 처음 절복한 사람이죠. (누군가를 보고) 처음에 제 마음이 움직이는 것은 그 사람을 보고 불쌍하다, 도와주고 싶다는 생각이 들어서예요.

(남편) 일본어 중에 '엔'(緣, '인연'이라는 뜻)과 '교우가이'(境涯, '상황' 또는 '사람의 처지나 환경'이라는 뜻)라는 말이 있어요. 교우가이가 더 크면 파장이 있다고 생각합니다. 저는 도쿄에서 하숙하고 있을 때 필리핀 사람, 라면집을 경영하는 필리핀 사람을 절복했어요. 그 남자가 하루는 라면집에서 울고 있었어요. 그 사람에게 왜 우냐고 했더니 외국인이라 차별당하고 있다고 해서 "그럼 우리 같이 '남묘호렌게쿄'를 합시다" 해서 1년 반 정도 같이하고, 마침 제가 그때 도쿄에서 오사카로 왔는데 그 후에 오사카에서 도쿄로 왔다 갔다 하면서 이야기해가지고 절복해서 친구가 되었습니다. 지금 그 사람은 필리핀으로 돌아갔어요.

지금 현재 절복하고 싶은 사람이 있습니까?

(남편) 있습니다. 같이 근무하는 우체국 사람입니다. 그 사람은 행복한 마음도 없고, 인간관계도 없어요. 얼굴이 어두운 사람이고 내면적으로 고민이 있는 것 같습니다. '남묘호렌게쿄'라고 하면 '숙명 전환'이 되니까, 숙명 전환을 하지 않으면 행복해지지 않는다는 것이 저의 신앙이니까, 그래서 그걸 도와주고 싶어서 옷 갈아입는 때라든지 서로 이야기하는 시간이 많은 편입니다.

(임구인혜) 저는 뭐, 제 자신이 일하는 환경이 별로 좋지 않아서 절복이나 다른 사람에 대한 관심이 약해졌어요. 제 생명력이 약해지고 기원하는 것도 약해지고, 매일 몸이 지치고, 오늘은 지치니까 다음 날 해야지 하고, 아침 일찍 일어나서 해야지 하고 다음 날 아침엔 저녁에 해야지 하면서 매일 다음 날로 미루지요. 하기 어려워요. 저 사람을 도와줘야지 하면서도 환경이 잘 안 되고 있어요.

(남편) 이 신앙은 다음도 없고, 하면 할수록 하게 되고, 안 하면 안 할수록 결과는 안 하게 됩니다. 이 신앙이 그렇습니다. 니치렌 대성인이 말보다 행동이 중요하다고 하셨습니다. 이 신앙을 하면 할수록 성숙한 인간이 된다고 생각합니다. 도다 선생님, 이케다 선생님께서도 사람의 있는 그대로를 보라고 하셨습니다. 창가학회의 신심은 인간을 감사하게 만드는 신앙입니다.

오랜 시간 동안 말씀 잘 들었습니다.

14
늦은 깨달음

미야모토(宮本) 부자

제주 성산포가 고향인 미야모토 마사카즈(宮本將和)의 할아버지는 1950년경에 일본으로 건너갔다. 미야모토는 현재 교토대학교에 다니고 있으며 변호사가 되기 위해 공부하고 있다. 가끔 아버지와 함께 고향을 방문하고 있고 한국어 공부도 따로 하고 있다.

미야모토의 아버지는 1980년경에 한국에서 유학했다. 하지만 한국어에 능숙하지 못해 도중에 한국에서의 유학 생활을 포기했다. 그 당시 한국의 창가학회는 초창기였기 때문에 도움이 될 만한 일을 할 수 있을 것이라고 생각했으나 꿈을 이루지 못했다. 그 후 신심을 소홀히 하다가 깨달은 바가 있어 최근에 열심히 신앙 활동을 하고 있다.

면담은 원래 미야모토와 하기로 되어 있었으나, 면담 장소에 회합 참석차 왔던 그의 아버지도 함께하게 되었다. 2006년 12월 이쿠노문화회관에서 미야모토와는 일본어로, 그의 아버지와는 한국어로 대화했다.

제주와 일본 사이

반갑습니다, 미야모토 씨. 할아버지와 할머니의 고향은 어디인지, 언제 일본에 오셨는지 가족에 관한 이야기를 알고 계신가요?

제 할아버지는 제주에서 건너오셨습니다. 고향이 제주도의 성산포입니다. 여기 오신 이유가 제주 4·3사건이 직접적인 원인은 아닌 것 같습니다만, 제주도에서 4·3사건 있고 나서 조금 후에 일본에 오셨다고 들었습니다. 그곳에 일출봉이라고 하는 작은 산이 있습니다. 친척들이 바로 그 앞마을에 삽니다. 거긴 아주 좋습니다.

한국어를 전혀 하지 못하십니까?

한국어는 전혀 못합니다. 한국어 공부를 지금 막 시작해서 공부하고 있는 중입니다. 교토대학교에 동아리 형태로 최근 재일한국어강습소가 생겨서 가끔 거기에 가서 우리말 공부를 합니다. 하지만 아직은 한국어를 잘 모릅니다.

제주에는 가보셨습니까?

간 적이 있습니다. 작년 5월에도 갔었습니다. 제사하는 거 봤습니다. 집에서 하는 거, 저희랑 같은 모습으로 제사를 했습니다.

집에서 한국의 제사나 명절은 지냅니까?

명절은 양력으로 쇠고, 추석은 9월에 음력으로 쉽니다. 우선 할아버지의 아들과 손자들, 할아버지의 형제가 제주도에 있지만, 할아버지의 형제의 사촌이라든가 여기에 사는 친척들이 20~30명 정도 옵니다.

일본에서는 가족이 모이는 게 어려운데, 집이 서른 명 정도 들어갈 정도로 큽니까?

그렇죠. 저희 집이 아니고 다른 집, 할머니 집에서 모입니다. 할아버지랑 모두 함께 살던 집이니까 집이 큽니다. 그곳에서 좌담회도 했습니다.

그럼 부모님은 일본에서 태어나셨습니까?

부모님은 모두 오사카에서 태어나셨습니다. 아버지는 이쿠노, 엄마는 가도마(交野), 오사카에서도 북쪽 가도마라는 곳입니다. 아버지는 한국인이지만 엄마는 원래 일본인입니다.

어머니가 일본인이신데 결혼할 때 집안의 반대는 없었다고 합니까?

저희 어머니와 아버지가 결혼하시려고 할 때 반대가 심했다고 합니다. 아버지가 장남이기도 했고, 어머니가 일본인이라서. 그래서 할머니가 어머니에게 한국 국적으로 바꾸면 결혼해도 좋다고 해서 어머니가 한국인으로 바꾸셨습니다. 할아버지는 반대를 안 하셨고, 할머니가 반대를 하셨던 것 같습니다.

할머니의 입신

가족 중에 어느 분이 가장 먼저 창가학회에 입신하셨습니까?

할머니입니다. 1960년경부터 하셨습니다. 왜 하시게 되었냐 하면 할머니가 결혼 후 딸을 둘 낳으시고 나서는 유산을 자꾸 하시고 의사도 이제는 아이를 더 낳을 수 없다고 했습니다. 하지만 그때는 아들을 낳지 않으면 안 된다고 생각해서 할머니는 아들을 원하셨습니다. 그런데 먼저 입신한 친척, 저희 할아버지 형의 부인이 소개를 해주셔서 할머니가 입신하셨습니다. 신심을 하면 아이를 낳을 수 있는 몸이 된다고 해서 입신하셨는데 곧 저희 아버지가 태어났고, 거기서 확신을 가져서 그 후부터 할머니는 쭉 신심을 하셨습니다. 또 아버지 다음에 동생들도 잘 태어났습니다. 그러나 할아버지는 항상 창가학회를 반대하셨습니다. 하지만 그 후에 샛아버지(아버지의 동생을 이르는 제주 방언)가 사고로 죽었습니다. 플라스틱 공장을 했었는데, 샛아버지가 열아홉 살 때 죽고 나서 할아버지도 아들을 위해서 입신하셨다고 합니다.

그렇다면 현재 가족 모두 창가학회 회원이십니까?

아버지의 형제가 다섯 명인데 제일 위 고모가 활동은 하지 않지만, 큰 고모가 백혈병에 걸리니까 극복하자고 함께 제목을 했습니다. 다른 고모는 쭉 해오셨습니다. 활동도 계속하고 창가대학도 졸업하고 계속했지만, 작은아버지만은 전혀 하지 않고 있습니다. 처음부터 안 하셨습니다. 할아버지 산소에 갈 때나 조금 하는 정도예요. 불단 앞에서.

감동과 변화

어린 시절부터 가족이 창가학회 활동이나 근행하는 모습을 자연스럽게 보셨겠네요? 자라면서 창가학회가 싫다고 생각하신 적은 없습니까?

있었습니다. 중학교 때는 어머니가 활동을 하고 나서 늦게 온다든가 집에서 가사가 잘 안 되면 그때는 어머니에게 짜증을 냈어요.

어머니께서 맡으신 역직이 무엇이었습니까?

지구 부인부장. 하지만 저희 어머니는 공장 일도 함께해서 더 바쁘셨습니다. 형제 중에서 형은 불만 표시를 전혀 한마디도 안 했지만 제가 가장 크게 반발했습니다. 왜냐하면 어머니가 활동을 너무 하시니까 집에 와서 피곤해하셨습니다. 그러면 제가 "그렇게 힘들면 그만둬 버려!" 하면서 화를 냈어요. 그때는 종교라는 것은 우상화라고 생각했습니다. 의심 쩍기도 했고, 종교는 거짓말이고 기독교나 다른 종교에 대해서도 믿을 수 없다는 생각이었습니다.

왜, 무엇을 보고 그렇게 생각하셨습니까?

무엇을 보고? 보통 뭐랄까요, 잘 모르겠지만 이런 이미지. 옴진리교[1]를 볼 때, 텔레비전에서 뉴스를 볼 때도 종교라는 것은 위험하다는 생각을 했습니다. ≪세이쿄신문≫도 저는 고등학교 2학년 때부터 읽었습니다. 집에는 학생들이 읽는 신문이 있었지만 읽고 싶지 않아서 전혀 읽지 않았습니다. ≪세이쿄신문≫도 읽고 싶지 않다고 가족들에게 아예 말을 했었습니다.

그런데 무엇을 계기로 태도가 변하게 되었나요?

왜 그런가 하면…… (망설이다가) 제 경우는 중학생 때부터 밴드를 했습니다. 그래서 음악을 하고 또 독서를 하면서 인생에 대해서 생각하게 되었어요. 할머니가 백혈병에 걸리시고 나니까 무력감을 느끼고 무엇을 위해서 사나, 종교도 필요 없지 않나 하는 생각이 들었는데, 그때 ≪우시오≫라는 창가학회의 잡지를 보게 되었습니다. 그 책 내용 중에 이케다 선생님과 러시아 우주비행사이자 과학자인 세레브로프(Aleksandr A. Serebrov)가 대담을 하는 내용이 있었어요. 그 책에는 제가 지금까지 고민했던 것과 우주란 무엇인가, 우주는 생명인가 하는 내용이 들어 있었습니다. 책을 읽으면서 굉장하다고 생각했어요. 그 대담을 읽고 나서 종교에 대한 나쁜 이미지가 없어졌어요. 고등학교 2학년 때였어요. 저는 우주비행사에 대해서는 흥미가 없었고 대화 내용이 훌륭하다고 생각했습니다. 그 뒤부터 ≪세이쿄신문≫도 읽었습니다.

그 외 이케다 선생의 저작물 중 감동을 받은 책은 무엇입니까? 다른 사람에게 소개해주고 싶은 책이 있다면 무엇입니까?

친구들에게 선물로 주고 싶은 책은 아주 많습니다. 사람에 따라, 친구에 따라 다르겠지만 경제학에 흥미가 있다면 (이케다 회장과) 미국의 경제학자 갤브레이스(John Kenneth Galbraith)와의 대담집이라든가, 역사나 철학에 흥미가 있는 친구라면 『토인비와의 대화(Surviving the Future)』도 있고, 학생이라면 책이 아주 많이 있어요. 『인간혁명』은 누구에게나 주고 싶은 책입니다.

창가학회 활동은 언제, 어떻게 하시고 있나요?

대학에 들어간 다음부터 학생부와 함께했습니다. 그전에는 이케다 선생님의 책을 읽고 근행도 하고 좌담회는 갔지만 회의에는 가지 않았어요. 지금은 학생부에서 '빅토리 리더'를 하고 있습니다. 빅토리 리더는 '승리하는 지도자'라는 뜻인데 역직입니다. 빅토리의 뜻은 그렇고 지도자의 역할은 회원이 많을 때 그곳의 그룹 책임자입니다. 그래서 회합에 나가고 거기서 연구 내용을 발표하기도 하고, 회원의 가정방문도 합니다.

학생부 학생들과 만나면 이케다 선생님의 이야기라든가 신문 내용에 대해서 토론하고 비판하기도 합니까?

비판이라면, 이야기를 하고 서로 고민하고 나서 결국은 선생님이 훌륭한 점을 발견하게 됩니다. 의문이 나는 것은 간부에게 질문을 하기도 하고, 니치렌 대성인에 대한 공부를 합니다. 이케다 선생님이 니치렌 대성인에 대해서 이야기한 것을 보고 이게 옳다고 확신을 하고 이케다 선생님은 틀린 말은 하지 않는다, 신문에서도 틀린 말은 안 한다고 저희 학생부원끼리 말합니다.

창가학회에서 배운 가르침 중에 어떤 것이 가장 훌륭하다고 생각합니까?

훌륭한 것이라면 여러 가지가 있지만 이케다 선생님의 대담도 있고, 가장 훌륭한 것은 학회의 역사라든가, 아, 저는 십계론이라고 생각합니다.

대학에서 창가학회에 관한 학생 간의 모임이 있습니까?

제가 다니는 교토대학교에 평화철학연구회라고 있습니다. 일주일에 한 번 모여요. 활동은 근행과 제목을 하고, 이야기하고, 활동 보고도 하고, 요즘에는 전시회 준비를 하고 있습니다. 전시회는 매년 하니까 어떤 사회 문제에 대해 전시를 할까, 어떤 방법으로 할까 의논합니다. 올해는 대학 문제라든가, 소자화(小子化) 사회가 되면서 대학 정원하고 입학하려는 사람 수가 같아진 문제를 전시하려고 합니다. 하지만 사회 문제 해결 방법에 대해서는 전시가 어렵고 모르는 것도 많아요. 저희가 공부한 것하고 이케다 선생님이 말씀하신 것을 전시하고, 찾아오는 사람들에게 그걸 설명해주려고 생각하고 있습니다.

아버지의 창가학회

아버지께서 이곳으로 오시기로 했습니까?

네, 오늘 회관에서 회합이 있어 오시고 있다고 연락이 왔습니다.

아버지께서는 계속 창가학회 활동을 하셨습니까?

아버지는 창가학회 회원이셨지만 한국에서 돌아와서는 하지 않고 근행도 하지 않으셨다가 요즘 2~3년 전부터는 조금씩 하십니다. 최근에 다시 하고 계십니다.

왜 마음이 변하셨는지 아십니까?

그건 어머니가 결혼 후에 입신하고 나서 부인부로 자연스럽게 활동하셨는데, 아버지는 하지 않으시고 어머니는 계속 활동하던 형태였는데…… 최근 2~3년 전에 할머니가 백혈병에 걸리게 되셔서. (이때 미야모토의 아버지가 합석함.)

아버님 반갑습니다. 바쁘신데 오시라고 해서 미안합니다.

아닙니다. 제 아버지 고향이 성산포예요. 저도 오랜만에 한국어를 하게 되니까 반가워서요. 제가 학생일 때 2년 동안 서울에서 살았었거든요.

서울대학교 경영학과에 입학했었어요.

서울대학교엔 어떻게 입학하시게 되었습니까?

제가 고등학교 2학년 여름방학 때 제주도에 갔어요. 작은아버지가 제주에 계시고 저희 어머니 고향이 세화니까 그곳에 외삼촌도 계시고 해서, 가서 뭐라 그럴까 자기 핏줄이라고 하는 게 있어요. 예, 따뜻하고 그런 게 있습니다. 그래서 고등학교 3학년이 되었을 때 대학은 창가대학에 가려면 갈 수도 있었는데 그때 '재일국민교육'이 있다는 걸 알게 되었어요. 저희 아버지가 한국에 가고 싶으면 보내주겠다 하시고, 거기 가서 한국말도 배우고 대학에도 들어갈 수 있겠다 하셔서 시험을 봤어요. 교포끼리 시험을 보고 서울대학교에 들어가긴 했는데 공부를 못해서…… 좋은 추억은 아닙니다.

사실은 제주도에 작은아버지가 계시니까 제주말도 배우고 하려고 한국에 갔지요. 1982년에 갔어요. 학적부가 80학번이니까. 만약에 제가 거기서 열심히 공부하고 나서 거기서 생활했으면 이 애들(아들을 가리키며)이 없었을 것입니다.

저는 한국에서 살려고 생각했는데 사고가 나서 제 동생이 죽었어요. 그 후에 아무래도 제가 아버지 사업을 도와야 하는 상황이 되어서 일본으로 돌아왔어요. 아무튼 한국에서 공부를 못한 것은 제 탓이에요.

한국에서 공부를 마치고 거기서 살고 싶었던 생각도 있으셨군요.

그렇습니다. 그때는 한국에 창가학회가 이렇게 활발하지 않았을 때인데 거기서 도움이 되고 싶다는 생각도 했습니다. 그때는요, 일본에서도 여러 문제가 있어서 (창가학회가) 절과 갈라졌잖아요. 헤어졌는데 문제가 많이 있었어요.

제가 한국에 가기 전에 창가학회 본부의 국제부에서 이야기를 들었는데 거기 가면 신심은 자기 혼자서 하고 조직에는 관여하지 말라는 말도 했어요. 그때가 한국에서 창가학회가 가장 어려울 때였어요. 그래서 오히려 한국에 가야겠다고 생각했었죠. 한국에서 창가학회 활동을 하고 싶다고 사명감이 컸는데 잘 안 되어서 그때 자존심이 많이 상했어요.

한국에 갈 때 꿈을 가지고 가셨네요.

'아, 야, 어, 여' 하나도 모르고 갔어요. 지금 이 애들은 여기 학교에서 그런 기회라도 있는데 저희 때는 그런 기회도 없었고요. 진짜 거기 서울 가서 '아, 야, 어, 여'부터 시작했어요. 한국어 1년 배우고, 강의 들으니까 이해도 못하겠고 여러 고비가 있었지만 특히 영어가 어려웠어요. 또 어떤 때는 영어나 일본어로는 답을 알고 있어도 한국어로는 답안지를 반도 채우지 못하고 그랬습니다.

한국에 가셨다가 희망한 대로 못하고 돌아오셨군요. 그런데 일본에 와서는 왜 창가학회 활동을 하지 않으셨습니까? 마음에 들지 않는 거라도 있었나요?

마음에 안 들어서가 아니고, 안 해도 되겠다는 생각을 했습니다. 배신한 것은 아니고, 보통 생활을 하고 있었죠. 왜냐하면, 뭐라 그럴까요, 어렸을 때부터 어머니가 하는 것을 봤지만 저희 아버지는 안 하셨어요. 제가 양쪽 모두 보고 있었잖아요. 저희 아버지는 역시 존경스러운 분이셨어요. 아버지를 보면서 이 신앙이 없어도 자기 힘을 가지고 자기 실력으로 설 수 있겠다는 그런 생각이었어요.

그런데 아이들이 태어나 키우고 생활하면서 사업을 계속 그대로 하고 있었는데, 어쩌다 보니까 제 자신이 성장이 안 되었어요. 마음이 스무 살 때보다 성장이 안 되었어요. 나이만 들었지 사람으로, 인간으로서 성숙하지 못하고 성장하지 못했다는 걸 많이 느꼈어요. 이제까지 내가 뭐 하고 있었나, 아이들 키우고 밥만 먹고 살았다는 생각, 제 마누라가 열심히 하고 있었거든요. 어머니하고 열심히 함께하고 있었는데 그거 보면서 저하고 차이가 많았어요. 인간으로서, 인격적으로도 제 마누라는 저하고 결혼했을 때보다 훨씬 성장했는데 나는 뭐하고 있었나, 나는 뭐냐. 그래서 제가 생각을 했어요. 역시 이 신앙을 해야겠다, 그런 생각이 들어서 신심 활동을 다시 하게 되었는데 아직도 한국말로는 설명을 하기가 어렵네요.

하시는 일은 지금 어떠세요?

사업은 그저 그래요. 플라스틱 공장인데 소형 컵이나 부품 그런 거, 제 조업이 중국과의 관계도 있고 옛날 같지 않아요. 사업은 크게 할 생각은 지금 없고요. 그냥 밥만 먹고 살면 된다고 하죠. 왜냐하면 이 애들에게 제 공장을 남기고 싶지 않아서요. 이 애들은 이 아이들대로 기회가 있으니까, 제가 하는 일은 저희 아버지 때부터 40년 동안 오래 했죠. 저희 때는 여기서 좋은 대학, 좋은 회사 들어가기가 어려웠어요. 공무원 되기도 어렵고요. 그랬지만 이 애들은 지금은 하고 싶은 걸 자격을 얻으면 할 수 있게 되었어요. 이 애는(아들을 가리키며) 변호사가 되고 싶다는데 저희 때는 할 수 없었죠. 저희 때는 어려웠으니까 자기 힘으로 하는 사업이나 하면 했죠. 그러니까 우리나라 사람이 그런 게 많지 않아요? 파친코, 야키니쿠 가게나 하라고 했어요. 공부는 해봐도 안 되고 돈이나 벌어야겠다 했지요.

그때는 지금과는 달리 일본 사회에서 한국인 차별도 있었잖아요. 혹시 아버님께서도 그런 경험은 하셨습니까?

그러니까 여기 이쿠노가 그런 게 없었어요. 한국 사람이 많았으니까요. 한국 사람이나 일본 사람이나 차별을 느낄 수 없어요. 여길 나가면 역시 있어요. 차별이 있는데, 여기 있을 때는 그런 경험이 별로 없어요. 여기서 쓰는 한국말은 옛날 말이니까 지금은 안 통해요.
저희 학교에서도 반 정도는 한국 사람, 반 정도가 일본 사람, 조선학교에 가지 않으면 일본 사람처럼 학교 다닐 때도 통명을 쓰면서 살았어요. 저희 집 성이 미야모토였는데 저도 미야모토라고 쓰고 소학교에 들어갔어요. 그런데 소학교 5학년 때 처음으로 본명으로 썼어요. 담임선생님이 이제부터는 통명을 쓰지 말고 본명을 쓰라고 했어요. 창가학원에 가서는 입학 때부터 본명을 썼어요. 거기는요, 전혀 차별이 없었죠. 거기는 홋카이도에서도 오고, 규슈에서도 오고 일본 전국에서 학생들이 왔으니까.

창가학회니까 그랬겠네요. 그런데 창가학원은 스스로 원해서 입학하신 건가요?

그것보다는 제 어머니가 보내고 싶다는 마음이 컸어요. 아버지가 반대하셨지만 어머니가 저보고 어쨌든 시험을 보라고 했어요. 저는 도쿄를 구경하고 싶어서 시험 보러 갔어요. 처음에는 어머니가 저에게 창가학원에 가달라고 했는데, 제가 한 번 다녀오고 나니까 도쿄에 가고 싶어서 오히려 제가 아버지에게 보내달라고 졸랐어요.

대학을 서울에서 다니셨는데 서울에 다시 가보고 싶지는 않으세요?

네. 요새 한국 드라마 많이 봐요. 서울에 갈 기회는 없지만 텔레비전을 보면 많이 달라진 것을 알 수 있어요. 한국 방송 프로그램은 유선방송으로 보고 있어요. 한국말은 일본어 자막을 계속 봐가면서 이해했어요. 그런데 요새는 자막을 안 봐도 이해가 될 정도로 한국어 실력이 늘었어요. 재일한국인 3세는 한국말을 할 수 있는 사람이 거의 없어요. 조선학교에 가야 한국말을 배우는데, 저희 (세대) 부모님들은 살기에 바빠서 자식들에게 가르치고 싶어도 우리말을 가르칠 여유가 없으셨죠. 저희가 한국에 가면 그래서 반쪽발이라고 하죠. 저도 한국말을 배워서 아이들에게 우리말을 가르쳐야 한다고 생각은 있었지만 지금까지는 시간이 없었어요. 이제는 아이들이 한국말을 하고 싶다면 가르쳐주려고 하고 있어요.

만약에 아들이 한국에 가고 싶다면 저는 보낼 생각이에요.

아드님이 한국에 가서 대학원 과정을 공부하는 것도 좋겠네요. 그 일이라면 저도 도움을 드리고 싶습니다. 자, 오늘 고맙습니다. 시간이 다 되었다고 하니 오늘은 여기서 마치고, 혹시 제주에 오실 일이 있으면 연락 주십시오.

---

1 옴진리교(オウム眞理敎): 1984년에 생성된 일본의 신흥 종교 단체로 종말론을 주장한다. 옴은 '우주의 창조 유지 파괴'를 뜻하는 힌두교의 주어(呪語)로서 주신은 파괴의 신인 힌두교의 시바(Śiva)다. 1995년 3월 20일 출근 시간의 도쿄 지하철에 사린가스를 뿌리는 테러를 저질렀다.

책을 엮고 나서

나는 그날 몹시 놀랐다. 고등학교 3학년 때 나는 친척집에서 얹혀 지내고 있었는데, 등교 전 아침식사를 하려고 친척집 안방으로 들어갔다가 기도에 몰입해 있는 어느 아주머니를 보았다. 벽을 향해 무릎을 꿇고 앉아 뭔가 중얼거리고 있었다. 무슨 말인지 알아듣지 못했지만 입 밖으로 나오는 소리에서 격렬한 힘이 느껴졌다. 어리둥절해하는 나를 돌아보며 친척 아이가 말했다. "남묘호렌객교라는 종교야!"

그 아주머니는 친척 할머니의 언니로 부산에 살고 있는데 며칠 전 제주에 왔다가 동생 집에 하룻밤 묵으러 온 것이었다. '남묘호렌객교'는 처음 들어보는 종교 이름이었다. 그때까지 내가 알고 있던 종교의 이미지는 산속의 고요한 절이나 크리스마스면 종소리가 즐겁게 울리던 교회와 성당뿐이었다. 그 때문에 이른 아침에 누군가 혼자 벽을 향해 앉아 내는 격한 기도 소리는 어쩐지 불경하고 은밀해 보였다. 그날 아침 그 아주머니와 밥상을 마주하고 앉은 나는 이상하고 불편한 기분을 느꼈다.

그러다 다른 날, 다른 자리에서 그분에 대한 이야기를 듣게 되었다. 어쩌다가 그 종교에 걸려들었냐며 안타까워하는 친척 어른에게 또 다른 친척 어른이 속삭이기를, 부산에는 '그 종교' 신자가 많다는 것이었다. 주위 사람들이 하는데 별 문제는 아니라면서도, 순진한 사람이 어쩌다 그런 종교를 믿게 되었냐는 말을 덧붙였다. 좋지 않은 남의 이야기라 그런지 두 친척 어른의 목소리는 사뭇 작았다. 그들의 이야기를 들으며 그날 아침에 내가 느꼈던 거부감은 역시 틀린 게 아니란 생각이 들었다. 사람들에게 알려지지 않은 일, 그래서 사람들이 잘 하지 않으려는 일의 위험함이 그 종교에도 있는 게 아닐까 막연히 생각하면서 '사이비'라는 단어가 떠올랐다.

그때는 '사이비 종교' 또는 '이단'이라고 알려진 게 많았다. 학교에서 친구들이 알려주는 사이비 종교 중 가장 위험한 것은 '통일교'였다. 통일교 교주는 처녀 신자들과 결혼식 전날 하룻밤을 함께 지내고서 시집을 보낸다고 했다. 그 이야기는 순결 교육에 익숙해진 여학생들에게 끔찍하게 들렸다. 통일교의 교주는 악마가 아닐까 싶었는데, 그 교주가 스스로 우리나라의 예수라고 한다니 걸려들면 절대 안 된다고 서로를 걱정했다. 예수가 등장하는 사이비 종교로는 '여호와의 증인'과 '말일성도예수그리스도교'도 있었다. 거기에는 십자가가 없다고들 했다. 십자가가 없는 교회가 상상이 안 되어서 "십자가도 없는데 어떻게 교회가 되느냐"고 물었지만 대답을 해주는 친구는 없었다. 다만 어떤 잘생긴 미국 남자가 다가와서 말을 걸면 피하라고 했다.

그 밖에도 몇 개의 이단이 더 있었지만 그때 여고생들에게 가장 무서운 건 통일교였고, 미국 남자가 말을 거는 말일성도예수그리스도교는 영어를 배울 수 있어서 재미있을 것 같다는 아이들도 있었다. 하지만 대학 입시가 눈앞에 있었고, 사이비에 대한 이야기는 그저 공부하기 싫을 때의 잡담으로 끝나버렸다. 그런데 그런 나의 사이비 종교 목록에 '남묘호렌객교'가 끼어든 것이다. 낯선 것들이란 왠지 무섭게만 느껴지던 때였다.

내 나이 마흔에 종교사회학 연구자인 남편을 만나기 전까지 나는 창가학회에 대해 아는 것이 없던 만큼 창가학회에 대해 편견을 가지고 있었다. 결혼 후 남편은 내게 자신이 일본의 신종교를 공부하고 있다면서 그 중 창가학회에 대해 큰 관심을 갖고 있다고 했다. '남묘호렌객교'는 기독교, 불교 같은 종교 이름이 아니라 창가학회의 기도문이며, '나무묘법연화경'의 일본어 발음인 '남묘호렌게쿄'가 전해진 것이라고 알려주었다.

2004년의 어느 날, 학교 교사로 있던 나는 학생들을 인솔해서 이케다 다이사쿠의 사진전이 열리고 있던 제주국제컨벤션센터에 현장 학습을 가게 되었다. 그날 버스에서 누군가가 "사진전을 하는 사람이 어느 종교의 교주다"라는 말을 꺼냈다. 내가 얼른 "그 종교가 창가학회다"라고 하자, 누군가 "그거 남묘호랭이교 아닌가?" 했다. 이어서 다른 누군가가 "호랭이교!"라고 하자 모두 웃었다. 나도 따라 웃었.

사람들이 이 종교 단체의 정식 명칭인 '창가학회' 또는 'SGI' 대신 '호랑이교'라고 부르는 것은 이 종교를 멸시하거나 우습게 보기 때문이라는 것을 알았지만, 신자도 아닌 내가 굳이 나서서 그 생각을 고쳐줄 마음은 없었다. 남편이 쓴 창가학회에 대한 글을 몇 번 읽은 적이 있어서 그것이 잘못된 표현이라는 것은 알았지만 입을 다물었다. 티끌만 한 오해도 받고 싶지 않았기 때문이다.

그런데 창가학회 연구자인 남편을 따라 창가학회의 좌담회에 참석할 기회가 생겼다. 여전히 나는 창가학회에 대해 '종교계의 이단'이라는 느낌을 버릴 수가 없었기에 냉담한 관찰자의 입장을 고수했지만, 처음 가본 좌담회는 퍽 인상적이었다. 그곳에서 회원들의 종교 체험담을 들었다.

어떤 중년의 부인이 자신의 종교 체험에 대해 이야기를 할 차례가 되었는데, 종이에 써 온 글을 읽었다. 잘 쓴 글은 아니었다. 최근에 남편과 사별했다는 대목에서는 울먹이며 읽기를 잠시 멈추기도 했다. 좌담회에 모인 사람들이 모두 그 부인의 말에 귀 기울였다. 그 부인은 글의 말미에 남편이 아팠던 동안 함께 기도해준 회원들에게 감사드리고, 앞으로 자식들과 함께 열심히 살겠다고 다짐했다. 슬픔이 감사와 용기로 바뀐 일에 사람들이 박수를 보냈다.

그곳에서 만난, 좌담회마다 다니며 지도를 한다는 한 간부는 학식이 높은 사람이 아니었다. 그는 교재처럼 보이는 책의 몇 쪽을 인용하면서 신앙에 관한 이야기를 했다. 말솜씨가 있지도 않았고 다른 사람을 지도할 만한 능력이 있어 보이지도 않았지만, 그가 그 몇 분간의 지도 시간을 위해 공부를 많이 해 왔다는 것을 알 수 있었다. 그의 말에는 열정과 진지함이 묻어 나왔다.

스무 명 정도의 사람이 모인 좌담회 장소는 30평이 채 되지 않아 보이는 아파트였다. 서로 끼어 앉아 있어서 사람들의 발과 발이 닿았다. 그 집을 좌담회 장소로 제공한 사람은 부인부의 무슨 직책을 맡았다고 했는데 30대의 젊은 부인이었다. 그는 목소리가 컸고 체구가 다부져 어떤 조직에 가도 기둥이 될 사람으로 보였다. 사람이 뿜어내는 에너지란 보이지 않지만 그 기운을 느낄 수 있는 법이라, 나는 그때까지 내가 가졌던 창가학회에 대한 편견이 무척 부끄러워졌다.

좌담회에 온 사람들의 얼굴을 보니 인생에 어떤 어려움이 닥쳐도 감사하게 받아안을 준비가 되어 있는 것처럼 보였다. 신자들은 어린이부터 노인까지 있었고 젊은 사람도 많았다. 또한 좌담회는 상담심리학의 집단상담 치료 기능이 있어 보여 새로웠다. 사람들끼리 공감하고 격려하는 모임이라면 가난해서 힘들거나 아파서 고통 받는 사람들이 기댈 수 있는 곳이 아닐까. 그날 나는 좌담회를 하고 간 사람들의 마음속에는 사는 동안 기쁘게 살자는 '신명'이 각오처럼 뿌리내리고 있을 것이라고 짐작했다.

2006년 봄, 남편이 교환교수로 일본에 가게 되자 우리 가족은 일본 도쿄의 하치오지 시에서 살게 되었다. 반년은 도쿄에서 지내며 도쿄에 거주하는 재일한국인 창가학회 회원을 만나고, 반년은 오사카와 고베 지역에 사는 재일한국인 창가학회 회원을 만난다는 게 남편의 생각이었다. 나는 남편의 연구에 흥미를 느꼈다. 창가학회 회원들이라면 어디에서 살든 '신명'을 갖고 있을 것 같았고, 그렇다면 그들이 어떻게 해서 인생을 기쁜 마음으로 사는지 볼 수 있을 것이었다. 게다가 남편이 만나려는 사람들이 창가학회의 재일한국인이니 내가 도움이 될 수 있을 것도 같았다. 제주 태생인 나는 제주 옛말을 조금 알아들을 수 있는데, 재일한국인 중 다수가 제주 사람이라는 이야기를 들은 터였다. 그래서 나는 자칭 남편의 연구 조수가 되어 남편을 따라다녔다.

창가학회 본부의 도움을 받아 남편과 나는 2006년 7월부터 창가학회 회원들을 만날 수 있었다. 도쿄에서는 시나노마치(信濃町)의 창가학회 본부 응접실에서, 고베와 오사카에서는 지역 문화회관과 회원들의 집을 방문해 그들과 만났다. 2007년 2월 한국으로 돌아오기 전까지 30여 명을 만났다.

남편은 그들과 만나 나눈 이야기를 모두 녹음했다. 나는 대부분의 면담에 동참했다. 일본어가 서툴러서 한국어를 할 줄 모르는 회원들의 말은 모두 알아들을 수 없었지만, 대강의 뜻은 짐작할 있었기 때문에 그들이 하고자 하는 이야기나 그들의 마음을 이해하는 데는 문제가 없었다.

재일한국인 회원 외에도 일본창가학회 회원들을 만나기 위해 지역 좌담회에도 가보고, 창가학회를 좋아하지 않는 일본 사람이나 한국 사람을 만나 이야기를 나누기도 했다. 남편은 면담 내용을 정리해 창가학회의 재일한국인 회원들에 대한 책을 쓰겠다고 했고, 사람들은 꼭 그렇게 해달라며 기원해주었다.

2007년 3월, 우리 가족은 1년 동안의 일본 생활을 마무리하고 제주에 돌아왔다. 남편은 일본에서 구입해 온 창가학회 관련 책들을 읽으며 자료를 정리하기 시작했고, 나는 남편이 녹음한 파일을 들으며 면담 내용을 한국어로 옮기는 작업을 했다. 하지만 일본에서 들을 때는 다 이해했다고 생각했던 말이었음에도 한 글자, 한 글자 한글로 옮겨 문서화하는 일은 상당히 어려웠다. 바쁜 남편을 대신해 편집 조수 역할을 자처한 나는 내 힘에 버거운 일을 맡았음을 알았다. 일본어로 한 대화를 한국어로 옮기는 일은 자꾸만 지체되었다. 제대로 들리지 않는 부분은 듣기를 반복했다. 구술자가 한 말을 정확하게 번역하길 원하는 남편의 작업 원칙을 지키려니 내 일본어 능력이 한참 모자랐다.

책에 인용할 중요한 말만 번역하면 안 될까 내가 꾀를 내었더니 남편은 정색을 하며 "사회학은 허구의 문학이 아니니 면담한 내용은 1차 자료로서의 사실성과 정확성이 있어야 한다"고 했다. 한숨 소리, 웃음소리까지 모두 드러나야 한다며 조금도 봐주지 않는 남편이 야속했고, 조수 노릇을 하겠다고 한 걸 후회했다. 친구들과 재미나게 놀러 가려고 해도 직장을 팽개치고 나온 회사원 같은 기분이 들어 찝찝했고, 구술자의 말이 잘 들리지 않는 것도 나의 부족한 일본어 능력 탓인지 그의 발음 탓인지 알 수 없어 답답했다. 그러나 어쨌든 매듭을 지어야 하는 일이었기에 일본어 학원에 등록해 일본어 공부를 해가면서 번역을 진행해나갔다.

그러나 남편은 창가학회 연구 작업을 지속적으로 잘 진행할 수 없었다. 2007년 한국에 돌아오자마자 책을 쓸 준비를 하던 남편은 그해 여름이 되자 더 이상 제주도 강정해군기지 문제를 모른 척할 수 없다며, 창가학회 책 쓰기는 해군기지 문제가 해결된 다음에 해야겠다고 했다. 남편은 강정해군기지 건설을 막아내는 논리를 찾기 위해 전쟁과 국방 문제까지 연구 영역을 넓혔다. 남편은 전쟁에 관한 책과 군대에 관한 책을 읽고 글을 썼다. 대학에서는 연구소에서 시행하는 프로젝트가 새로 생겨 남편의 조력을 원했다. 자꾸만 새로운 일거리가 생겨나 창가학회 글쓰기는 점점 더 뒤로 밀려났다.

남편이 급하게 원하지 않으니 나 또한 번역하다가 막히면 몇 달이고 일을 하지 않았다. 일을 쉬어도 편하지 않고, 해야 하는데 하면서 미루다 보니 나중에는 녹취록 작업을 떠올리기만 해도 괴로웠다. 시작은 해놓고 결말이 보이지 않으니 일본에서 만난 창가학회 회원들에게 책을 내겠다고 말했던 게 큰 빚처럼 느껴졌다. 자신들의 이야기를 솔직하게 이야기해준 사람들에게 미안하기도 했지만, 우리가 무책임한 사람으로 보일지도 모른다는 염려가 더 컸다.

그렇게 2년을 보내고 2008년 겨울이 되자 남편은 창가학회에 대한 일을 더 이상 미룰 수 없다며 추가 조사를 좀 더 하고서 본격적으로 창가학회 책을 쓰겠다고 했다. 창가학회 본부에 추가 조사를 하려고 하니 회원을 소개해달라고 요청했고, 비행기 표를 예약하고 일주일 정도 머물 숙소도 구했다. 2009년 1월, 방학 기간에 일본에 갈 생각이었다.

그런데 이때 남편은 몸이 매우 좋지 않았다. 한 달 전부터 생긴 소화불량 증세가 심해져 병원에 갔더니 여러 가지 검사를 한 다음에 위가 나쁘다고 위장약을 처방했다. 약을 먹어도 상태가 호전되지 않았다. 병원에서 조제해준 약을 먹고, 오라는 날에 가서 검사를 받아봤지만 왜 소화불량이 생기는지 원인을 찾지 못했다. 양의가 모르는 게 있을지도 모른다며 한의원에도 찾아갔다. 불룩한 배를 만져본 한의사는 소화불량에는 달리기가 좋다며 전속력으로 달리기를 해보라고 권했다. 남편은 아파하면서도 운동을 더 열심히 하려 했고 꼬박꼬박 약을 먹었다. 몇 년 동안 운동을 했어도 빠지지 않던 몸무게가 내려가자 운동 효과가 이제야 나타나고 있다며 좋아했다. 오랜만에 남편을 만난 사람들은 무슨 다이어트를 했냐고 놀라워했다. 그러나 살이 빠지는 것은 운동 효과 때문이 아니었다. 남편은 잘 먹지 못하기 시작했고 음식을 먹으면 곧잘 구토를 했다. 소화만 안 되는 것이 아니라 5분에 한 번씩 왼쪽 가슴 아래쪽에 비틀어 짜는 듯한 복통이 계속되었다. 병원에서 조제해준 위장약은 복통을 치료하지도 못했고 구토를 없애지도 못했지만 남편은 내일이면 좋아지겠지 할 뿐이었다. 사람들이 위장병은 치료가 더디다며 한번 발병하면 고치는 데 오래 걸린다고 해서 약을 먹어도 빨리 낫지 않는가 보다 여겼다.

2009년 1월, 창가학회 본부에서 면담 약속이 잡히자 우리 가족은 일본으로 떠났다. 일본에 가서 단 며칠만이라도 잘 쉬면 아팠던 게 싹 나을지도 모른다고 기대했기에 조사 후 이틀 동안은 온천으로 가족 여행을 가기로 했다. 1월 20일에 일본에 도착해 6명을 더 만나 면담했다. 남편은 창가학회 본부에서 회원들을 만날 때도 매우 힘든 상태였지만 내색을 할 수 없었다. 면담을 끝내고 나와 길을 걷게 되면 몇 번이나 걸음을 멈추고 복통이 가라앉기를 기다려야 했다. 풍채가 좋았던 남편은 갑자기 노인이 되어버린 것처럼 몸이 쪼그라들어 내 손을 짚어야 걸을 수 있었고, 몇 발자국을 떼고는 숨을 헐떡였다. 연구를 위해 하는 일에 피곤을 모르던 사람이 면담을 하고 돌아온 날에는 늘 고꾸라졌다. 우리 부부는 병에 대해서 위험하리만치 무지했다는 것을 나중에 알았다. 추가 조사를 하고 한국에 돌아온 보름 후에 남편은 대장암 3기 진단을 받았다. 그래서 2009년부터 2년간 우리 부부는 수술과 항암 치료를 하며 요양에 온전히 시간을 써야 했다.

창가학회 회원들의 면담 내용을 다시 정리하기 시작한 건 2010년 12월부터였다. 2년 동안 손을 놓고 있었기 때문에 다시 처음부터 인터뷰 내용을 들었다. 면담은 보통 2시간 정도 걸렸지만, 나는 한 사람의 인터뷰를 한글 문서로 정리하는 데 하루가 걸리기도 했고 며칠이 걸리기도 했다.

그런데 어느 틈엔가 내가 변해 있다는 것을 느꼈다. 2006년 여름부터 2007년 2월까지 창가학회를 조사하러 다니며 그간 창가학회에 대해 가지고 있던 편견을 다 씻어낸 것은 아니었다. 면담자들에게 호감을 느끼다가도 뭔가 내가 모르는 것이 있을지도 모른다고 여겼고, 그들이 창가학회 내부의 부정적인 면에 대해서 솔직하게 다 말하지 않고 있다고 생각할 때도 있었다. 그런데 2010년 겨울부터 새로 녹취를 들으면서 그전에는 듣지 못했던 것들이 들렸다. 그 사이 일본어 실력이 늘었기 때문만은 아니었다. 이전에는 녹취를 글로 옮기는 것이 그저 일이었는데, 그때부터는 누군가와 만나는 시간이 되었다. 녹취 속에는 누군가의 아픔과 실수에 대한 탄식과 후회가 들어 있었고, 자신의 이야기를 들어주는 사람에 대한 신뢰가 담겨 있는가 하면, 이 종교를 통해서 어떻게 자신을 바꿀 수 있었는지에 대한 긍지가 있었다. 이들의 목소리는 나의 마음속으로 흘러들어와 공명을 불러일으켰다. 기계적으로 번역을 하던 때와 달리 나는 어느새 이 작업을 내 일상의 중요한 일과로 여겼으며, 하루의 몇 시간 동안은 삶의 의지로 충만한 갸륵한 마음을 가진 사람을 만나 이야기를 나누고 있었다. 녹취록을 번역하는 동안 내 앞에는 여러 사람의 인생이 영화처럼 펼쳐졌다. 나는 가끔 눈시울이 붉어졌다.

애초에 나는 남편에게 소리를 글자로 바꾸어주는 일만 하기로 했다. 남편의 연구를 위한 1차 자료만 정리하면 되었다. 그래서 2011년 2월에 번역한 녹취록을 건넸다. 그런데 이 작업을 통해서 내 마음에 묻어나던 것, 때로는 구름처럼 아름답게 느껴지다가 때로는 울컥해져 등 두드리며 위로해주고 싶었던 것들을 어찌해야 할까. 그들과의 만남을 남편이 만드는 학술서의 재료로서만 쓰고 버리자니 그들의 인생 속에서 꾸준히 성장하던 희망을 외면하는 것 같았고, 함께 이야기하면서 고개 끄덕였던 순간이 내게 반짝거리며 빛을 내고 있었다. 그래서 전체 대화 내용을 보여주는 책을 만들면 어떻겠냐고 남편에게 제안했다. 우리가 했던 대화를 그대로 보여주자고 했다.

그러나 소리를 글자로 옮긴 녹취록은 방송용 시나리오 같아서 두 사람 사이의 대화가 탁구공처럼 서로 치고 받고 있었다. 침묵이나 탄성 등 면담 상황에서 벌어진 일들을 있는 그대로 기술하고자 했는데, 그러자니

가독성에 문제가 생겼다. 나는 작성된 녹취록을 읽으면서 독자 편의를 위해서는 면담의 실제 상황만을 중시해서는 안 된다는 것을 깨달았다.

그래서 이번에는 되도록 질문자의 질문 횟수를 줄여서 구술자가 한 이야기에 중점을 두려 했다. 그래서 먼저 한 말과 뒤에 한 말을 끌어 모아 한 문단에 넣었다. 그러나 여러 가지로 문제점이 많았다. 우선 대화집을 출간할 목적으로 이야기를 나눈 것이 아니었으므로 한 사람의 인생을 세심하게 살펴보기에는 면담 시간이 너무나 짧았다. 게다가 남편은 대개 몇 가지 주제를 정해 질문을 했고, 자신이 알고자 하는 점에만 관심을 기울였기 때문에 그들의 삶 속으로 파고들어 가지 못했다. 가슴속 이야기를 꺼내기에는 시간이 부족했고 질문도 적절하지 못했다.

또한 서로 간의 사용 언어 차이도 문제였다. 아무리 면담 시간이 짧았다 해도 우리의 일본어 실력이 좋았다거나 그들이 한국말을 할 수 있었다면, 우리의 대화는 다른 면들을 비췄을 것이고 더욱 속 깊은 대화를 나눌 수 있었을 것이다. 그래서 녹취록을 가지고 따로 책을 낸다는 것은 턱없이 부족한 상을 차려놓고 독자들에게는 만찬이라며 초대를 한 꼴이 되었다. 그러나 나는 우리 부부가 만난 재일한국인들의 이야기를 세상 사람들에게 꼭 보여주고 싶었다.

대화집을 정리하면서 나는 창가학회 회원들의 이야기는 물론 재일한국인들의 여러 속사정을 듣게 되었다. 이 작업을 통해 꿈을 꾸는 일은 행복의 땅에서 피어나는 것이 아니라, 꿈꾸기에는 터무니없이 어려운 환경 속에서 절실하게 이루어지는 것임을 느낄 수 있었다. 내가 만난 창가학회 회원들은 공통적인 특징이 있었다. 그들은 운명에 도전하고 노력했으며 성실한 사람들이었다. 꿈을 꾸고 용기를 갖고 있는 사람들이기에 주변 사람들에게도 그 힘을 나누어 주고 있었다. 나는 꿈을 꾸는 일은 행복의 땅에서 피어나는 것이 아니라 어렵고 힘겨운 환경 속에서 절실하게 이루어지는 것이라는 것을 느낄 수 있었다. 또한 그들은 현재에 감사할 줄 알았다. 그들은 자신의 운명에 좌절하지 않고 희망을 가지는 것을 '인간 혁명'이라고 표현했다. 그들이 재일한국인이라는 운명과 식민지의 국민이었기에 불리했던 인생을 변화시킬 수 있었던 것은 자기 자신의 마음을 바꾸면 사회도 변화시킬 수 있다는 믿음이 있기 때문이었다.

창가학회의 이케다 회장이 강조한 '인간 혁명'은 회원들의 기도에서 '숙명 전환'이라는 말로도 바뀌어 표현되고 있었다. 숙명 전환은 개인을 위해서도, 사회와 세계를 위해서도 꼭 필요하다는 게 그들의 믿음이었다. 이것은 남을 탓하고 환경을 탓하기 전에 자신이 어떤 사람인가를 자성하는 일에서부터 시작하는 것이다. 그래서 그들은 매일 아침저녁으로 무릎을 꿇고 '남묘호렌게쿄'를 음송하면서 자신이 어떤 모습으로 살아가고 있는지 묻는다.

이 책의 제목을 "숙명 전환의 선물"로 정한 것은 창가학회가 재일한국인들에게 선물이 되었다고 생각해서다. 일본에 살고 있는 외국인이었기 때문에 재일한국인들에게 국적 문제는 불가피한 숙명이었다. 결코 유리하지 않은 숙명. 그들은 직업 선택에서조차 차별을 겪어야 했다. 그러나 창가학회를 만나면서 그들은 자신을 옭아매던 불행을 이겨내고 역경을 견디면서 새로운 힘을 얻을 수 있었다. 새벽을 여는 기도로 하루를 기쁘게 시작하고, 깊은 밤의 간절한 기원을 통해 자신의 내면을 성장시켰다.

나 또한 이 책을 엮으며 마음의 힘을 키우게 되었다. 누군가 내게 잘못한 일이 있다면 용서하는 것이 새로운 잘못을 하지 않는 것이라는, 너무나 단순한 사실을 알게 되었다. 내 삶을 원하는 대로 바꾸려면 다가올 것들을 두려워하지 말아야 한다는 것과 하고 싶은 일은 용기를 갖고 시도해야겠다는 결심도 섰다. 삶에 감사하는 방법을 비로소 배웠다.

이 책을 엮는 작업은 내 삶에 커다란 선물이 되었다. 보고 또 봐도 즐거워지는 선물이 되었다. 내게 선물이 된 이 책이 부족하나마 누군가에게 가서 또다시 선물이 되기를 진심으로 바란다.

2012년을 보내며

김미정

엮은이

조성윤

서울에서 태어나 서울 사람으로 살다가 1982년 제주대학교 사회학과 교수로 부임하면서부터 제주 사람이 되었다. 공부하고 싶은 것, 연구해야 할 것들이 많아 오랫동안 논문 발표에 열중했으나 최근에는 자신의 연구를 여러 사람과 공유하기 위해 공부한 것들을 책으로 출판하자고 마음을 먹었다. 논문으로 「임오군란의 사회적 성격」, 「조선후기 서울 주민의 신분구조와 변동」이 있으며, 저서로 『제주지역 민간신앙의 구조와 변용』(공저), 『일제 말기 제주도 일본군 연구』(엮음), 『빼앗긴 시대 빼앗긴 시절: 제주도 민중들의 이야기』(공저)가 있다. 현재 '오키나와 전쟁의 기억', '남양군도', '일본 신종교의 평화운동' 등의 연구를 진행하고 있다.

김미정

제주에서 태어나 섬 탈출을 동경하다가 서울 태생 남편을 만나 결혼했다. 교사 생활을 하다가 일보다는 살림이 좋다며 퇴직했으나, 남편의 연구를 위한 조력자로 쫓아다니면서 살림보다는 공부가 취향이라고 여기며 살고 있다.
성공하는 사람들의 단어인 노력, 목표, 결심, 의지를 갖기 어려워 요리조리 피하다 보니 최근 자신의 인생에 주제도 결실도 없는 게 아닌가 하는 위기감을 느끼고 있지만, 실패를 모르는 사람의 번쩍거리는 이야기보다는 회한과 슬픔을 간직한 사람의 이야기에 여전히 마음을 두고 있다. 인간의 삶에 깃든 흥망성쇠와 타인의 삶과 생각에 관심이 많으며, 각 개인의 생애 속에 학문 이상의 교양과 가치가 숨어 있다고 생각한다.

한울아카데미 1525

숙명 전환의 선물
창가학회 회원이 된 재일한국인들의 이야기

ⓒ 조성윤·김미정, 2013

엮은이 | 조성윤, 김미정
펴낸이 | 김종수
펴낸곳 | 도서출판 한울

편집책임 | 이교혜
편   집 | 원경은
표지디자인 | 김진선

초판 1쇄 인쇄 | 2013년 2월 14일
초판 1쇄 발행 | 2013년 2월 28일

주   소 | 413-756 경기도 파주시 파주출판도시 광인사길 153(문발동 507-14)
            한울시소빌딩 3층
전   화 | 031-955-0655
팩   스 | 031-955-0656
홈페이지 | www.hanulbooks.co.kr
등록번호 | 제406-2003-000051호

Printed in Korea.
ISBN 978-89-460-5525-4 03290

* 책값은 겉표지에 표시되어 있습니다.